轨道车辆振动与控制
Vibration and Control on Railway Vehicles

周劲松 著

復旦大學 出版社

前言

本书是在国家支撑计划支持下,基于《铁道车辆振动与控制》及新近研究成果编写而成.前一版专著于2012年由铁道出版社出版,在此期间,我国城市轨道交通和高速铁路迅速发展,至2018年底,已开通城市交通的城市及其运营总里程发展到32座和5 067公里,而高铁运营里程发展更为迅猛,已达2.9万公里,居世界高铁里程的2/3以上.同时,振动问题也伴随着轨道交通迅速发展而激增,由于车辆一旦运行必将产生振动,而振动主要导致的问题包括振动安全性、振动舒适性、振动可靠性和振动噪声,所有这些都将影响运营安全和运营品质.本书围绕振动舒适性、安全性问题,基于大量的科研和应用实践,对轨道车辆随机振动、刚柔耦合振动、减振分析与设计、振动控制的基础理论与研究方法进行提炼和整理,旨在为相关研究者和研究生从事轨道车辆振动控制与分析的基础理论研究提供参考资料.

本书仍然采用现代控制理论架构,基于随机振动、结构动力学及铁道车辆动力学和振动控制进行组织.由于建模理论、研究方法、振动评价指标等内容普适于所有轨道车辆,因此增补了磁浮列车的振动和平稳性分析的内容,故更名为《轨道车辆振动与控制》.

本书共分12章,主要内容如下:

第1章首先对轨道不平顺类型进行介绍,然后介绍德国高速谱、美国谱、我国典型的轨道谱及轨道不平顺测量方法.为将采用空间波长描述的轨道谱用于动力学仿真,需要将空间轨道谱传化为时间谱,或者反演为空间轨道不平顺随机样本,给出空间谱转化为时间谱的转换公式,随后给出轨道谱反演算法,并依据4种轨道不平顺关系式导出单轨不平顺谱表达式.

第2章首先导出单车垂向动力学方程,并给出其状态方程描述方法.然后给出基于Matlab/Simulink ®平台的面向对象的图形化车辆动力学模型建模方法,并基于该方法建立单车及列车刚体垂向动力学模型,提出模型校验方法,分别对单车及列车垂向动力学模型进行校验.

第3章内容与第2章的布置基本相同,也是首先导出单车横向动力学方程,并给出其状态方程描述方法.然后基于Matlab/Simulink ®面向对象的图形化车辆动力学模型建模方法,建立单车及列车刚体横向动力学模型,并分别对单车及列车横向动力学模型进行校验.

第4章通过对TR08磁浮列车结悬挂构的研究,建立磁浮车辆的垂向和横向动力学模型,导出系统的质量、刚度、阻尼矩阵,并进行模型准确性验证.

第5章首先扼要叙述随机振动的基本理论、平稳随机响应的算法.然后分别介绍Sperling平稳性指标、UIC513舒适度指标和ISO2631指标,并给出其相应的时域滤波器以便于后续研究运用.本章随后给出平稳性指标的算法、流程和用途,并针对某典型高速车辆给出算例.

第6章对铁路客车运行平稳性与模态参数的关系,以及对铁路客车动力学性能产生重要影响的模态参数及其变化规律进行研究，提出基于模态参数的综合动力学性能研究方法(Synthesized Performance Analysis with Modal Parameter，SPAMP)方法，并且给出铁路客车运行平稳性协方差分析法．运用 SPAMP 方法对我国典型提速客车动力学性能进行研究．

第 7 章对单车、列车垂向及横向运行平稳性，以及铰接式高速列车车端参数对运行平稳性的影响进行研究．

第 8 章对高速磁浮列车垂向和横向平稳性，以及轨道谱波长对高速磁浮车辆运行平稳性的影响进行研究．

第 9 章首先介绍主动悬挂的最优控制算法、次优控制算法、补偿滤波器控制算法及半主动控制算法，并针对单车具有主动控制二系悬挂的垂向模型进行分析研究，然后介绍单车主动悬挂在工业界的成功运用．最后对列车的垂向及横向主动控制算法进行研究．

第 10 章将铁道客车车体简化为欧拉梁模型，运用刚柔耦合动力学模型首先研究车体弹性对运行平稳性的影响，然后研究铁道车辆几何滤波现象、弹性车体共振频率、铁道车辆弹性车体动力吸振器减振设计和铁道车辆弹性车体被动减振．通过研究给出轴距滤波和定距滤波现象的解析解释及其与车体弹性共振的关系，并给出动力吸振器和车体减振器的减振措施．最后对比分析二系主动悬挂与一系主动悬挂在抑制弹性车体振动时的区别及特点．

第 11 章通过 2 自由度模型和包含下吊设备的梁解析模型，分析弹性吊挂设备对车体系统模态影响机理及规律，并运用有限元模型进行验证．

第 12 章建立三维刚柔耦合精细动力学模型，对转向架与弹性车体耦合振动进行研究，对第 8 章的部分分析进行验证．

本书的出版得益于我国轨道交通的迅猛发展给作者提供了大量科研实践的机会，同时，需要感谢导师王福天教授、老师杨国桢教授、沈钢教授和同事任利惠教授在工作中的帮助和指导．其次，要感谢合作研究者和参与书稿整理的官岛、孙文静、孙煜、夏张辉、尤泰文、胡华宸等老师和同学，使得课题组多年的科研理论成果得以成书面世．

本书是基于多年科研实践项目的基础理论提炼及整理，限于作者水平，难免有疏漏和不妥之处，敬请专家和读者批评指正．

周劲松

2019 年 7 月于同济大学

目录

第1章 轨道不平顺谱 1
§1.1 轨道不平顺分类 1
　1.1.1 按统计特点分类 1
　1.1.2 按空间存在方位分类 2
　1.1.3 轨道不平顺描述形式 3
§1.2 轨道不平顺的检查方法 4
　1.2.1 弦测法 4
　1.2.2 惯性基准法 4
§1.3 轨道不平顺功率谱 6
　1.3.1 德国高速轨道谱 6
　1.3.2 美国谱 7
　1.3.3 我国轨道谱 8
　1.3.4 磁浮轨道谱 10
§1.4 空间谱与功率谱的转化 14
§1.5 轨道谱反演 15
　1.5.1 三角级数法轨道谱反演 15
　1.5.2 逆傅立叶变换轨道谱反演 16
　1.5.3 德国高速谱反演 17
§1.6 单轨不平顺功率谱 19
参考文献 20

第2章 列车垂向动力学模型 22
§2.1 单车垂向动力学模型 22
　2.1.1 单车线性垂向动力学模型 22
　2.1.2 单车基于 Matlab/Simulink® 的垂向动力学模型 26
　2.1.3 单车垂向动力学模型校验 29
§2.2 列车垂向动力学模型及其校验 31
参考文献 34

第3章 列车横向动力学模型 35
§3.1 单车横向动力学模型 35
　3.1.1 单车线性横向动力学模型 36
　3.1.2 单车基于 Matlab/Simulink® 的横向动力学模型 40
　3.1.3 单车横向动力学模型校验 42

§3.2　列车横向动力学模型及其校验　43
参考文献　45

第 4 章　高速磁浮车辆动力学模型　47
§4.1　模型概述和部分系统的建模　47
§4.2　垂向动力学模型　49
　　4.2.1　垂向动力学模型的建立　49
　　4.2.2　垂向动力学模型的校验　51
§4.3　横向动力学模型　51
　　4.3.1　横向动力学模型的建立　51
　　4.3.2　横向动力学模型的校验　53
参考文献　54

第 5 章　车辆振动的分析及其评价指标　55
§5.1　随机振动的基本理论及其应用　55
　　5.1.1　随机过程　55
　　5.1.2　平稳随机过程的相关函数　58
　　5.1.3　平稳随机过程的功率谱函数　60
　　5.1.4　平稳随机响应的算法　63
§5.2　Sperling 平稳性指标　66
§5.3　ISO 振动评价标准　69
§5.4　UIC513 舒适度标准　72
§5.5　平稳性分析及其应用　74
　　5.5.1　铁道车辆平稳性指标分析方法　75
　　5.5.2　基于虚拟激励分析方法的平稳性指标分析及其应用　76
参考文献　82

第 6 章　铁路客车运行平稳性与模态参数　84
§6.1　铁路客车运行平稳性协方差分析法　84
　　6.1.1　白噪声不平顺信号输入时的系统响应　84
　　6.1.2　成型滤波器设计　85
　　6.1.3　感觉滤波器设计　87
　　6.1.4　平稳性指标及协方差计算　88
§6.2　铁路客车运行平稳性与模态参数的关系　89
　　6.2.1　垂向平稳性与模态参数的关系　89
　　6.2.2　横向平稳性与模态参数的关系　92
参考文献　95

第 7 章　高速列车垂向及横向被动平稳性研究　96
§7.1　单车垂向及横向运行平稳性研究　96

    7.1.1 单车垂向及横向响应的频域分析   97
    7.1.2 单车垂向及横向响应的时域分析   98
  §7.2 **列车垂向及横向运行平稳性研究**   99
    7.2.1 车端悬挂对运行列车平稳性的影响   99
    7.2.2 列车运行平稳性优化研究   102
  §7.3 **铰接式高速列车运行平稳性研究**   106
    7.3.1 铰接式高速列车的垂向及横向动力学模型   107
    7.3.2 铰接式高速列车的平稳性及其车端参数优化   108
    7.3.3 铰接式高速列车车辆参数对平稳性影响   111
  参考文献   114

第 8 章 **高速磁浮车辆运行平稳性与模态参数**   115
  §8.1 **磁浮车辆运行平稳性分析**   115
    8.1.1 垂向平稳性分析   115
    8.1.2 横向平稳性分析   117
  §8.2 **磁浮车辆运行平稳性优化**   119
    8.2.1 垂向平稳性优化   120
    8.2.2 横向平稳性优化   121
  §8.3 **轨道谱波长与车辆运行平稳性关系**   124
    8.3.1 垂向模型分析结果   124
    8.3.2 横向模型分析结果   125
  参考文献   127

第 9 章 **列车平稳性主动控制研究**   128
  §9.1 **单车控制算法研究**   128
    9.1.1 白噪声不平顺信号输入时的全状态反馈最优控制   128
    9.1.2 轨道不平顺输入模型   129
    9.1.3 轨道谱输入时的全状态反馈最优控制   131
    9.1.4 轨道谱输入时的轴间预瞄控制   132
    9.1.5 轨道谱输入及包含时延的次优控制   134
    9.1.6 天棚减振器及补偿滤波器控制   135
  §9.2 **铁道车辆单车垂向主动控制研究**   137
    9.2.1 控制模型   137
    9.2.2 单车垂向平稳性最优及次优控制仿真结果与分析   138
    9.2.3 单车垂向平稳性天棚减振器及补偿滤波器控制仿真分析   143
    9.2.4 半主动控制   145
    9.2.5 主动悬挂的运用   150
  §9.3 **列车平稳性主动控制研究**   154
    9.3.1 列车控制模型及轨道输入   154
    9.3.2 列车主动控制策略   155

9.3.3　列车垂向及横向主动控制仿真研究结果及分析　　158
参考文献　　161

第 10 章　弹性车体的振动及其控制　　163
　§10.1　铁道客车车体弹性对运行平稳性的影响　　163
　　　10.1.1　铁道客车刚柔耦合动力学模型　　163
　　　10.1.2　客车车体弹性对运行平稳性的影响分析　　166
　§10.2　铁道车辆几何滤波现象及弹性车体共振频率分析　　169
　　　10.2.1　几何滤波分析　　169
　　　10.2.2　相关频响函数矩阵及功率谱分析　　171
　　　10.2.3　几何滤波对弹性车体共振频率的影响　　172
　§10.3　铁道车辆弹性车体动力吸振器减振分析　　174
　　　10.3.1　包含 DVA 的铁道客车刚柔耦合动力学模型　　175
　　　10.3.2　动力吸振器参数优化设计　　176
　　　10.3.3　动力吸振器对车体弹性振动的抑制作用　　176
　§10.4　铁道车辆弹性车体被动减振分析　　178
　　　10.4.1　加装液压减振器的铁道客车刚柔耦合动力学模型　　178
　　　10.4.2　车体减振器对车体弹性振动的抑制作用　　180
　§10.5　铁道车辆弹性车体最优控制　　183
　　　10.5.1　采用最优控制的铁道客车刚柔耦合动力学模型　　183
　　　10.5.2　最优控制对车体弹性振动的抑制作用　　185
　§10.6　基于格林函数法的刚柔耦合车辆垂向动力学模型求解　　188
　　　10.6.1　格林函数法　　188
　　　10.6.2　基于格林函数法的刚柔耦合车辆垂向动力学模型求解　　188
　　　10.6.3　基于格林函数法的车辆系统频响函数求解　　193
　　　10.6.4　格林函数法与模态叠加法对比分析　　194
参考文献　　196

第 11 章　基于下吊设备的车体模态频率研究　　199
　§11.1　两自由度刚体简化模型的车体、下吊设备耦合振动模态　　200
　　　11.1.1　两自由度振动模型建立　　200
　　　11.1.2　两自由度模型耦合模态计算与结果分析　　201
　§11.2　基于车体弹性梁模型的车体、下吊设备耦合振动模态　　204
　　　11.2.1　车体弹性梁运动微分方程建立　　204
　　　11.2.2　基于梁模型的耦合模态计算与结果分析　　204
　§11.3　基于有限元的车体、下吊设备耦合振动模态　　207
　　　11.3.1　包含下吊设备的车体有限元模型　　207
　　　11.3.2　计算工况设置　　209
　　　11.3.3　基于有限元的车体、下吊设备耦合模态计算结果　　210
　　　11.3.4　基于有限元的车体、下吊设备耦合模态计算结果分析　　221

	11.3.5　有限元分析结果验证	223
参考文献		225

第 12 章　基于刚柔耦合三维动力学模型的车辆振动与控制 　　227
§12.1　刚柔耦合车辆系统三维动力学模型　　227
12.1.1　Simapck 多体动力学软件简介　　227
12.1.2　Ansys 有限元软件简介　　228
12.1.3　模型建立　　228
§12.2　车体弹性对运行平稳性的影响分析　　232
§12.3　转向架与弹性车体垂向耦合振动分析　　235
§12.4　车辆运行平稳性的半主动控制　　236
12.4.1　控制模型　　236
12.4.2　控制结果分析　　238
§12.5　车辆运行平稳性的被动减振分析　　241
12.5.1　动力吸振器对铁道车辆弹性振动的抑制　　241
12.5.2　车体减振器对弹性车体振动控制分析　　243
§12.6　半主动与被动控制比较　　246
参考文献　　250

附录　　252
附录 A　符号说明　　252
附录 B　常见高速客车参数含义及其原始数值　　255

第 1 章

轨道不平顺谱

轨道不平顺是使运行中的机车车辆产生振动的主要根源,是机车车辆/轨道系统的激扰函数.它直接影响轮轨相互作用及列车运行的安全性和平稳舒适性,甚至对货物的损坏也有不可忽视的影响.行车速度越高,高低、水平、方向、轨距不平顺对车辆振动、轮轨作用力的影响越大.各种轨道不平顺是线路方面直接限制行车速度的主要因素,也是直接影响轨道和车辆部件损伤、使用寿命和养修费用的主要因素[1-11].

本章将阐述轨道不平顺的分类、不平顺的检查方法、轨道不平顺功率谱以及轨道谱的反演方法,作为后面章节的基础.

§1.1 轨道不平顺分类

1.1.1 按统计特点分类

对于不平顺的统计,一般是按照数学方法和空间存在方位来分类,按照数学的方法分类有以下 3 类[1,4].

1. 离散不平顺

离散不平顺是孤立地存在于轨道上的不平顺,如道岔、低接头、钢轨上个别的擦伤、线路的个别坑洼和冻起等.

2. 周期不平顺

周期不平顺来源于有缝钢轨轨道的接头和焊接长钢轨轨道的焊缝,以及钢轨的波状磨损、轨枕的间歇效应等.车轮踏面上因擦伤而形成的扁瘢以及车轮的偏心,效果也与钢轨接头相仿.不过,在分析由接头和扁瘢所引起的轮轨系统的高频冲击响应时,如果在出现第二次冲击作用前,这种高频响应已经消逝,则也将它们作为离散不平顺来看待.

3. 随机不平顺

大约在 70 多年前,人们在分析机车车辆对轨道不平顺响应时,通常考虑的还只是钢轨接头这种周期不平顺,而且往往将它假定成按正弦曲线之状沿着轨道的长度而变化.不计随机不平顺,计算得出的响应随运行速度而变化的规律往往不能很好地与试验测得的结果相符.目前则已经能同时考虑机车车辆对轨道周期不平顺和随机不平顺的响应.这是因为利用功率谱密度来描述轨道不平顺时,能同时包括以上两类不平顺,用以作动力学分析.由于在响应计算中所取得的频率的步长不是无穷小,计算所得的功率谱密度并不是瞬时值,而是在一定步长范围内的平均值.因此,在必要时最好对这两种不平顺分别进行分析.

1.1.2 按空间存在方位分类

轨道**随机不平顺**由表观的几何不平顺和弹性不平顺组成,车辆低速通过轨道时测得的准静态不平顺是这两种不平顺的合成[1,2,4,9].当车辆在动态下快速通过轨道时,测得的轨道随机不平顺中将包含有动力作用下的弹性变形,称为**动力不平顺**.同一车辆在动态下快速通过轨道时,测得的轨道不平顺有一定差异.计算轨道车辆响应时,则可以采用一个公认的轨道不平顺谱来开展分析与评估比较.除非特殊需要,一般认为它已包含动态不平顺的作用因素.这表明轨道车辆动力学分析采用的轨道不平顺谱通常当作刚性谱来运用,车轮沿轨面运行,轮轨间作用力不会引起轨道的再变形.这在研究车辆上部振动时可行,但当研究轮轨耦合振动时,就需要考虑轨道系统的弹性特征[6,7].由于铁路轨道由两根钢轨构成,**轨道谱**可分成左右单轨轨道谱和轨道中心谱.一般轨道谱均以轨道中心谱的形式给出,因此,如不特别说明,轨道谱即为**轨道中心谱**.按照轨道不平顺在空间中存在的方位不同,轨道中心谱分为以下4类[9].

1. 垂直不平顺

轨道**垂向不平顺**是由钢轨表面不均匀的磨耗、低接头、弹性垫层和轨枕、道床、路基和弹性不均、各扣件和部件间的扣紧程度和间隙不等、轨枕底部的暗坑、道床和路基的永久变形等原因所造成的.轨道的垂直左右轨面高低不平顺z_l,z_r的平均值z_v表示左右轮轨垂直支撑点的中心离线路名义中心的高低偏差,它是激起车辆产生垂向振动的主要原因,车体将因它产生浮沉和点头振动,并可使轮轨间产生过大的垂向动作用力.

$$z_v = (z_l + z_r)/2 \quad (1-1)$$

2. 水平不平顺

在直线区段内,左右钢轨不可能保持完全水平,一般具有一定偏差.左右轨对应点的高差所形成的沿轨长方向的不平顺,即为**水平不平顺**,如图1-1和图1-2所示.它由轨道垂直不平顺派生而来,可以用将轨道水平不平顺按左右两轨的高差所形成的倾角α来表示.轨道水平不平顺是引起铁道车辆横向滚摆耦合振动的重要原因.

$$z_c = (z_l - z_r) \quad (1-2)$$

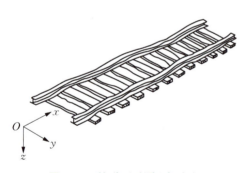

图1-1 轨道不平顺坐标定义

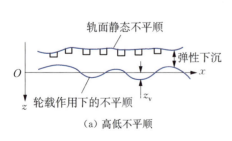

(a) 高低不平顺

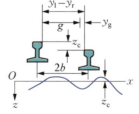

(b) 水平不平顺和轨距不平顺

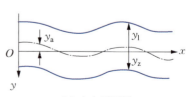

(c) 方向不平顺

图1-2 轨道不平顺示意图

3. 方向不平顺

轨道**方向不平顺** y_a 理论上应是左右轮轨垂直接触面的纯滚线在横向的中心线距离设计值的偏移量. 因为不易对动力学定义的纯滚线进行测量, 为方便起见, 在轨道检测车测量时, 将左右轨头内侧面在水平方向的中心线近似作为轨道上轮轨接触纯滚线的中心线来替代方向不平顺. 轨道方向不平顺是由钢轨铺设时的初始弯曲、养护和运用中积累的轨道横向弯曲变形等原因造成的. 轨道方向不平顺激发轮对产生横向运动, 是引起铁道车辆左右摇摆和侧滚振动的主要原因. 如图 1-2 所示, y_l, y_r 分别为左、右轨的横向不平顺, b 为车轮滚动圆间距之半.

$$y_a = (y_l + y_r)/2 \tag{1-3}$$

4. 轨距不平顺

轨距不平顺 y_g 是指左右两轨对应点的横向间距沿轨道长度方向上的偏差, 其数值以实际轨距与名义轨距之差来表示, 即

$$y_g = y_l - y_r - g \tag{1-4}$$

上式中, g 为**名义轨距**. 轨道不平顺影响钢轮、钢轨的接触几何关系, 对轨道车辆动力学性能也有一定影响.

1.1.3 轨道不平顺描述形式

铁路线路在垂直和水平平面内就是一条波长和波幅都具有不规则(随机)变化的波状线. 每一段线路的不平顺是由无数波状线组合(叠加)而成的[12], 不平顺波幅在几毫米到十几毫米, 甚至更大数值之间变化, 波长可在 1 m 到数百米之间变化. 这些波的波长和波幅不可能精确地检测, 也不能利用数学方法事前精确地计算. 线路不平顺的大小事先也不能精确地预计, 因为它们是随机的. 因此, 轨道不平顺需要而且必须用随机过程的统计特征来描述. 总的轨道不平顺是其里程(x)或时间(t)的函数, 在给定幅角(利用蒙特卡洛法)的情况(x 或 t)下, 不平顺大小是个随机值, 它的这个函数称为随机函数. 在一般情况下, 这个随机函数所有样本具有相同的统计特性, 如具有相同的数学期望、均方差. 在数学上称这类函数为**平稳的各态历经函数**.

既然轨道不平顺用平稳的各态历经函数来表出, 那么, 科研人员在研究某区段动力学过程时, 就只需要在该区段选择一段具有代表性的线路进行铁道车辆动力学试验就足够了. 而在借助计算机进行铁道车辆动力学模拟时, 将该区段中的一段随机函数样本作为激振函数输入数字样机, 进行铁道车辆特性分析.

根据实测得到轨道不平顺的资料, 将其拟合成 个以某些量(截断频率、粗糙度等)为变量的函数, 这个函数就是**轨道不平顺功率谱**. 轨道不平顺功率谱是对随机函数样本坐标的相关函数数学期望的傅立叶变换得到的, 它就好比是将试验中得到的线路不平顺的随机函数样本分解为最简单的谐波系数. 这些谐波同时作用在运行的车辆上, 从统计意义上来说, 这就相当于在线路的给定区段上所具有的实际不平顺对车辆的作用.

功率谱密度(power spectral density, PSD)是表述作为平稳随机过程的轨道不平顺的最重要和最常用的统计函数, **轨道谱密度**即为单位频宽内的不平顺的均方值. **轨道不平顺的功率谱图**是以谱密度为纵坐标、以频率或波长为横坐标的连续变化曲线, 它清楚地表明了不平顺的能量分布大小随频率的变化关系. 一般谱密度的频率变化范围很宽, 为了能表示出在全

部频率范围内的谱密度分布状况,工程中的谱图常用对数坐标表示,以覆盖更宽广的范围.按定义可知,轨道功率谱图曲线与横坐标所围的面积即为其不平顺在所有频带宽度内的均方值.

谱密度的大小及谱图形状和线路的等级、结构及其状态有关,谱密度图建立在对轨道几何参数变化进行大量测量和分析计算的基础上,国内有关部门已对一些线路的轨道不平顺进行过测量和分析,但目前还未以标准形式发布我国统一的谱密度函数的表达式[11,13-16].

§1.2 轨道不平顺的检查方法[11]

轨道不平顺的测定方法对于取得结果的真实性有很大的影响.目前世界各国用来测量高低、轨向不平顺的方法可归纳为弦测法和惯性基准法两大类[1,17-18].

弦测法包括两点差分法、三点中弦法(又称正矢法)、三点偏弦法、多点弦测法.苏联(俄罗斯等国)轨检车采用两点差分法,法国国铁轨检车采用多点弦测法,国外许多轨检车采用三点中弦法或三点偏弦法.国内外的轻型轨检小车大都采用三点中弦法.

惯性基准法包括惯性位移法(又称振动质量法)、轴箱加速度积分法、轴箱加速度快速傅立叶变换法、质量弹簧系统加速度积分与位移相加法,前3种方法由于可测波长范围较窄等缺点,仅个别国家、少数研究机构曾采用或试用.只有加速度积分与位移相加法被许多国家的现代轨检车普遍采用,成为实用化的惯性基准法.

下面简要介绍各国使用最广的弦测法和惯性基准法.

1.2.1 弦测法

由于在行进中的检测车上找不到静止不动的测量基准线,多年来世界各国普遍采用弦测法进行测量.弦测法具有装置简单、使用方便、价格便宜等优点.有的日本学者还认为,从保障客车振动舒适度的观点来看,10 m弦测法的检测特性也有有利的一面,对客车车体振动加速度敏感波段的不平顺测值是放大的,不易漏掉.因此,弦测法不仅为许多大型检查车采用,也是轨检小车、人工检测常用的基本方法.但是,弦测法的传递函数是随弦长与不平顺波长的比值变化的,有较严重的缺陷,只有在部分情况下才能正确测量或近似反映轨道的平顺状态.

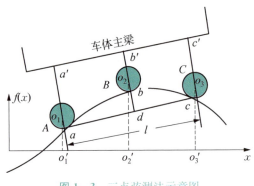

图1-3 三点弦测法示意图

所谓**弦测法**,就是利用图1-3所示A、C两轮与轨道接触点的连线ac作为测量的"基准线",将B轮与轨道接触点b偏离ac的数值bd作为轨道不平顺的测量值.

由于被当作测量"基准线"的ac是随轨道的高低不平或方向不直而起伏变动的,这就使得弦测法在许多情况下不能正确反映轨道的高低、轨向不平顺.

1.2.2 惯性基准法

惯性基准法是利用惯性原理获得测量基准的现代先进检测方法.一个如图1-4所示的由车体、车轮轴箱等组成的质量弹簧系统,当轴箱上下振动频率很高、且大大高于系统的自振频率时,根据惯性原理,车体便不能跟随轴箱上下运动而静止,车体便成为可用作测量的静止基准.这时只要测出轴箱与车体间的相对位移,便得到了轴箱上下振动的位移.如果轴箱的位移是由轨道不平顺引起,在车轮不脱离钢轨的条件下,轴箱相对于车体的位移就是轨道不平顺.

遗憾的是,轨道不平顺引起轴箱上下振动的频率并不都是大大高于系统自振频率的,不平顺波长稍长或行车速度较低,轨道不平顺引起的轴箱振动频率不够高时,车体便会随之运动,测量的静止基准便丧失.于是国内外不少研究机构又研究试验了另一种基于惯性原理但更简便易行的轴箱加速度积分法.

轴箱加速度积分法是测出轴箱加速度经二次积分运算和高通滤波得出轴箱位移(即轨道的不平顺).理论上完全正确,但是由于轨道不平顺引起的轴箱加速度动态范围太大,例如,当速度为 100 km/h、波长为 0.1 m、幅值为 1 mm 的正弦形不平顺所引起的轴箱加速度为 311 g,轴箱振动频率为 278 Hz;而波长为 50 m、幅值为 1 mm 的正弦形不平顺所引起的轴箱加速度仅为 0.001 3 g,频率为 0.56 Hz,若要测出 0.1~50 m 波长的不平顺,分辨精度为 1 mm,则需要测量的加速度动态范围是 0.001 3~311 g,最大值与最小值相差 20 余万倍.目前的传感器和电测仪器均无法在这样大的动态范围内保证必要的分辨精度,因此,这种方法由于电测技术上的困难未能得到实际应用.

各国现代轨检车实际采用的惯性基准法原理如图 1-4 所示.当车轮不脱离钢轨时,车轮轴箱的上下运动位移 H 即轨道的高低不平顺 η,等于车体的上下运动位移 Z 及车体与轴箱间相对位移 W 之和,车体对其惯性基准线的位移 Z 可用加速度传感器测出车体的加速度 $\ddot{Z}$ 经二次积分得到,车体与轴箱间的相对位移 W 可用位移传感器测得,即

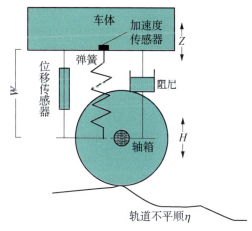

图 1-4 惯性基准法原理

$$\eta = H = Z + W = \iint \ddot{Z} \mathrm{d}t\,\mathrm{d}t + W \tag{1-5}$$

当轨道不平顺的波长较短,车速较快,轴箱上下运动的频率 ω 大大高于质量弹簧系统的自振频率 ω_0 时($\omega \gg \omega_0$),车体 M 的位移 Z 为零,轴箱上下运动位移 H 即为轨道的高低不平顺.从物理角度可解释如下:当轴箱的上下运动很快时,车体不能追随而保持静止,车体的这个静止位置即为质量弹簧系统的惯性位移或称惯性基准.此时,轨道不平顺的变化完全由位移传感器 W 反映.当不平顺波长较长,车速较慢,车轮上下运动的频率 ω 大大低于系统自振频率 ω_0 时,车体随着车轮上下运动,车体与轴箱间相对位移 $W=0$(即弹簧不伸长也不缩短),此时轨道的不平顺 H 即为车体 M 相对其惯性基准的位移 Z,完全由加速度传感器来反映,即 $H = \iint \ddot{Z}\mathrm{d}t\,\mathrm{d}t$.多数情况是在这两种极端情况之间,即(1-5)式所表示的轨道不平顺是车体加速度的两次积分 $\iint \ddot{Z}$ 和车体与轴箱间相对位移 W 之和.

由(1-5)式可以看出,等号右边除了 $\iint \ddot{Z}$ 和 W 两项外,并无其他不为 1 的函数因子,若将

(1-5)式写成包括传递函数的表达式,即

$$H = H(x)\left(\iint \ddot{Z}\,\mathrm{d}t\,\mathrm{d}t + W\right), \quad H(x) = 1 \tag{1-6}$$

也就是说,这一方法的传递函数恒为1,只要正确地测出Z和W,就能准确地测得轨道不平顺η.

这一方法的特点是车体M的加速度经弹簧系统减震后,其动态范围已大大缩小,车体上的加速度传感器主要反映频率较低、加速度数值较小的长波,位移传感器主要反应频率较高的短波,由两者之和得到整个需测波长范围的轨道不平顺,这样便解决了轴箱加速度直接积分法所遇到的轴箱加速度动态范围过大的困难.

理论上这一方法可以测出任何波长的轨道高低不平顺,但是为了滤除无需测量的频率极低、变化缓慢、数值很大的轨道高程变化和滤除坡度变化、曲线超高等影响,必须引入高通滤波器.高通滤波器的截止频率随行车速度的变化而自动切换,以保持可测波长不随行车速度变化.

此外,还需要对由于曲线超高、较大水平不平顺等引起车体倾斜、侧滚而使加速度计产生的相应输出进行修正,才能得到精度较高的结果.

测量方向不平顺的原理与此类似,但需将装置转90°横向安装,测得轴箱横向运行轨迹后,还需加上轮缘与轨头内侧面间的间隙变化.

得到了左右两轨的高低不平顺后,计算同一横截面左右轨高低之差便可得到水平不平顺.

近代各国普遍采用的惯性基准法克服了弦测法的严重缺陷,解决了振动质量法和轴箱加速度积分法不能满足需测波长范围要求等问题,能比较如实地反映实际的轨道不平顺,是一种先进适用的方法.20世纪60年代,美国、加拿大、苏联等国开始研究试用,70年代中期达到实用化阶段,首先由美国和英国的高速轨道检查车正式装备使用.我国铁道科学院与原航天部502所等单位协作,也于70年代末期研制成功GJ-3型惯性基准轨道不平顺检测装置,相继在全路GJ-3型轨检车上推广使用.90年代中期,铁道科学院在引进消化的基础上研制成功全数字化的GJ-4型轨道检测系统,使惯性基准检测系统的性能进一步提高.

惯性基准法的主要缺点是由于必须采用高通滤波器等原因,当速度低于15 km/h时不能正确测量.另外,系统比较复杂,对系统的瞬态特性和修正补偿要求严格,价格昂贵.

§1.3 轨道不平顺功率谱

轨道不平顺的功率谱图是以谱密度为纵坐标、以频率或波长为横坐标的连续变化曲线,它清楚地表明了不平顺的大小随频率的变化关系.按定义可知,轨道功率谱图曲线与横坐标所围的面积即为其不平顺在所有频带宽度内的均方值.

由于国内尚未建立具有全国代表性的轨道功率谱分析式和应用标准,因此,本书采用德国高速轨道谱和美国谱作为数字样机分析的激励.

1.3.1 德国高速轨道谱

20世纪80年代初,德国在进行高速列车的理论研究时,采用下列轨道谱分析式[3].

垂直不平顺

$$S_v(\Omega) = \frac{A_v \Omega_c^2}{(\Omega^2 + \Omega_r^2)(\Omega^2 + \Omega_c^2)} \tag{1-7}$$

方向不平顺

$$S_a(\Omega) = \frac{A_a \Omega_c^2}{(\Omega^2+\Omega_r^2)(\Omega^2+\Omega_c^2)} \quad (1-8)$$

水平不平顺和轨距不平顺具有相同的谱密度表达式,即

$$S_c(\Omega) = \frac{(A_v/b^2)\Omega_c^2 \Omega^2}{(\Omega^2+\Omega_r^2)(\Omega^2+\Omega_c^2)(\Omega^2+\Omega_s^2)} \quad (1-9)$$

上式中,S 为功率谱密度,单位为 $m^2/(1/m)$;Ω 为空间波数(空间圆频率),单位为 rad/m. 具体参数见表 1-1.

表 1-1 德国高速轨道谱参数

轨道级别	Ω_s (rad/m)	Ω_c (rad/m)	Ω_r (rad/m)	A_v (m·rad)	A_a (m·rad)	b (m)
高激扰	0.4380	0.8246	0.02060	5.923×10^{-7}	5.923×10^{-7}	0.75
低激扰	0.4380	0.8246	0.02060	5.923×10^{-7}	5.923×10^{-7}	0.75

90 年代初,一些欧洲和北美国家在研究高速机车车辆时,共同推荐采用(1-7)式至(1-9)式进行分析,但作了两处修改:一是谱密度幅值参数 A_v 和 A_a 分别取不同的数值;二是降低了高、低不同激扰时的 A_v 和 A_a 值,特别是 A_a 值. 这种修改反映了高速线路质量的提高、轨道不平顺的数值减少. 修改后的高速轨道谱参数见表 1-2,修改后的高速谱往往仍被称为德国高速轨道谱.

表 1-2 修改后的德国高速轨道谱参数

轨道级别	Ω_s (rad/m)	Ω_c (rad/m)	Ω_r (rad/m)	A_v (m·rad)	A_a (m·rad)	b (m)
高激扰	0.4380	0.8246	0.02060	1.080×10^{-6}	6.125×10^{-7}	0.75
低激扰	0.4380	0.8246	0.02060	4.032×10^{-7}	2.119×10^{-7}	0.75

我国在研究高速机车车辆的动态响应时,也规定采用上述修改后的高速轨道谱.

高速轨道谱区分为高、低激扰,这是由于谱密度实测数据的离散性所致,故在理论计算和振动台试验时,需要用此两种激扰谱来预测实物动态性能指标的范围.

1.3.2 美国谱

美国曾对全国铁路的几何参数进行了大规模的测量,建立了轨道几何参数的数据库,为制定不同等级线路的安全标准奠定了基础. 对实测的轨道密度进行曲线拟合后,便得到如下所学的轨道不平顺的分析式[3].

垂直不平顺

$$S_v(\Omega) = \frac{KA_v\Omega_c^2}{\Omega^2(\Omega^2+\Omega_c^2)} \quad (cm^2 \cdot m/rad) \quad (1-10)$$

方向不平顺

$$S_a(\Omega) = \frac{KA_a\Omega_c^2}{\Omega^2(\Omega^2+\Omega_c^2)} \quad (\text{cm}^2 \cdot \text{m/rad}) \tag{1-11}$$

水平和轨距不平顺具有相同的谱表达形式,即

$$S_c(\Omega) = S_g(\Omega) = \frac{4KA_v\Omega_c^2}{(\Omega^2+\Omega_c^2)(\Omega^2+\Omega_s^2)} \quad (\text{cm}^2 \cdot \text{m/rad}) \tag{1-12}$$

上式中,S 为功率谱密度,单位为 $\text{cm}^2 \cdot \text{m/rad}$;$\Omega$ 为空间波数(空间圆频率),单位为 rad/m. 具体参数见表 1-3.

表 1-3 美国轨道几何不平顺参数

线路等级	A_v ($\text{cm}^2 \cdot \text{rad/m}$)	A_a ($\text{cm}^2 \cdot \text{rad/m}$)	K	Ω_c (rad/m)	Ω_s (rad/m)	货车允许速度 (km/h)	客车允许速度 (km/h)
4 级	0.537 6	0.302 7	0.25	0.824 5	1.131 2	96	128
5 级	0.209 5	0.076 2	0.25	0.824 5	0.820 9	128	144
6 级	0.033 9	0.033 9	0.25	0.824 5	0.438 0	176	176

注:K 没有量纲.

1.3.3 我国轨道谱

1. 秦沈客运专线及干线轨道谱[14-15]

我国铁道部铁道科学研究院在秦沈客运专线 1 年多轨道不平顺数据的基础上,经筛选、分类处理、计算和统计分析,获得了秦沈客运专线的轨道轨距、轨向、高低、扭曲和水平不平顺的功率谱密度. 为使轨道谱线便于应用,需要对其比较准确地拟合. 参考国内外成功应用的轨道谱密度函数,选用如下所示的拟合轨道谱函数式来表达轨道谱特征.

高低不平顺

$$S_v(f) = \frac{A \cdot B^2}{f^2(f^2+B^2)} \tag{1-13}$$

方向不平顺

$$S_a(f) = \frac{A \cdot B^2}{(f^2+B^2)(f^2+C^2)} \tag{1-14}$$

轨距、水平和扭曲不平顺

$$S(f) = \frac{A \cdot B^2 f^2}{(f^2+B^2)(f^2+C^2)(f^2+D^2)} \tag{1-15}$$

上式中,$S(f)$ 为轨道不平顺功率谱,单位为 $\text{mm}^2/(1/\text{m})$;f 为空间频率,单位为 $1/\text{m}$;A,B,C,D 均为谱特征参数.

与国外高速轨道谱不同的是,该研究给出了 3 条轨道谱线而非两条,其参数分别见表 1-4 至表 1-6.

表 1-4　秦沈客运专线轨道谱最大值拟合参数

参数	A	B	C	D
左高低	0.890 5	0.304 6	—	—
右高低	0.886 3	0.235 1	—	—
左轨向	0.939 5	−0.114 1	0.042 5	—
右轨向	0.974 1	−0.111 2	0.043 3	—
轨距	2.742 0	−0.090 4	−0.130 2	0.000 1
水平	2.745 8	−0.090 6	−0.131 1	0.001 0
扭曲	3.109 3	−0.432 3	−0.099 5	0.093 9

表 1-5　秦沈客运专线轨道谱建议值拟合参数

参数	A	B	C	D
左高低	0.148 4	0.304 6	—	—
右高低	0.147 7	0.235 0	—	—
左轨向	2.886 6	−0.035 8	0.174 4	—
右轨向	2.728 5	−0.036 5	0.170 1	—
轨距	3.993 3	0.038 0	−0.291 3	0
水平	3.995 5	0.037 7	−0.281 7	0.000 1
扭曲	2.519 5	0.174 7	−0.300 9	−0.061 6

表 1-6　秦沈客运专线轨道谱最小值拟合参数

参数	A	B	C	D
左高低	0.011 9	0.304 6	—	—
右高低	0.011 8	0.235 1	—	—
左轨向	0.079 9	−0.043 5	0.107 8	—
右轨向	0.082 3	−0.043 7	0.109 1	—
轨距	4.090 6	0.010 6	−0.301 8	−0.031 6
水平	4.293 5	0.010 7	−0.304 8	0.031 7
扭曲	2.522 6	0.055 5	−0.358 8	−0.172 3

运用以上 3 张表可得到 3 条谱线,据此可将轨道谱图划分成 A,B,C,D 共 4 个区域,依次可定义为优秀、良好、合格和不合格轨道谱线区域. 对于一条给定的轨道谱线,就可以依据在 4 个区域的分布情况来评定其质量.

铁道科学研究院又提出了干线轨道谱形式：

$$S(f) = \frac{af^2 + b}{cf^6 + df^4 + ef^2 + k} \tag{1-16}$$

与(1-13)式至(1-15)式相同，$S(f)$ 为轨道不平顺功率谱，单位为 $mm^2/(1/m)$；f 为空间频率，单位为 $1/m$；a，b，c，d，e，k 为谱特征参数，其参数值依据运行速度 120 km/h，160 km/h，200 km/h 分为 3 类，具体可参见文献[16]。

2. **中南大学铁道校区轨道谱**

1985 年，中南大学铁道校区对我国京广线采用地面测量手段，先后进行了 3 次轨道不平顺测试，得出我国铁路 I 级干线轨道不平顺谱。

高低不平顺

$$S_v(f) = 2.755 \times 10^{-3} \times \frac{f^2 + 8.879 \times 10^{-1}}{f^4 + 2.524 \times 10^{-2} f^2 + 9.61 \times 10^{-7}} \tag{1-17}$$

方向不平顺

$$S_a(f) = 9.404 \times 10^{-3} \times \frac{f^2 + 9.701 \times 10^{-2}}{f^4 + 3.768 \times 10^{-2} f^2 + 2.666 \times 10^{-5}} \tag{1-18}$$

水平不平顺

$$S_c(f) = 5.100 \times 10^{-8} \times \frac{f^2 + 6.346 \times 10^{-3}}{f^4 + 3.157 \times 10^{-2} f^2 + 7.791 \times 10^{-6}} \tag{1-19}$$

轨距不平顺

$$S_g(f) = 7.001 \times 10^{-3} \times \frac{f^2 + 3.863 \times 10^{-2}}{f^4 + 3.355 \times 10^{-2} f^2 + 1.464 \times 10^{-5}} \tag{1-20}$$

上述各式中，$S(f)$ 为轨道不平顺功率谱，单位为 $mm^2/(1/m)$；f 为空间频率，单位为 $1/m$。

1.3.4 磁浮轨道谱

磁浮列车的工作环境包括大气（空气阻力）、轨道等，轨道无疑是磁浮列车运行状况最主要的影响因素。众所周知，磁浮系统较传统轮轨系统成本要高。要使磁浮系统在经济上具有可行性，必须尽量使其成本最小化，为此须在改善车辆悬挂系统与改善轨道质量（增加轨道刚度、减小公差带和不平顺）之间作出折衷。从这个意义上讲，建立准确的轨道模型对磁浮系统研究是很重要的。

1. **磁浮线路结构特点**

相对传统轮轨系统而言，磁浮列车以非接触式的电磁力实现车辆的支撑和导向，其走行部分与传统轮轨走行部分的机械结构、传递特性均有不同，磁悬浮线路则大量采用高架桥结构，这使得其轨道结构、不平顺等与传统轨道不同。

国内外一些实验室将**磁浮线路**定义为有桥墩、基础梁、悬浮导向以及推进功能件组成的[19]。具体到高速磁浮与中低速磁浮、EMS 磁浮与 EDS 磁浮，它们的磁浮轨道的结构区别很大，尤其表现在功能件及其安装机构上。例如，日本名古屋试验线[20]、成都青城山磁浮示范线[13]、国防科技大学校内试验线[21]**低速磁浮轨道**主要采用 12 m 和 16 m 的混凝土梁，间距

1.2 m 的钢枕通过预埋件与梁体连接,导轨则通过螺栓与轨枕两端连接,如图 1-5 所示. 可见低速磁浮轨道明显地分为钢轨、枕梁和支承梁 3 层结构,类似轮轨铁路桥上无渣轨道结构[22].

图 1-6 是高速 EMS 系统 Transrapid 磁浮轨道结构示意图. 图 1-7 是高速 EDS 系统 MLX 磁浮轨道结构示意图.

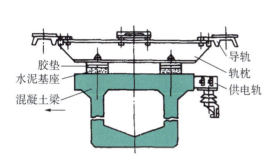

图 1-5 低速磁浮轨道截面图

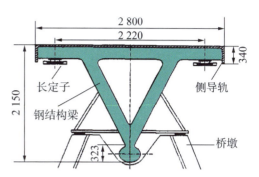

图 1-6 Emsland 钢结构梁截面图

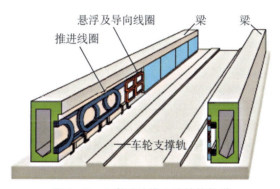

图 1-7 山梨试验线边墙结构轨道

对于德国 Emsland 磁浮试验线[7,23],高架轨道梁主要采用 25 m 单跨混凝土梁和 50 m 双跨钢结构梁;低置线路采用 6.2 m 混凝土板梁;高速道岔采用 8 跨钢结构梁,总长 150 m;低速道岔采用 5 跨钢结构梁,总长 77.5 m. 我国上海磁浮线路主要采用 24 m 单跨混凝土复合梁,有双跨但比较少.

应该说明的是,虽然上述几种磁浮线路的上部结构不尽相同,但是下部结构的区别并不大,一般都是由桥墩等支承.

2. 磁浮线路轨道不平顺

磁浮线路与轮轨线路的[24,25]不平顺的分类大致相同[1],但产生的原因和具体的不平顺形式不同. 概括说来,磁浮线路不平顺的产生无非由功能件几何误差、支承梁几何误差、桥墩及地基沉陷及其安装误差等组成,其中影响车辆乘坐舒适性的长波不平顺主要来自轨道梁弹性变形及其安装误差、桥墩错位以及地面基础的变形[26,27].

轨道不平顺的类型按不同的标准有不同的划分方法. 按不平顺是否由车辆动态载荷造成,轨道不平顺可分为静态不平顺和动态不平顺. **静态不平顺**包括功能件、轨道梁、支撑梁、导轨和桥墩的制造误差和安装误差;桥墩、地基沉降以及热变形(热胀冷缩). **动态不平顺**主要由运动

的车辆造成. 因此,可用(1-21)式表达轨道梁的不平顺,

$$G(x,t) = G_s(x) + G_d(x,t) \tag{1-21}$$

可以看出轨道总的不平顺 $G(x,t)$ 是静态不平顺 $G_s(x)$ 和动态不平顺 $G_d(x,t)$ 之和. 静态不平顺 $G_s(x)$ 是位置、时间、气候条件和使用年数的函数;动态不平顺 $G_d(x,t)$ 主要取决于车辆的重量.

更通常的划分方法是按照不平顺的组成内容是否具有周期性,分为周期性轨道不平顺和随机性轨道不平顺.

(1) 周期性轨道不平顺.

采用桥墩支撑的轨道梁的运动包含周期性成分. 例如,一个跨度为 1 的单跨轨道梁对于以速度 v 通过的车辆会形成一个周期性的激扰 h,其形式为

$$h = a \cdot \sin(\Omega_0 x) \tag{1-22a}$$

或

$$h = a \cdot \sin(\omega_0 t) \tag{1-22b}$$

其中 x 是离某一桥墩的距离,a 是跨度中心的变形,有

$$\Omega_0 = 2\pi/\lambda \tag{1-23}$$

$$\omega_0 = \Omega_0 v \tag{1-24}$$

上式中,各变量的含义与单位如下:λ 为轨道梁跨度,单位为 m;Ω_0 为空间波数,单位为 rad/m;ω_0 为时域圆频率,单位为 rad/s;v 为速度,单位为 m/s.

轨道变形一般包括一系列这样不同波长、不同频率的周期性成分. 以某一桥墩为参考基点,沿轨道长度方向距离此基点 x 距离处的轨道表面变形可以表达为

$$h = \sum_n a_n \cdot \sin(\Omega x) \tag{1-25a}$$

或

$$h = \sum_n a_n \cdot \sin(\omega t) \tag{1-25b}$$

其中,

$$\Omega = \Omega_0 n \tag{1-26}$$

$$\omega = \Omega v \tag{1-27}$$

(1-25)式中 a_n 是傅立叶系数.

(2) 随机性轨道不平顺.

磁浮线路的随机几何不平顺是激励车辆和轨道振动的主要外部干扰. 目前,磁浮列车还没有商业运行的长大干线,无法通过大量线路实测拟合得到磁浮轨道谱. 因此,根据磁浮线路构造特点及其不平顺管理要求,合理地估计磁浮线路不平顺基本形式是以往和近期磁浮线路不平顺建模的基本思路.

高速磁浮列车以 400 km/h 以上速度运行,引起车体主频响应的波长比起高速轮轨系统

要大很多,这就要求高速磁浮线路的长波不平顺要严格加以控制.中短波不平顺影响到车辆和轨道的结构振动、悬浮控制系统的稳定性、传感器性能要求以及电磁铁功率输出等,也应有较为严格的控制;而且磁浮线路上功能件的制造和安装本身是十分严格的.正是基于上述情况,磁浮线路不平顺在长波段和短波段相比于传统地面车辆有明显的变化.

正是基于上述高速磁悬浮线路不平顺特性,以及目前无法通过大量实测得到磁悬浮线路谱的情况,磁悬浮线路不平顺功率谱的选用可以借鉴其他高速线路谱的基本形式,再对其进行适当的改进.

国外一些早期研究[7, 27, 28]分别采用高速机场谱、无缝线路轨道谱作为磁悬浮车辆线路的随机不平顺形式:

$$S(\Omega) = \frac{A}{\Omega^n} (\text{m}^2 \cdot \text{m/rad}) \tag{1-28}$$

上式中,Ω 为空间波数,单位为 rad/m;n 为频率特征参数,取值范围为 1.5~4.5,传统地面车辆线路一般取为 2;A 为表面粗糙度系数.

在(1-28)式中,$n=2$,$A=1.5\times10^{-6}$ m,相当于机场路面谱,$A=1.5\times10^{-7}$ m,相当于高速轨道谱[28,29].应该说这些早期的研究主要考虑了轨道的结构与安装,并没有考虑到高速磁浮系统对线路特殊的严格要求(如上海磁浮线路混凝土简支梁挠度比限值为 1/4 800,功能件制造安装精度在 ±1 mm 以内),因此,得到的磁浮线路轨道谱在目前看来并不十分合理,而且它们本身仅适用于传统地面车辆 300 km/h 速度以下时的仿真计算.因此,D. A. Hullender[30],J. E. Snyder 和 D. N. Wormley[27],J. K. Hedrick[31]等人对柔性高架线路随机不平顺功率谱进行了理论推导,指出其不平顺功率谱曲线有明显的分段特性.而日本人[32-34]对宫崎试验线和山梨试验线轨道的随机不平顺理论分析和试验研究结果也证实了这一结论.因此,在近期磁浮车辆随机振动仿真研究中,H. Tsunashima 等人[35,36]、赵春发和翟婉明[37,38]采用了如图 1-8 所示的磁浮线路不平顺模型,在图 1-8 中各分段功率谱函数采用了(1-29)式的基本形式,

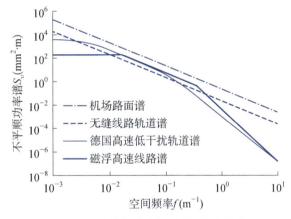

图 1-8 磁浮线路垂向不平顺功率谱道

$$S(\Omega) = \frac{A}{\Omega^n + C} (\text{m}^2 \cdot \text{m/rad}) \tag{1-29}$$

上式中,C 为修正系数,单位与 n 的取值有关;其他变量的含义与(1-28)式相同.

在图 1-8 中,磁浮随机不平顺线路谱按波长 60 m 以上、3 m 以下、3~60 m 之间分段表述,各个分段的功率谱函数采用(1-29)式的形式,较好地吻合了实际磁浮线路不平顺的特点.另外,从线路不平顺对车辆运行平稳性的影响来看,对高速磁浮车辆系统,如果以 30 Hz 作为影响车辆走行品质的上限,以 1 Hz 作为车体主频,则 400 km/h,500 km/h 速度下对应的线路不平顺波长范围分别为 3.70~111.11 m 和 4.63~138.89 m,在此波长段内的线路不平顺控制,应以满足车辆平稳性要求为主;而 3 m 以下波长不平顺控制,则要考虑系统安全和悬浮

控制系统性能,它还取决于功能件的制造、安装精度,一般较传统地面车辆线路要小.

因此,磁浮线路谱应该具有短波不平顺较小、长波不平顺被严格控制的特性.这些不平顺特性在图1-8中都得到体现,故采用分段式磁浮线路不平顺功率谱理论模型进行磁浮车辆随机振动响应分析较为合理.

但是,文献[1,39,40]并未给出图1-8中磁浮轨道谱的详细解析式或具体参数数据.对于频率特征参数 n 和修正系数 C 的选取,拟合磁浮轨道谱曲线则需要大量的实测数据.由于缺少数据,对磁浮轨道谱的分段拟合主要是参照美国6级谱和德国高速谱.最后,拟合得到的磁浮线路不平顺功率谱如图1-9和图1-10所示.

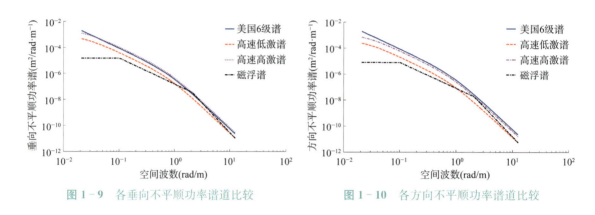

图1-9　各垂向不平顺功率谱道比较　　　　图1-10　各方向不平顺功率谱道比较

§1.4 空间谱与功率谱的转化

由于轨道不平顺是在里程长度上对不平顺的波长和幅值进行统计,其自变量通常是里程而非时间,因此称该轨道谱为空间谱.其自变量 f 或 Ω 分别称为空间频率和空间圆频率,单位分别为 $1/m$ 和 rad/m,对应关系为 $\Omega=2\pi f$.假设 L 为不平顺简谐函数在线路长度方向上的波长,单位为 m,则空间频率 $f=1/L$,空间圆频率 $\Omega=2\pi/L$.

当车辆以速度 v 在波长为 L 的正弦不平顺激励 $A\sin(2\pi x/L)$ 上运行,其时域不平顺激励函数为 $A\sin(2\pi vt/L)$, $v=x/t$,其中 t 为时间,A 为不平顺振幅.显然,有时间圆频率 $\omega=2\pi v/L$,单位为 rad/s;时间频率为 $f_t=v/L$,单位为 1/s,则 $f=v\cdot f_t$,$\omega=v\cdot\Omega$.

为了在频域分析车辆的运行平稳性及振动时,需要将轨道不平顺的空间谱转化为时间谱,考虑到两种谱密度在对应的谱带宽内应有相同的均方值,于是有[1]

$$S(f)\mathrm{d}f=S_\omega(\omega)\mathrm{d}\omega \qquad (1-30)$$

同理,有

$$S(\Omega)\mathrm{d}\Omega=S_\omega(\omega)\mathrm{d}\omega \qquad (1-31)$$

上式中,S_ω 表示空间谱 S 对应的时间谱.

当空间谱自变量为空间频率 f 时,有

$$S_\omega(\omega)=\frac{S(f)}{2\pi\cdot v}=\frac{S_{f_s}\left(\dfrac{\omega}{2\pi\cdot v}\right)}{2\pi\cdot v} \qquad (1-32)$$

因为

$$\omega = v\Omega \tag{1-33}$$

同理,有

$$S_\omega(\omega) = \frac{S_\Omega(\Omega)}{v} = \frac{S_\Omega\left(\frac{\omega}{v}\right)}{v} \tag{1-34}$$

依据(1-32)式和(1-34)式,可以将空间频率及空间圆频率的轨道不平顺谱转换为时域的不平顺功率谱密度函数,供动力学频域分析使用.

§1.5 轨道谱反演

轨道谱反演一般常用二次滤波法、白噪声滤波法、三角级数法和频域法4种方法[41]. 白噪声滤波法需要依据轨道不平顺谱设计成型滤波器,该反演方法可同时用于平稳性的协方差计算方法和轨道车辆振动控制算法中,本书第5章将给出该方法的详细设计过程. 三角级数法和频域法将轨道不平顺视为由无数个谐波函数组合而成,轨道不平顺功率谱即为将大量实测的轨道不平顺进行拟合得到. 拟合的方法是 Blackman-Turkey 周期图法,即在统计计算时有一周期外推过程,故可以用周期函数来模拟轨道不平顺. 该反演方法就是将轨道不平顺信号(轨道功率谱密度函数表达式)用周期函数来表出.

反演方法中基于三角级数模拟轨道不平顺信号的方法,其本质是运用最基本的正弦、余弦周期函数分解轨道不平顺信号. 本节将对三角级数法反演轨道不平顺功率谱进行介绍.

1.5.1 三角级数法轨道谱反演

基于目前的随机理论,一般认为轨道不平顺是平稳的各态历经高斯过程,其功率谱密度函数为 $S_x(\omega)$. 轨道空间域不平顺可以用下式模拟[18-20]:

$$x(d) = \sum_{k=1}^{N} a_k \cos(\omega_k d + \phi_k) \tag{1-35}$$

上式中,$x(d)$ 为轨道不平顺空域样本序列;k 为取样点个数;N 为总的取样点数;ω_k 为采样频率;ϕ_k 为相位,这里取 $[0, \pi]$ 上均匀分布的相互独立的随机变量.

当上、下截止频率分别为 ω_u 和 ω_l 时,对于给定的功率谱密度 $S_x(\omega)$,存在如下关系:

$$\Delta\omega = \frac{\omega_u - \omega_l}{N} \tag{1-36}$$

$$\omega_k = \omega_l + \left(k - \frac{1}{2}\right)\Delta\omega \tag{1-37}$$

$$a_k^2 = 4S_x(\omega_k)\Delta\omega \tag{1-38}$$

用(1-35)式和(1-38)式可以生成垂直、水平、方向、轨距等轨道随机不平顺样本. 为了适应动力学软件及计算研究等需要,有时需要生成单个轨道的不平顺数据,为此,首先生成轨道中心谱水平、高低、方向和轨距不平顺数据,然后,依据单轨、轨道中心线之间的几何关系式(1-1)

至(1-4),有如下公式成立:

$$\begin{cases} z_l = \dfrac{2z_v + z_c}{2} \\ z_r = \dfrac{2z_v - z_c}{2} \end{cases} \quad (1-39)$$

上式中,z_v 为垂向不平顺,z_c 为水平不平顺,z_l 和 z_r 为左右单轨垂向不平顺.

同理,有

$$\begin{cases} y_l = \dfrac{2y_a + y_g}{2} \\ y_r = \dfrac{2y_a - y_g}{2} \end{cases} \quad (1-40)$$

其中,y_a 为方向不平顺,y_g 为轨距不平顺,y_l 和 y_r 为左右单轨横向不平顺.

根据(1-30)式和(1-32)式可以分别求出左右钢轨的垂向和横向位移量,以此作为动力学仿真输入.

1.5.2 逆傅立叶变换轨道谱反演

给定时序序列 $\{x_n = x(n)\}$,其中 $n = 0, 1, \cdots, N-1$. 利用 Blackman-Turkey 周期图法估计功率谱,有

$$R_{xx} = \frac{1}{T} \int_0^T x(n) x(n+\tau) \mathrm{d}\tau \quad (1-41)$$

上式中,周期时长 $T = N\Delta t$,相关函数时延 $\tau = r\Delta t$. 将上式离散化,有

$$R_r = R_{xx}(\tau = r\Delta t) = \frac{1}{N} \sum_{n=0}^{N} x_n x_{n+r} \quad (1-42)$$

对上式进行离散傅立叶变换,

$$S(k) = \frac{1}{N} \sum_{r=0}^{N-1} \left(\frac{1}{N} \sum_{n=0}^{N} x_n x_{n+r} \right) \mathrm{e}^{-\mathrm{i}\frac{2\pi k}{N} r} = \frac{1}{N} \sum_{n=0}^{N-1} x_n \mathrm{e}^{\mathrm{i}\frac{2\pi k}{N} n} \cdot \frac{1}{N} \sum_{r=0}^{N-1} x_{n+r} \mathrm{e}^{-\mathrm{i}\frac{2\pi k}{N}(n+r)} \quad (1-43)$$

令 $m = n + r$,则

$$\frac{1}{N} \sum_{r=0}^{N-1} x_{n+r} \mathrm{e}^{-\mathrm{i}\frac{2\pi k}{N}(n+r)} = \frac{1}{N} \sum_{j=n}^{N-1+n} x_{n+r} \mathrm{e}^{-\mathrm{i}\frac{2\pi k}{N} j} = \frac{1}{N} \sum_{j=0}^{N-1} x_j \mathrm{e}^{-\mathrm{i}\frac{2\pi k}{N} j} \quad (1-44)$$

故

$$S(k) = \frac{1}{N} \sum_{n=0}^{N-1} x_n \mathrm{e}^{\mathrm{i}\frac{2\pi k}{N} n} \cdot \frac{1}{N} \sum_{j=0}^{N-1} x_j \mathrm{e}^{-\mathrm{i}\frac{2\pi k}{N} j} = \frac{1}{N^2} |X^*(k) X(k)| = \frac{1}{N^2} |X(k)|^2 \quad (1-45)$$

其中,$S(k)$ 表示谱线值,$|X(k)|$ 表示傅立叶频谱幅值,$*$ 表示共轭,$k = 0, 1, \cdots, N-1$.

设需要模拟的时间序列 $\{x_n = x(n)\}$ 的时长为 T_s,时间间隔为 Δt,则时域和频域的采样点数为 $N = T_s/\Delta t$,频域的采样间隔为 $\Delta f = 1/(N\Delta t)$. 设功率谱有效的上下截止频率分别为 f_u 和 f_l,则有效采样点数为 $N_f = (f_u - f_l)/\Delta f$. 对于有效频段外的采样点值记为 0,并通过末

尾补零的方法,使得 N 为 2 的整数次幂.

由(1-45)式可知,

$$|X(k)|=\sqrt{N^2 S(k)}=N\sqrt{S(k\Delta f)\Delta f} \tag{1-46}$$

时间序列为随机过程,故认为其频谱的相位 φ 分布服从 $0\sim2\pi$ 的均匀分布.故

$$X(k)=|X(k)|\mathrm{e}^{\mathrm{i}\varphi}=N\sqrt{S(k\Delta f)\Delta f}\,\mathrm{e}^{\mathrm{i}\varphi} \tag{1-47}$$

其中,$k=0,1,\cdots,N/2$. 又因为傅立叶序列 $X(k)$ 的实部和虚部分别关于中心点偶对称和奇对称,所以,通过对称可以得到完整的频域序列 $X(k)$.

将复序列 $X(k)$ 进行离散傅立叶逆变换,可得时序序列

$$x(n)=\frac{1}{N}\sum_{k=0}^{N-1}X(k)\mathrm{e}^{\frac{\mathrm{i}2\pi kn}{N}} \tag{1-48}$$

其中,$n=0,1,\cdots,N-1$.

1.5.3 德国高速谱反演

1. 德国高速谱和美国谱的对比

按照(1-7)式至(1-12)式绘制德国高速谱与美国谱,如图 1-11 至图 1-13 所示.可见德国高速谱与美国谱之间的关系,以及轨道不平顺的谱分析式之间的关系.从图 1-11 到图 1-13 可以看出,德国高速高干扰谱与高速低干扰谱之间在所有频段内是极其接近的,只是相差个比例系数;也可以看出,德国高速谱与美国 6 级谱在 0.1 rad/m 以上的频段内,形状大致是相似的. 德国谱高速高干扰谱几乎和美国 6 级谱相重合.

2. 德国高速谱反演

作为举例,假设轨道长度为 5 000 m,反演采样点数为 10 000 时,利用上述三角级数法对德国高速谱进行反演,得到空间域轨道中心垂直、方向、轨距和方向不平顺样本,如图 1-14 至图 1-16 所示.进一步计算,可以得到左右轨距的垂向和横向位移,如图 1-17 至图 1-18 所示.该反演得到的不平顺与车辆的运行速度无关,只与运行里程有关.其他轨道谱形式均可依照以上分析过程,运用三角级数法或者频域方法,即可获得随机不平顺的样本.

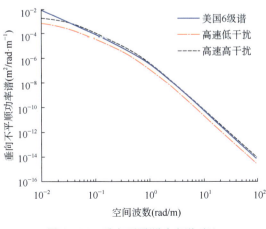

图 1-11　垂向不平顺功率谱对比

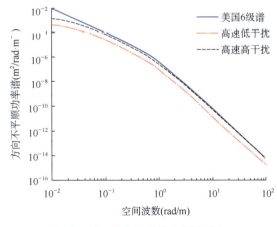

图 1-12　方向不平顺功率谱对比

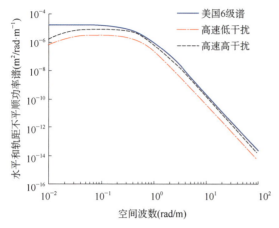

图1-13 水平和轨距不平顺功率谱对比

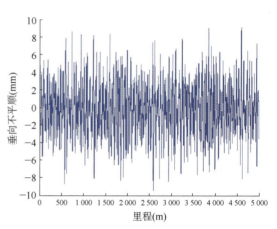

图1-14 高速谱垂向不平顺反演

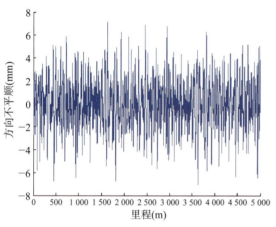

图1-15 高速谱方向不平顺反演

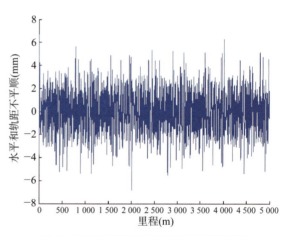

图1-16 高速谱水平和轨距不平顺反演

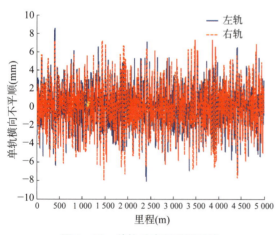

图1-17 单轨垂直不平顺反演

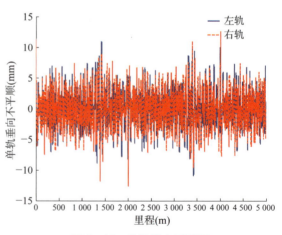

图1-18 单轨横向不平顺

§1.6 单轨不平顺功率谱

在进行动力学仿真频域分析时,需要用到左右钢轨的单轨功率谱作为轨道不平顺输入,因此,需要进行单轨功率谱密度的计算,由(1-39)式以及功率谱计算公式得到左右单轨垂向轨道谱.

左轨的垂向不平顺谱为

$$\begin{aligned}S_{z_l}(\omega) &= F(R_{Z_r}(\tau)) = F(R_{z_v+\frac{z_c}{2}}(\tau)) \\ &= F\left(E\left(z_v(t)+\frac{z_c(t)}{2}\right)\left(z_v(t+\tau)+\frac{z_c(t+\tau)}{2}\right)\right) \\ &= F\left(R_{z_v}(\tau)+\frac{R_{z_v z_c}(\tau)}{2}+\frac{R_{z_c z_v}(\tau)}{2}+\frac{R_{z_c}(\tau)}{4}\right) \\ &= S_v(\omega)+\frac{S_{vc}(\omega)}{2}+\frac{S_{cv}(\omega)}{2}+\frac{S_c(\omega)}{4}\end{aligned} \quad (1-49)$$

右轨的垂向不平顺谱为

$$\begin{aligned}S_{z_r}(\omega) &= F(R_{Z_l}(\tau)) = F(R_{z_v+\frac{z_c}{2}}(\tau)) \\ &= F\left(E\left(z_v(t)-\frac{z_c(t)}{2}\right)\left(z_v(t+\tau)-\frac{z_c(t+\tau)}{2}\right)\right) \\ &= F\left(R_{z_v}(\tau)-\frac{R_{z_v z_c}(\tau)}{2}-\frac{R_{z_c z_v}(\tau)}{2}+\frac{R_{z_c}(\tau)}{4}\right) \\ &= S_v(\omega)-\frac{S_{vc}(\omega)}{2}-\frac{S_{cv}(\omega)}{2}+\frac{S_c(\omega)}{4}\end{aligned} \quad (1-50)$$

同理,依据(1-31)式以及功率谱计算公式,可得左右单轨横向轨道谱如下:

$$S_{y_l}(\omega) = S_a(\omega)+\frac{S_{ag}(\omega)}{2}+\frac{S_{ga}(\omega)}{2}+\frac{S_g(\omega)}{4} \quad (1-51)$$

$$S_{y_r}(\omega) = S_a(\omega)-\frac{S_{ag}(\omega)}{2}-\frac{S_{ga}(\omega)}{2}+\frac{S_g(\omega)}{4} \quad (1-52)$$

由于轨道谱中起主要作用的方向与高低谱、方向与水平相关度很小,在具体计算中可以忽略 3 种不平顺的互谱密度.因此,左右钢轨的垂向、横向不平顺谱可写成

$$\begin{cases}S_{z_l}(\omega) = S_{z_r}(\omega) = S_v(\omega)+\dfrac{S_c(\omega)}{4} \\ S_{y_l}(\omega) = S_{y_r}(\omega) = S_a(\omega)+\dfrac{S_g(\omega)}{4}\end{cases} \quad (1-53)$$

(1-51)式至(1-53)式即可用于铁道车辆三维动力学模型的频域分析,也可依据该公式进行轨道谱反演,生成单轨的时域或者空间不平顺采样值.

参 考 文 献

[1] 王福天.车辆系统动力学[M].北京:中国铁道出版社,1994.
[2] 王福天.车辆系统动力学[M].北京:中国铁道出版社,1983.
[3] 王福天,周劲松,任利惠.用于高速车辆动态仿真的轨道谱分析[J].铁道学报,2002,24(5):21-27.
[4] 张定贤.轮轨系统动力学[M].北京:中国铁道出版社,1989.
[5] 陈泽深,王成国.铁道车辆动力学与控制[M].北京:中国铁道出版社,2004.
[6] 翟婉明.车辆-轨道耦合动力学(第一版)[M].北京:中国铁道出版社,1997.
[7] 翟婉明.车辆-轨道耦合动力学(第二版)[M].北京:中国铁道出版社,2002.
[8] 张卫华.机车车辆动态模拟[M].北京:中国铁道出版社,2006.
[9] 胡用生.现代轨道车辆动力学[M].北京:中国铁道出版社,2009.
[10] Garg V. K., Dukkipati Rao V. *Dyanmics of Railway Vehicle Systems* [M]. New York: Academic Press, 1984.
[11] 罗林,张格明,吴旺青,柴雪松.轮轨系统轨道平顺状态的控制[M].北京:中国铁道出版社,2006.
[12] 维尔辛斯基 C. B.,达尼诺夫 B. H.,契尔诺柯夫 И. И..铁路车辆动力学[M].北京:中国铁道出版社,1986.
[13] 铁道部科学研究院铁道建筑研究所.我国干线轨道不平顺功率谱的研究(TY-1215)[M].北京:铁道部科学研究院,1999.
[14] 陈宪麦,杨凤春,吴旺青,柴雪松.秦沈客运专线轨道谱的研究[J].铁道建筑,2006,28(4):94-97.
[15] 陈宪麦,杨凤春,吴旺青.秦沈客运专线轨道谱评判方法的研究[J].铁道学报,2006,28(4):84-88.
[16] 陈宪麦,王澜,陶夏新等.我国干线铁路通用轨道谱的研究[J].中国铁道科学,2008,29(3):73-77.
[17] 长沙铁道学院随机振动研究室.关于机车车辆/轨道系统随机振动函数的研究[J].长沙铁道学院学报,1985,2:1-36.
[18] 西南交通大学.都江堰青城山磁浮列车工程示范线可行性研究报告.成都:西南交通大学,1997.
[19] 国防科技大学.磁浮列车关键技术研究—悬浮与导向系统技术报告.长沙:国防科技大学,1996.
[20] 李翀.磁悬浮轨道长波不平顺实时检测与处理[D].成都:西南交通大学,2002.
[21] Fujino M., Ouline of HSST-100 system and test line in Nagoya. In: 13th Int. Conf. on Magnetically Levitated Systems and Linear Drives, Argonne National Labs, America, 1993: 16-21.
[22] 蔡成标,翟婉明,王其昌.高速列车与高架桥上无渣轨道相互作用研究[J].铁道工程学报,2003,67(3):29-32.
[23] Raschbichler H. G., Schwindt G.. The guideway of the transrapid superspeed maglev system. In: 16th Int. Conf. on Magnetically Levitated Systems and Linear Drives, Riode Janeiro, Brazil, 2000: 143-148.
[24] Garg V. K., Dukkipati R. V.. *Dynamics of Railway Vehicle Systems*[M]. Orlando: Academic Press, 1984.
[25] 高俊强,张晶.上海磁悬浮列车轨道梁精调技术[J].测绘工程,2005,2:25-28.
[26] Cai Y., Chen S. S.. Dynamic characteristics of magnetically levitated vehicle system[J]. *Applied Mechanics Reviews*, 1997,50(11):647-670.
[27] Sinha P. K.. *Electromagnetic Suspension Dynamics & Control*. London: Peter Peregrinus Ltd., 1987.
[28] Hullender D. A.. Analytical models for certain guideway irregularities[J]. *J. Dyn. Sys. Meas., & Control, Trans. ASME.*, 1975, 97(4): 417-423.
[29] Hedrick J. K., et al.. The effect of elevated guideway construction tolerances on vehicle ride quality [J]. *J. Dyn. Sys. Meas., & Control, Trans. ASME.*, 1975,97(4): 408-416.
[30] Sato Y., Kishimoto S., Miura S., et al.. Tolerance of guideway irregularity and its control on the Miyezaki

[30] test[J]. *Quarterly Reports*, 1980, 21(1): 1-8.
[31] Sato Y., Matsuura A.. Guideway of MAGLEV[J]. *Quarterly Reports*, 1986, 27(2): 39-42.
[32] Sakamoto K., Furukawa A.. Construction technology of beam type MAGLEV guideway[J]. *QR of RTRI*, 1996, 37(2): 84-89.
[33] Tsunashima H., Fujioka T., Abe M.. Permanent magnet suspension for maglev transport vehicle: design of mechanical air gap control system[J]. *Vehicle System Dynamics*, 1996, 25(2): 694-713.
[34] Tsunashima H., Abe M.. Static and dynamic performance of permanent magnet suspension for maglev transport vehicle[J]. *Vehicle System Dynamics*, 1998, 29: 83-111.
[ ] Zhao C. F., Zhai W. M.. Maglev vehicle/guide way vertical random response and ride quality[J]. *Vehicle System Dynamics*, 2002, 38(3): 185-210.
[36] 赵春发,翟婉明,王开云. 磁悬浮车辆随机振动响应分析及其平稳性研究[J]. 中国机械工程, 2002, 13(16): 1402-1406.
[37] 赵春发,翟婉明. 磁浮车辆/轨道系统动力学(II)—建模与仿真. 机械工程学报[J], 2005, 41(8): 1402-1406.
[38] 徐昭鑫. 随机振动[M]. 北京:高等教育出版社, 1990.
[39] (日)星谷胜著,常宝琦译. 随机振动分析[M]. 北京:地震出版社, 1977.
[40] Thomas L. Paez. The history of random vibrations through 1958[J]. *Mechanical System and Singal Processing*, 2000, 20(7): 1783-1818.

第 2 章
列车垂向动力学模型

机车车辆的动力学行为较为复杂.在直线轨道以较低速度运行时,会发生滚摆问题;当速度较高时,可能出现激烈的蛇行或浮沉振动.当通过曲线时,车轮可能爬轨而导致脱轨,或产生过大的横向力,造成钢轨外翻.在编组场,由于车辆碰撞可能造成货物损坏.在跨线运行时,货物可能因车辆过激振动而损坏.此外,整个列车可能在水平或垂直方向鼓胀.在不同操纵条件下,可能产生很大的牵引而使列车分离.事实上,要建立一个完全的机车车辆动力学模型用以分析以上所有的动力学行为完全没有必要,也没有可能.依据研究重点的不同,需要建立不同的动力学模型.

本章及第 3 章将介绍如何建立车辆及列车的动力学模型.

§2.1 单车垂向动力学模型

考虑空间、设备性能及安全因素,机车车辆往往存在许多非线性的刚度及阻尼部件,致使机车车辆的动力学行为是本质非线性的.如果考虑全部的非线性因素,即使是分别考虑垂向、横向及纵向的动力学行为,其模型建立及分析也将极为复杂[1-3].此外,对于中、高速运行的客运机车车辆而言,它们的维护及运营条件非常良好,小激扰时其动力行为可以用线性模型来描述,只有在极端情况下才需要用非线性模型来表征.例如,在直线轨道上过道岔时,车辆的横移瞬态响应过大,打击到横向挡或一系列弹簧止挡;通过欠超高的小半径曲线时,车体横移较大而打击到横向挡等.这些都是设计师要设法避免的,因为当车辆运行在悬挂线性区与非线性区之间以及悬挂的非线性区内时,一般均会出现刚度及阻尼的不连续变化或者刚度及阻尼的急速增加,导致力和加速度的不连续变化或迅速增大,致使车辆的平稳性变坏.单个车辆是列车的基本组成单元,为运用线性控制理论设计整车的主动悬挂控制器,本章及第 3 章首先建立的是单车符号化的线性动力学模型.然后又建立单车及多车基于 Matlab/Simulink® 的非线性动力学模型,用于对机车车辆的动力学性能及整车控制系统进行时域仿真.由于建模思想新颖及 Matlab/Simlink® 软件本身的特点,悬挂的非线性特征很容易描述,而且 Matlab/Simulink® 内嵌了许多算法,解算精度高,稳定可靠,是单车及多车非线性及线性动力学分析及整车控制系统模拟的良好手段.

2.1.1 单车线性垂向动力学模型

由于铁道车辆的垂向及横向动力学存在弱耦合性[1,4],因此,往往分开建模,分开进行动力学分析及主动控制研究.这样在被动系统分析时,减小了问题的复杂程度,在主动控制研究时,减少了控制器的维数,抓住了问题的主要矛盾.包含控制力在内的单车垂向的动力学模型,如图 2-1 所示.建模时,轮对、构架、车体均假设为刚体,不考虑轨道弹性[5,6].归结起来建模时,都做如下假设:

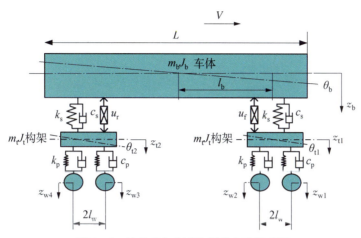

图 2-1 单车垂向主动控制的力学模型图

(1) 轮对、转向架构架和车体均视为刚体,不计各部件弹性变形;
(2) 车辆的横向和垂向运动弱耦合,建立动力学模型及控制器设计时分开考虑;
(3) 不计钢轨的弹性变形;
(4) 在车辆运行中,车轮始终贴靠钢轨.

由于不考虑钢轨的弹性变形,并假定在车辆运行中车轮始终贴靠钢轨,那么,轮对的垂向位移始终与钢轨的不平顺相同,在建立车辆垂向动力学模型时,就可以不考虑轮对的垂向运动方程,这样单车的垂向动力学模型为 6 个自由度,分别为车体浮沉、点头(1×2)和前后转向架构架浮沉、点头(2×2).

列动力学方程的方法很多,有多刚体动力学法[7]、影响系数法[1]、矩阵组装法[8,9],多刚体动力学方法是许多大型商业软件建模时所采用的方法.当今最著名的铁路机车车辆商业动力学分析软件主要有[7]:① Medyna ®;② Adams ®;③ Simpack ®;④ Nucars ®;⑤Vampire ®;⑥Voco ®;⑦Gensys ®.这些软件都采用多刚体系统动力学的方法建模,有良好的用户界面及数值前后处理功能,便于用户建模及结果分析.除了 Voco ® 和 Gensys ® 以外,这些软件在国内均有用户.但这些商用软件由于采用多刚体系统动力学的方法建模,往往考虑自由度数众多,没有将垂向及横向动力学行为解耦分开考虑,不方便直接导出符号化的动力学方程,或者由于没有解耦导出的动力学方程自由度数众多,在列车平稳性主动控制的研究及基本振动理论研究时仍然有许多不便之处,为理解车辆振动基本原理和基本公式构成,所以,本节采用简单易用的影响系数法建立符号化线性动力学模型[1].车辆垂向动力学模型采用二维(即半车模型),如图 2-1 所示.为便于后续主动控制研究,本模型中包含控制器模型,如果研究被动系统,可以设控制输出力为 0,动力学模型及方程即简化至被动系统.

根据图 2-1,列动力学方程如下:

$$m_b \ddot{z}_b = -2k_s z_b + k_s z_{t1} + k_s z_{t2} - 2c_s \dot{z}_b + c_s \dot{z}_{t1} + c_s \dot{z}_{t2} - u_f - u_r \quad (2-1)$$

$$\begin{aligned} J_b \ddot{\theta}_b = &-2k_s l_b^2 \theta_b + k_s l_b z_{t1} - k_s l_b z_{t2} - 2c_s l_b^2 \dot{\theta}_b \\ &+ c_s l_b \dot{z}_{t1} - c_s l_b \dot{z}_{t2} - u_f l_b + u_r l_b \end{aligned} \quad (2-2)$$

$$\begin{aligned} m_t \ddot{z}_{t1} = &-(k_s + 2k_p) z_{t1} + k_s z_b + k_s l_b \theta_b + c_s \dot{z}_b + c_s l_b \dot{\theta}_b - (c_s + 2c_p) \dot{z}_{t1} \\ &+ \cdots + c_p \dot{z}_{w1} + c_p \dot{z}_{w2} + k_p z_{w1} + k_p z_{w2} + u_f \end{aligned} \quad (2-3)$$

$$J_t \ddot{\theta}_{t1} = -2k_p l_w^2 \theta_{t1} + k_p l_w z_{w1} - k_p l_w z_{w2} - 2c_p l_w^2 \dot{\theta}_{t1} + c_p l_w \dot{z}_{w1} - c_p l_w \dot{z}_{w2} \quad (2-4)$$

$$\begin{aligned} m_t \ddot{z}_{t2} = &-(k_s + 2k_p) z_{t2} + k_s z_b - k_s l_b \theta_b + c_s \dot{z}_b - c_s l_b \dot{\theta}_b - (c_s + 2c_p) \dot{z}_{t2} \\ &+ \cdots + c_p \dot{z}_{w3} + c_p \dot{z}_{w4} + k_p z_{w3} + k_p z_{w4} + u_r \end{aligned} \quad (2-5)$$

$$J_t \ddot{\theta}_{t2} = -2k_p l_w^2 \theta_{t2} + k_p l_w z_{w3} - k_p l_w z_{w4} - 2c_p l_w^2 \dot{\theta}_{t2} + c_p l_w \dot{z}_{w3} - c_p l_w \dot{z}_{w4} \quad (2-6)$$

令

$$Z = [z_b \quad \theta_b \quad z_{t1} \quad \theta_{t1} \quad z_{t2} \quad \theta_{t2}]^T, \quad U = [u_f \quad u_r]^T \quad (2-7)$$

$$Z_w = [z_{w1} \quad \dot{z}_{w1} \quad z_{w2} \quad \dot{z}_{w2} \quad z_{w3} \quad \dot{z}_{w3} \quad z_{w4} \quad \dot{z}_{w4}]^T \quad (2-8)$$

为了便于控制理论的运用及相关后处理的方便，将上式写成紧凑形式：

$$M\ddot{Z} + C\dot{Z} + KZ = D_u U + D_w Z_w \quad (2-9)$$

其中，

$$M = \begin{bmatrix} m_b & 0 & 0 & 0 & 0 & 0 \\ 0 & J_b & 0 & 0 & 0 & 0 \\ 0 & 0 & m_t & 0 & 0 & 0 \\ 0 & 0 & 0 & J_t & 0 & 0 \\ 0 & 0 & 0 & 0 & m_t & 0 \\ 0 & 0 & 0 & 0 & 0 & J_t \end{bmatrix} \quad (2-10)$$

$$C = \begin{bmatrix} 2c_s & 0 & -c_s & 0 & -c_s & 0 \\ 0 & 2c_s l_b^2 & -c_s l_b & 0 & c_s l_b & 0 \\ -c_s & -c_s l_b & c_s + 2c_p & 0 & 0 & 0 \\ 0 & 0 & 0 & 2c_p l_w^2 & 0 & 0 \\ -c_s & c_s l_b & 0 & 0 & c_s + 2c_p & 0 \\ 0 & 0 & 0 & 0 & 0 & 2c_p l_w^2 \end{bmatrix} \quad (2-11)$$

$$K = \begin{bmatrix} 2k_s & 0 & -k_s & 0 & -k_s & 0 \\ 0 & 2k_s l_b^2 & -k_s l_b & 0 & k_s l_b & 0 \\ -k_s & -k_s l_b & k_s + 2k_p & 0 & 0 & 0 \\ 0 & 0 & 0 & 2k_p l_w^2 & 0 & 0 \\ -k_s & k_s l_b & 0 & 0 & k_s + 2k_p & 0 \\ 0 & 0 & 0 & 0 & 0 & 2k_p l_w^2 \end{bmatrix} \quad (2-12)$$

$$D_u = \begin{bmatrix} -1 & -1 \\ -l_b & l_b \\ 1 & 0 \\ 0 & 0 \\ 1 & 0 \\ 0 & 0 \end{bmatrix} \tag{2-13}$$

$$D_w = \begin{bmatrix} 0 & 0 & 0 & 0 & 0 & 0 & 0 & 0 \\ 0 & 0 & 0 & 0 & 0 & 0 & 0 & 0 \\ k_p & c_p & k_p & c_p & 0 & 0 & 0 & 0 \\ k_p l_w & c_p l_w & -k_p l_w & -c_p l_w & 0 & 0 & 0 & 0 \\ 0 & 0 & 0 & 0 & k_p & c_p & k_p & c_p \\ 0 & 0 & 0 & 0 & k_p l_w & c_p l_w & -k_p l_w & -c_p l_w \end{bmatrix} \tag{2-14}$$

写成状态方程形式,有

$$\begin{bmatrix} \dot{Z} \\ \ddot{Z} \end{bmatrix} = \begin{bmatrix} 0 & I \\ -M^{-1}K & -M^{-1}C \end{bmatrix} \begin{bmatrix} Z \\ \dot{Z} \end{bmatrix} + \begin{bmatrix} 0 \\ M^{-1}D_u \end{bmatrix} U + \begin{bmatrix} 0 \\ M^{-1}D_w \end{bmatrix} Z_w \tag{2-15}$$

写成紧凑形式,令

$$X = \begin{bmatrix} Z \\ \dot{Z} \end{bmatrix}, \quad A = \begin{bmatrix} 0_{6\times 6} & I_{6\times 6} \\ -M^{-1}K_{6\times 6} & -M^{-1}C_{6\times 6} \end{bmatrix}, \quad B = \begin{bmatrix} 0_{6\times 2} \\ M^{-1}D_u{}_{6\times 2} \end{bmatrix} \tag{2-16}$$

$$B_2 = \begin{bmatrix} 0_{6\times 8} \\ M^{-1}D_w{}_{6\times 8} \end{bmatrix} \tag{2-17}$$

则有

$$\dot{X} = AX + BU + B_2 Z_w \tag{2-18}$$

具体的符号含义及数值见表 2-1,参考数值取自典型高速客车.

表 2-1 车辆垂向动力学模型参数及其意义

符号	意义	参考数值	符号	意义	参考数值
m_b	车体质量	36 000 kg	c_s	二系减振器阻尼系数	40 000 Ns/m
m_t	构架质量	2 100 kg	c_p	一系减振器阻尼系数	60 000 Ns/m
J_b	车体点头惯量	2 300 000 kg·m²	l_b	定距之半	9 m
J_t	构架点头惯量	2 100 kg·m²	l_w	轴距	2.5 m
k_s	空气弹簧刚度	520 000 N/m	l_r	轴距之半	1.25 m
k_p	一系弹簧刚度	1 200 000 N/m	l_v	车钩间距	27 m

2.1.2 单车基于 Matlab/Simulink ® 的垂向动力学模型

现代铁道车辆的结构日趋复杂,如今车辆已不再是单一的机械系统,有些模型必须将机械、电气电子和控制软件一同来仿真才能获得期望的研究目标[9-14],因而建立相应有效的计算模型变得越加重要. 简化和部分解决这一问题的途径是采用多刚体软件,如 Adams ®、Simpack ®等,使建模变得更加规范,能处理几何铰等约束环节. 但是这些软件包装严密,使用户处理问题的自由度受到较大限制. Matlab ®的 Simulink ®图框化系统描述语言的出现和逐步成熟为复杂系统建模指出了另一条捷径. 由于 Matlab/Simulink ®出色的数值计算能力、丰富的工具包、良好的扩展性,使其迅速成为工程分析及科研领域的标准开发平台. 众多的大型动力学分析软件与 Matlab/Simulink ®有接口,也有一些动力学分析软件直接建立在该开发平台上.

本节采用面向对象的建模方法,基于 Matlab/Simulink ®建立单车的动力学模型. 面向对象的方法是一个由低层向顶层的建模方法,比传统的自顶层向下的程式方法有明显的优点. 整个模型可以看成一系列离散对象的结合,对象具有封装性、抽象性、多态性和继承性. 对于车辆动力学系统而言,整个动力学系统可以被分解成刚体类、弹性体类、力源类、轮轨接触类、轮胎接触等. 当不考虑车体及构架的弹性时,可由刚体类派生出车体、转向架构架、轮对等对象,当需要考虑车体、构架等的弹性模态时,可以由弹性体类直接派生,或在刚体类中加入弹性体属性即可. 力源类可以派生出弹簧、阻尼、作动器等对象. 对同一对象,以不同的着眼点,它的类的描述可以是不一样的. 例如,同样是车体模型,对于垂向模型,若对横向振动不予关注或不必要给予关注,则可以描述成具有浮沉和点头运动的物体;对于横向模型,若对垂向振动不予关注或不必要给予关注,则可以描述成具有横移、摇头和侧滚运动的物体,这些特性可以运用对象的重载技术予以实现. 采用基于 Matlab/Simulink ®面向对象建模的优点在于对象模块的通用性好、直观性强. 通用的对象经验证后,即可构成类库,经简单搭建即可构成复杂多变的动力学模型,而且可以通过极小范围的变动获得对整个模型的修正,从而能大大提高建模编程效率和可维护性.

铁路车辆及轨道振动系统是一个相当宽频段的复杂大系统,上至弓网,下至路基桥梁. 但作为一个工程性的仿真问题,仍可根据系统仿真的处理法则,即采取"分而治之"的办法:将一个大系统分为若干个子系统,再根据具体的对象和研究目标,确定模型的规模和与之相关的边界,获得有效的特定模型,对车辆本身也可作类似处理. 对于轨道车辆而言,可以将车辆或轨道离散成在物理上或功能上相对独立的对象(子系统),并用图框法表示成子系统图框. 这些子系统可以分为 5 大类:①结构类;②悬挂类;③轮轨接触类;④功能模块类;⑤轨道输入类. 结构类是关于刚体或柔性体的块图系统,如车体、构架等,其中描述了有关该结构状态变量的积分关系. 如对于一个垂向振动模型中的车体,可以用 2 个自由度——浮沉和点头来表达. 输入到结构类的信息是广义悬挂力和广义惯性力,输出的是该结构的状态变量. 悬挂类是关于悬挂元件的块图系统,如螺旋弹簧、空气弹簧、各类阻尼器、止挡、旁承、作动器以及它们的组合. 输入到悬挂类的信息是与之相连结构类的状态变量,对于包含作动器类而言,输入信息应包含所有结构类的状态变量,输出信息是悬挂力和力矩. 轮轨接触类用于蠕滑率和蠕滑力的计算、轮轨接触几何参数的查表和两点接触的处理等,其输入信息是轮对对象及轨道确定性和随机性不平顺的状态变量,输出信息是轮轨间产生的蠕滑力和力矩.功能模块类是关于任意相对独立的运算或数值处理的块图描述,主要用于数据的后处理.轨道输入类是系统动力学运算的轨道不平顺处理模块.

依据上述方法建立单车基于 Simulink ® 的模型,如图 2-2 所示.在单个车辆模型中,包含车辆参数初始化和结果记录输出的功能子系统模块、轨道不平顺输入的轨道输入子系统模块、车体系统模块(包含结构类和悬挂元件类)等.由于所建立的是全参数化动力学模型,需要车辆参数初始化模块.

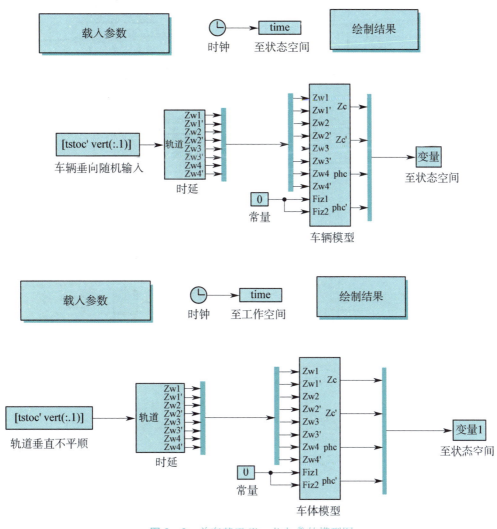

图 2-2 单车基于 Simulink ® 的模型图

图 2-3 是单车垂向动力学模型中车体模块的内部结构图,它是由车体,前后构架结构子系统,前、后二系悬挂,前后转向架上的一系悬挂子系统模块组成.由于假设轮对始终贴靠钢轨,因此没有必要将轮对对象包含在内.

图 2-4 是车体结构子系统模块,输入为二系悬挂力和车端悬挂所产生的力(为了扩展方

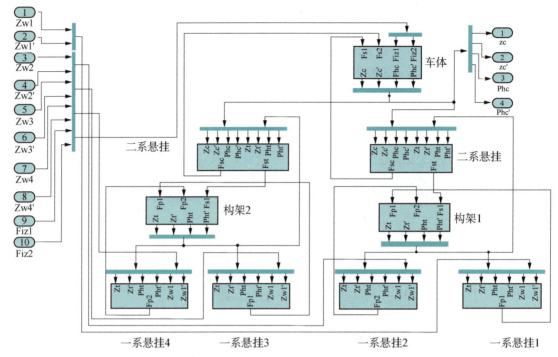

图 2-3　单车车体模型内部结构图

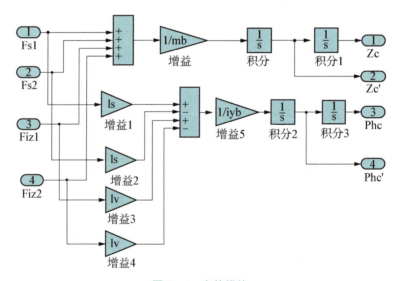

图 2-4　车体模块

便,单车建模时考虑了车端悬挂力的因素).需要注意的是,悬挂力包含主动悬挂和被动悬挂所产生的力.该子系统输出为车体的状态.

图 2-5 和图 2-6 是前转向架一系悬挂的悬挂模块,输入的是轨道不平顺以及构架的状态,输出一系悬挂力.由于悬挂系统所处的位置不同,需要对其重载,从图中可以看出区别.

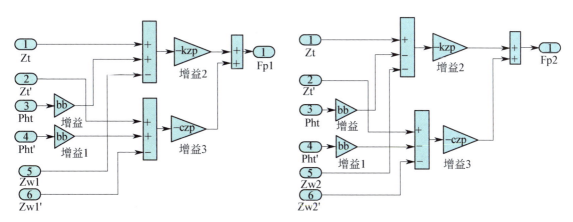

图 2-5　前转向架一系悬挂模块 1　　　　　图 2-6　前转向架一系悬挂模块 2

上述模块均为线性模型.如果悬挂设计为非线性,在 Matlab® 的 Simulink® 中实现起来也极为方便,仅将线性元件模块替换为非线性模块即可,或者加入非线性的输入、输出修正.例如,当考虑液压减振器的饱和输出特性时,在其比例模块后连接饱和模块即可.

由于单车模型中的其他模块结构相似,此处略去.从以上分析可以看出,基于 Matlab/Simulink® 框图建模法的优点,建出基本模块类,通过拷贝、重载、继承以及简单的连接,即可构成复杂的机、电、气、液的大系统,运用其内嵌的可靠数学处理模块就可以进行系统仿真,利用其丰富的工具包,还可以进行数据处理、控制,甚至进行数据采集、硬件控制和半实物仿真研究.其中 dSpace® 是专门基于 Simulink® 平台研发的半实物仿真系统,该模型的建立为进一步研究打下基础.利用其界面编辑功能,还可以设计良好的用户界面,实现商业化.

2.1.3　单车垂向动力学模型校验

建立模型后,校验是非常重要的一环.建立整车模型前,各子系统模块应首先校验无误,再拷贝连接构成整车模型.校验整车模型时,对称、反对称、单输入和多输入的工况均需校验.计算参数见表 2-1.图 2-7 和图 2-8 分别是车辆前转向架的两轮对同时受到 8 mm 的阶跃输入时,车体的浮沉和点头的瞬态响应.图 2-9 和图 2-10 分别是车辆后转向架的两轮对同时受到 8 mm 的阶跃输入时,车体的浮沉和点头的瞬态响应.可以看到在这两种工况下,车体垂直位移响应相同,点头响应反对称.

图 2-11 和图 2-12 分别表示车辆通过 8 mm 的阶跃型不平顺时,车体的浮沉和点头的瞬态响应.模型校验时还包含其他单输入、多输入的输入输出校验,所列出的仅为典型的对称、反对称校验,从输出结果来验证模型正确.

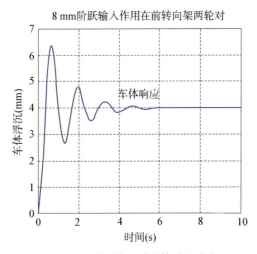

图 2-7 阶跃输入时车体浮沉响应

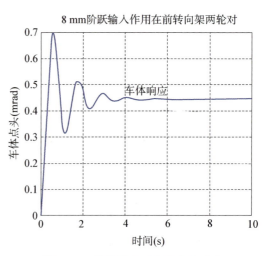

图 2-8 阶跃输入时车体点头响应

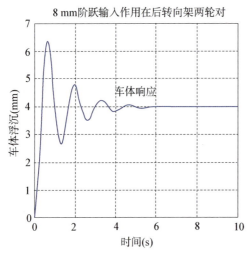

图 2-9 阶跃输入时车体浮沉响应

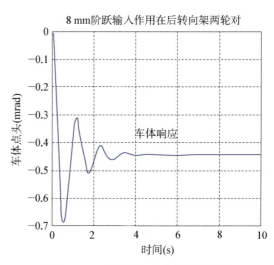

图 2-10 阶跃输入时车体点头响应

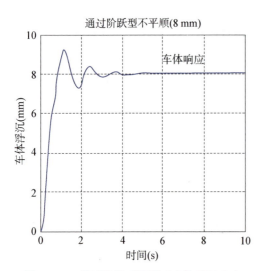

图 2-11 通过阶跃不平顺时车体浮沉响应

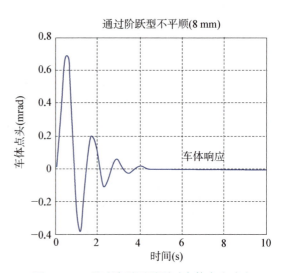

图 2-12 通过阶跃不平顺时车体点头响应

§2.2 列车垂向动力学模型及其校验

以往列车模型主要用于研究列车纵向动力学. 研究列车的纵向动态变化是为了要掌握列车在牵引力、制动力变化时以及调车作业中车辆之间纵向作用力变化的规律,并从这些变化规律中寻求改善车辆受力状况和运行性能的途径. 因为研究目的及对象不同,这些模型往往较为简单,不能用作平稳性分析. 随着车辆运营速度的提高,车辆之间的连接对车辆运行平稳性的影响逐步受到人们的关注,为了研究车端悬挂系统对列车运行平稳性的影响,需要建立更为精细的多车连挂的动力学模型.

图 2-13 是 3 车连挂的动力学模型图,在模型图中包含所有可能的车端悬挂系统. 本节中建立了基于 Matlab/Simulink® 5 车连挂带车端悬挂的动力学模型,由于篇幅所限,图 2-14 所示为 3 车连挂时的 Matlab/Simulink® 动力学模型,其中,时延子模块、单车子模块、轨道输入和车辆参数初始化子系统与图 2-2 相同. 所不同的是增加了车端悬挂子系统,如图 2-15 所示,其中车端纵向减振器具有非线性饱和特性,如图 2-16 所示,其解析表达式为[18]

$$F_{xbb} = \begin{cases} F_{max} V_{xbb}/V_0, & |V_{xbb}| < V_0 \\ F_{max} \text{sign}(V_{xbb}), & |V_{xbb}| > V_0 \end{cases} \quad (2-19)$$

上式中,F_{max} 为纵向减振器饱和阻力;V_0 为纵向减振器卸荷速度;V_{xbb} 为相邻两车体的纵向相对速度.

如图 2-14 所示,仅需简单操作,即可将 3 车模型扩展到更多车[19,20],可以用于列车的纵向动力学研究.

列车模型建立后仍然需要进行校验,校验方法与单车校验相同. 图 2-17 和图 2-18 分别是列车以 50 m/s 的速度通过 8 mm 阶跃形不平顺时,第 3 节车辆的浮沉和点头的瞬态响应,此时车辆间连挂的刚度 k_{zb} 和 c_{zb} 设定为 0. 可以看到,它的响应有时间滞后. 图 2-19 和图 2-20 分别是当车体间悬挂的垂直刚度为 $k_{zb}=1.1\times10^5$ N/m 和 $c_{zb}=5.0\times10^5$ N·s/m 时,5 节车的浮沉和点头的瞬态响应. 从浮沉响应中可以看到,由于连挂的作用,第 2、第 3、第 4 车垂直位移的峰值响应略有减小,而车体的点头响应基本一致.

本章首先采用影响系数法建立单车的符号化垂向动力学方程,然后描述面向对象的动力学模型的建模方法,并讨论如何基于图框系统描述语言 Simulink® 平台实现面向对象的动力

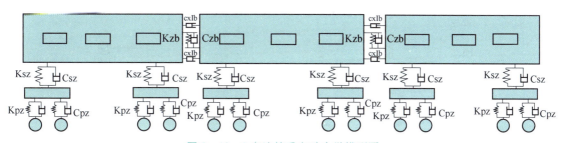

图 2-13 3 车连挂垂向动力学模型图

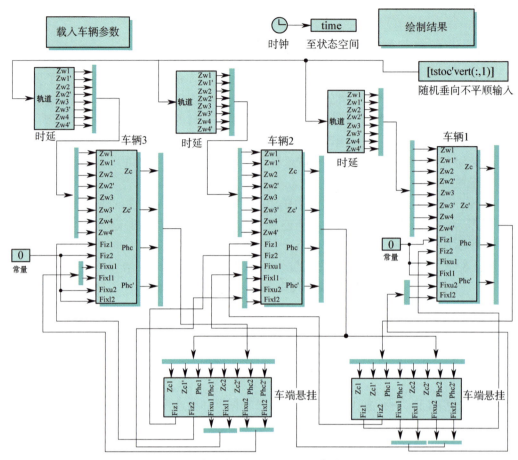

图 2-14 3 车连挂的垂向 Simulink® 动力学模型

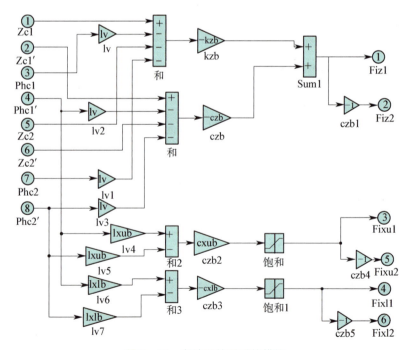

图 2-15 车端悬挂子系统模块

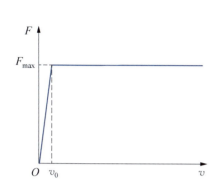

图 2-16　车端纵向减振器饱和非线性特性

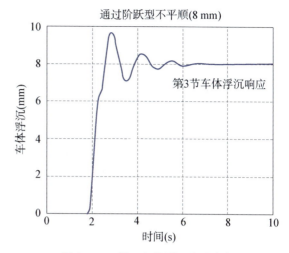

图 2-17　第 3 车的浮沉阶跃响应

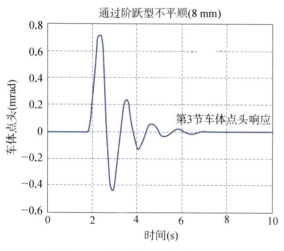

图 2-18　第 3 车的点头阶跃响应

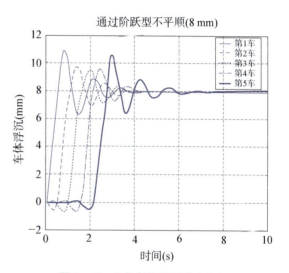

图 2-19　5 节车的浮沉瞬态响应

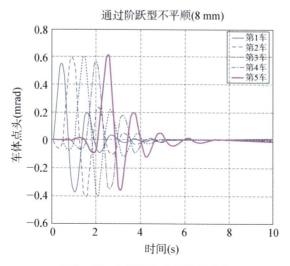

图 2-20　5 节车的点头瞬态响应

学系统建模. 最后, 在 Matlab/Simulink®框图化系统描述语言平台上建立单车及 5 车全参数化的垂向动力学模型. 提出模型校验的方法, 并运用该方法对符号化的单车模型及基于 Matlab/Simulink®建立的单车及多车垂向动力学模型进行校验.

参 考 文 献

[1] 王福天. 车辆系统动力学[M]. 北京: 中国铁道出版社, 1994.
[2] 王福天. 车辆系统动力学[M]. 北京: 中国铁道出版社, 1983.
[3] 张定贤. 轮轨系统动力学[M]. 北京: 中国铁道出版社, 1989.
[4] 陈泽深, 王成国. 铁道车辆动力学与控制[M]. 北京: 中国铁道出版社, 2004.
[5] 翟婉明. 车辆-轨道耦合动力学(第一版)[M]. 北京: 中国铁道出版社, 1997.
[6] 翟婉明. 车辆-轨道耦合动力学(第二版)[M]. 北京: 中国铁道出版社, 2002.
[7] 张卫华. 机车车辆动态模拟[M]. 北京: 中国铁道出版社, 2006.
[8] 胡用生. 现代轨道车辆动力学[M]. 北京: 中国铁道出版社, 2009.
[9] Garg V. K. , Dukkipati Rao V. . *Dyanmics of Railway Vehicle Systems* [M]. New York: Academic Press, 1984.
[10] 洪嘉振. 计算多体系统动力学[M]. 北京: 高等教育出版社, 1999.
[11] Kortum W. , Schiehlen W. . General purpose vehicle system dynamics software based on multibody formalisms [J]. *Vehicle System Dynamics*, 1985, 14(1): 229 – 263.
[12] Shen G. , Pratt I. . The development of a railway dynamics modeling and simulation package to cater for current industrial trends[J]. *Journal of Rapid Transit*, *Proceedings of the Institution of Mechanical Engineers*, Part F, 2001, 215(F3): 167 – 178.
[13] 沈钢. 面向对象的机车车辆动力学仿真建模研究[J]. 铁道学报, 1998, 20(2): 50 – 54.
[14] 沈钢. 铁路车辆径向转向架和轮轨磨耗问题研究[D]. 上海: 上海交通大学, 1999.

第 3 章

列车横向动力学模型

由于机车车辆垂向与横向动力学行为的弱耦合[1-6],在分析其动力学性能时,往往分开建模,各自独立分析,这样既简化了模型的建立,也便于结果分析.本章将介绍建立单车及列车的横向动力学模型的方法.

§3.1 单车横向动力学模型

由于车辆侧滚与横摆振动的耦合,需用图 3-1 和图 3-2 来说明机车车辆中各刚体之间的连接关系.为了控制车辆的侧滚角以减小车辆的横向位移,确保车辆运行安全及其动态限界,现代轻轨及高速车辆普遍加装了抗侧滚扭杆,其相应的模拟结构见图 3-1.为了提高蛇行运动的临界速度,抑制轮对的高频自激失稳[7-11],抗蛇行减振器已是高速转向架的必备选件.

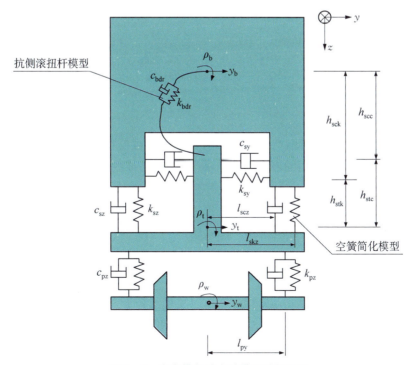

图 3-1 客车横向动力学模型端部视图

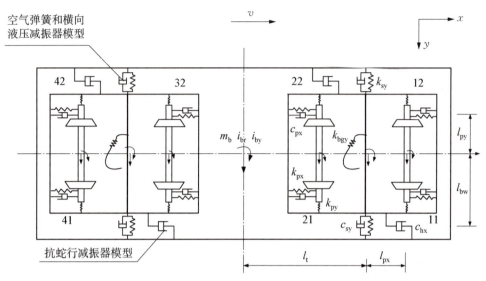

图 3-2 客车动力学模型俯视图

3.1.1 单车线性横向动力学模型

采用与第 2 章相同的假设条件,在铁路客车横向动力学模型中,车体横移与测滚运动是耦合的,如图 3-1 和图 3-2 所示. 依本章的假设条件,铁路客车各部件自由度及其方向定义如图所示,这样整个客车系统共有 17 个自由度,分别为车体横移、摇头、侧滚(1×3),前后转向架构架横移、摇头、侧滚(2×3),4 个轮对横移、摇头(2×4). 采用线性轮轨关系,在轨道方向和水平不平顺的同时激励下,单个轮对的横向运动方程为[1]

$$\left.\begin{array}{l} m_w \ddot{y}_w + 2f_{22}\left[\dfrac{\dot{y}_w}{V}\left(1+\dfrac{\sigma r_0}{b}\right)-\psi_w\right] + k_{gy} y_w = 2f_{22}\left(\dfrac{\sigma r_0}{Vb}\dot{y}_t + \dfrac{\sigma r_0^2}{Vb}\dot{\psi}_t\right) + k_{gy}(y_t + r_0 \psi_t) \\ i_w \ddot{\psi}_w + 2f_{11}\left(\dfrac{\lambda_e b}{r_0} y_w + \dfrac{b^2}{V}\dot{\psi}_w\right) - k_{g\psi}\psi_w = 2f_{11}\dfrac{\lambda_e b}{r_0}(y_t + r_0 \psi_t) \end{array}\right\}$$

(3-1)

对客车的实际参数计算表明,(3-1)式中包含的 σ 项数值很小,$r_0 \sigma/b$ 约为 0.03,故可略去. 由于水平不平顺的激励作用明显小于方向不平顺,故在某些实际计算中也常不计其作用,于是(3-1)式就可简化成[1]

$$\left.\begin{array}{l} m_w \ddot{y}_w + 2f_{22}\left(\dfrac{\dot{y}_w}{V}-\psi_w\right) + k_{gy} y_w = k_{gy} y_t \\ i_w \ddot{\psi}_w + 2f_{11}\left(\dfrac{\lambda_e l_g}{r_0} y_w + \dfrac{l_g^2}{V}\dot{\psi}_w\right) - k_{g\psi}\psi_w = 2f_{11}\dfrac{\lambda_e l_g}{r_0} y_t \end{array}\right\}$$

(3-2)

根据上述假设及客车系统的力学模型图,可以采用多种方法建立动力学方程. 本文采用影响系数法建立动力学模型[2],并运用 Matlab/Symbol 模块,编制相应的生成符号化动力学方程的程序,经运算,列动力学方程如下:

车体横移动力学方程:

$$m_b\ddot{y}_b + 4c_{sy}\dot{y}_b - 4h_{scc}c_{sy}\dot{\rho}_b - 2c_{sy}\dot{y}_{t1} - 2h_{stc}c_{sy}\dot{\rho}_{t1} - 2c_{sy}\dot{y}_{t2} - 2h_{stc}c_{sy}\dot{\rho}_{t2} - \cdots$$
$$+ 4k_{sy}y_b - 4h_{sck}k_{sy}\rho_b - 2k_{sy}y_{t1} - 2h_{stk}k_{sy}\rho_{t1} - 2k_{sy}y_{t2} - 2h_{stk}k_{sy}\rho_{t2} = 0 \quad (3-3)$$

车体摇头动力学方程：

$$i_{by}\ddot{\psi}_b + (2c_{bgy} + 4l_{bw}^2 c_{hx} + 4l_t^2 c_{sy})\dot{\psi}_b - 2l_t c_{sy}\dot{y}_{t1} + (-c_{bgy} - 2l_{bw}^2 c_{hx})\dot{\psi}_{t1} + 2l_t c_{sy}\dot{y}_{t2} - \cdots$$
$$+ 2l_t c_{sy}h_{stc}\dot{\rho}_{t1} + (-c_{bgy} - 2l_{bw}^2 c_{hx})\dot{\psi}_{t2} + 2l_t c_{sy}h_{stc}\dot{\rho}_{t2} + (4l_t^2 k_{sy} + 2k_{bgy})\psi_b - 2l_t k_{sy}y_{t1} + \cdots$$
$$- k_{bgy}\psi_{t1} - 2l_t k_{sy}h_{stk}\rho_{t1} + 2l_t k_{sy}y_{t2} - k_{bgy}\psi_{t2} + 2l_t k_{sy}h_{stk}\rho_{t2} = 0$$

$$(3-4)$$

车体测滚动力学方程：

$$i_{br}\ddot{\rho}_b - 4h_{scc}c_{sy}\dot{y}_b + (2c_{bdr} + 4l_{scz}^2 c_{sz} + 4h_{scc}^2 c_{sy})\dot{\rho}_b + 2h_{scc}c_{sy}\dot{y}_{t1} + (2h_{scc}c_{sy}h_{stc} - c_{bdr} - 2l_{scz}^2 c_{sz})\dot{\rho}_{t1} + 2h_{scc}c_{sy}\dot{y}_{t2} + (2h_{scc}c_{sy}h_{stc} - c_{bdr} - 2l_{scz}^2 c_{sz})\dot{\rho}_{t2} - 4h_{sck}k_{sy}y_b + (4l_{skz}^2 k_{sz} + 4h_{sck}^2 k_{sy} + 2k_{bdr} - m_b g h_{sck})\rho_b + \cdots + 2h_{sck}k_{sy}y_{t1} + (2h_{sck}k_{sy}h_{stk} - 2l_{asy}^2 k_{sz} - k_{bdr})\rho_{t1} + 2h_{sck}k_{sy}y_{t2} + (2h_{sck}k_{sy}h_{stk} - 2l_{asy}^2 k_{sz} - k_{bdr})\rho_{t2} = 0 \quad (3-5)$$

1 位构架横移动力学方程：

$$m_t\ddot{y}_{t1} - 2c_{sy}\dot{y}_b - 2l_t c_{sy}\dot{\psi}_b + 2c_{sy}\dot{y}_{t1} - 2k_{sy}y_b - 2l_t k_{sy}\psi_b + (2k_{sy} + 4k_{py})y_{t1} -$$
$$2k_{py}y_{w1} - 2k_{py}y_{w2} + 2h_{scc}c_{sy}\dot{\rho}_b + 2h_{stc}c_{sy}\dot{\rho}_{t1} + 2h_{sck}k_{sy}\rho_b + 2h_{stk}k_{sy}\rho_{t1} = 0 \quad (3-6)$$

1 位构架摇头动力学方程：

$$i_{ty}\ddot{\psi}_{t1} + (-c_{bgy} - 2l_{bw}^2 c_{hx})\dot{\psi}_b + (c_{bgy} + 2l_{bw}^2 c_{hx} + 4l_{py}^2 c_{px})\dot{\psi}_{t1} - 2l_{py}^2 c_{px}\dot{\psi}_{w1} - 2l_{py}^2 c_{px}\dot{\psi}_{w2} - \cdots$$
$$+ k_{bgy}\psi_b + (k_{bgy} + 4l_{px}^2 k_{py} + 4l_{py}^2 k_{px})\psi_{t1} - 2l_{px}k_{py}y_{w1} - 2l_{py}k_{px}\psi_{w1} + 2l_{px}k_{py}y_{w2} - \cdots$$
$$+ 2l_{py}^2 k_{px}\psi_{w2} = 0$$

$$(3-7)$$

1 位构架测滚动力学方程：

$$i_{tr}\ddot{\rho}_{t1} - 2h_{stc}c_{sy}\dot{y}_b - 2l_t c_{sy}h_{stc}\dot{\psi}_b + (-c_{bdr} + 2h_{scc}c_{sy}h_{stc} - 2l_{scz}^2 c_{sz})\dot{\rho}_b + 2h_{stc}c_{sy}\dot{y}_{t1} +$$
$$(c_{bdr} + 2l_{scz}^2 c_{sz} + 4l_{py}^2 c_{pz} + 2h_{stc}^2 c_{sy})\dot{\rho}_{t1} - 2h_{stk}k_{sy}y_b - 2l_t k_{sy}h_{stk}\psi_b +$$
$$(2h_{sck}k_{sy}h_{stk} - k_{bdr} - 2l_{skz}^2 k_{sz})\rho_b + 2h_{stk}k_{sy}y_{t1} + \cdots$$
$$+ (k_{bdr} + 2l_{skz}^2 k_{sz} + 4l_{py}^2 k_{pz} + 2h_{stk}^2 k_{sy})\rho_{t1} = 0 \quad (3-8)$$

2 位构架横移动力学方程：

$$m_t\ddot{y}_{t2} - 2c_{sy}\dot{y}_b + 2l_t c_{sy}\dot{\psi}_b + 2c_{sy}\dot{y}_{t2} - 2k_{sy}y_b + 2l_t k_{sy}\psi_b + (2k_{sy} + 4k_{py})y_{t2} - 2k_{py}y_{w3} - \cdots$$
$$- 2k_{py}y_{w4} + 2h_{scc}c_{sy}\dot{\rho}_b + 2h_{stc}c_{sy}\dot{\rho}_{t2} + 2h_{sck}k_{sy}\rho_b + 2h_{stk}k_{sy}\rho_{t2} = 0 \quad (3-9)$$

2 位构架摇头动力学方程：

$$i_{ty}\ddot{\psi}_{t2} + (c_{bgy} - 2l_{bw}^2 c_{hx})\dot{\psi}_b + (c_{bgy} + 2l_{bw}^2 c_{hx} + 4l_{py}^2 c_{px})\dot{\psi}_{t1} - 2l_{py}^2 c_{px}\dot{\psi}_{w3} - 2l_{py}^2 c_{px}\dot{\psi}_{w4} - \cdots$$
$$+ k_{bgy}\psi_b + (k_{bgy} + 4l_{px}^2 k_{py} + 4l_{py}^2 k_{px})\psi_{t2} - 2l_{px}k_{py}y_{w3} - 2l_{py}k_{px}\psi_{w3} + 2l_{px}k_{py}y_{w4} - \cdots$$
$$+ 2l_{py}^2 k_{px}\psi_{w4} = 0$$

$$(3-10)$$

2 位构架测滚动力学方程：

$$i_{tr}\ddot{\rho}_{t2} - 2h_{stc}c_{sy}\dot{y}_b + 2l_t c_{sy}h_{stc}\dot{\psi}_b + (-c_{bdr} + 2h_{scc}c_{sy}h_{stc} - 2l_{scz}^2 c_{sz})\dot{\rho}_b + 2h_{stc}c_{sy}\dot{y}_{t2} +$$
$$(c_{bdr} + 2l_{scz}^2 c_{sz} + 4l_{py}^2 c_{pz} + 2h_{stc}^2 c_{sy})\dot{\rho}_{t2} - 2h_{stk}k_{sy}y_b + 2l_t k_{sy}h_{stk}\psi_b +$$
$$(2h_{sck}k_{sy}h_{stk} - k_{bdr} - 2l_{skz}^2 k_{sz})\rho_b + 2h_{stk}k_{sy}y_{t2} + \cdots$$
$$+ (k_{bdr} + 2l_{skz}^2 k_{sz} + 4l_{py}^2 k_{pz} + 2h_{stk}^2 k_{sy})\rho_{t2} = 0 \qquad (3-11)$$

1 位轮对横移动力学方程：

$$m_w\ddot{y}_{w1} + 2\frac{f_{22}}{v}\dot{y}_{w1} - 2k_{py}y_{t1} - 2l_{px}k_{py}\psi_{t1} + (2k_{py} + k_{gy})y_{w1} - 2f_{22}\psi_{w1} - k_{gy}y_{a1} = 0 \qquad (3-12)$$

1 位轮对摇头动力学方程：

$$i_{wy}\ddot{\psi}_{w1} - 2l_{py}^2 c_{px}\dot{\psi}_{t1} + \left(2l_{py}^2 c_{px} + 2f_{11}\frac{b^2}{V}\right)\dot{\psi}_{w1} - 2l_{py}^2 k_{px}\psi_{t1} + 2f_{11}\lambda_e\frac{b}{r_0}y_{w1} + \cdots$$
$$+ (2l_{py}^2 k_{px} - k_{g\psi})\psi_{w1} - 2\frac{f_{11}\lambda_e b}{r_0}y_{a1} = 0 \qquad (3-13)$$

2 位轮对横移动力学方程：

$$m_w\ddot{y}_{w2} + 2\frac{f_{22}}{v}\dot{y}_{w2} - 2k_{py}y_{t1} + 2l_{px}k_{py}\psi_{t1} + (2k_{py} + k_{gy})y_{w2} - 2f_{22}\psi_{w2} - k_{gy}y_{a2} = 0 \qquad (3-14)$$

2 位轮对摇头动力学方程：

$$i_{wy}\ddot{\psi}_{w2} - 2l_{py}^2 c_{px}\dot{\psi}_{t1} + \left(2l_{py}^2 c_{px} + 2f_{11}\frac{b^2}{V}\right)\dot{\psi}_{w2} - 2l_{py}^2 k_{px}\psi_{t1} + 2f_{11}\lambda_e\frac{b}{r_0}y_{w2} + \cdots$$
$$+ (2l_{py}^2 k_{px} - k_{g\psi})\psi_{w2} - 2\frac{f_{11}\lambda_e b}{r_0}y_{a2} = 0 \qquad (3-15)$$

3 位轮对横移动力学方程：

$$m_w\ddot{y}_{w3} + 2\frac{f_{22}}{v}\dot{y}_{w3} - 2k_{py}y_{t2} - 2l_{px}k_{py}\psi_{t2} + (2k_{py} + k_{gy})y_{w3} - 2f_{22}\psi_{w3} - k_{gy}y_{a3} = 0 \qquad (3-16)$$

3 位轮对摇头动力学方程：

$$i_{wy}\ddot{\psi}_{w3} - 2l_{py}^2 c_{px}\dot{\psi}_{t2} + \left(2l_{py}^2 c_{px} + 2f_{11}\frac{b^2}{V}\right)\dot{\psi}_{w3} - 2l_{py}^2 k_{px}\psi_{t2} + 2f_{11}\lambda_e\frac{b}{r_0}y_{w3} + \cdots$$
$$+ (2l_{py}^2 k_{px} - k_{g\psi})\psi_{w3} - 2\frac{f_{11}\lambda_e b}{r_0}y_{a3} = 0 \qquad (3-17)$$

4 位轮对横移动力学方程：

$$m_w \ddot{y}_{w4} + 2\frac{f_{22}}{v}\dot{y}_{w4} - 2k_{py}y_{t2} + 2l_{px}k_{py}\psi_{t2} + (2k_{py}+k_{gy})y_{w4} - 2f_{22}\psi_{w4} - k_{gy}y_{a4} = 0$$

(3-18)

4 位轮对摇头动力学方程：

$$i_{wy}\ddot{\psi}_{w4} - 2l_{py}^2 c_{px}\dot{\psi}_{t2} + (2l_{py}^2 c_{px} + 2f_{11}\frac{b^2}{V})\dot{\psi}_{w4} - 2l_{py}^2 k_{px}\psi_{t2} + 2f_{11}\lambda_e \frac{b}{r_0}y_{w4} + \cdots$$
$$+ (2l_{py}^2 k_{px} - k_{g\psi})\psi_{w4} - 2\frac{f_{11}\lambda_e b}{r_0}y_{a4} = 0$$

(3-19)

与第 2 章方法相同，合并以上各式，写成紧凑形式为

$$M\ddot{Y}_L + C\dot{Y}_L + KY_L = D_W Y_W \tag{3-20}$$

其中，

$$Y_W = [y_{a1} \quad y_{a2} \quad y_{a3} \quad y_{a4}]^T,$$
$$Y_L = [y_b \quad \psi_b \quad \rho_b \quad y_{t1} \quad \psi_{t1} \quad \rho_{t1} \quad y_{t2} \quad \psi_{t2} \quad \rho_{t2}$$
$$y_{w1} \quad \psi_{w1} \quad y_{w2} \quad \psi_{w2} \quad y_{w3} \quad \psi_{w3} \quad y_{w4} \quad \psi_{w4}]^T \tag{3-21}$$

其他 M，C，K 矩阵比较庞大，在此不再一一列出. 当采用影响系数法或矩阵组装法[1,4,5]建立符号化动力学方程时，动力学系统的 M，C，K 相当容易获得.

采用相同的方法，可以将(3-19)式转化为状态方程的形式：

$$\begin{bmatrix}\dot{Y}_L \\ \ddot{Y}_L\end{bmatrix} = \begin{bmatrix}0 & I \\ -M^{-1}K & -M^{-1}C\end{bmatrix}\begin{bmatrix}Y_L \\ \dot{Y}_L\end{bmatrix} + \begin{bmatrix}0 \\ M^{-1}D_W\end{bmatrix}Y_W \tag{3-22}$$

令

$$Y = \begin{bmatrix}Y_L \\ \dot{Y}_L\end{bmatrix},$$

$$A = \begin{bmatrix}0 & I \\ -M^{-1}K & -M^{-1}C\end{bmatrix} \tag{3-23}$$

$$B = \begin{bmatrix}0 \\ M^{-1}D_W\end{bmatrix} \tag{3-24}$$

则有

$$\dot{Y} = AY + BY_W \tag{3-25}$$

3.1.2 单车基于 Matlab/Simulink ® 的横向动力学模型

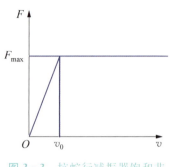

图 3-3 抗蛇行减振器饱和非线性特性

在本节建立横向动力学模型的方法与建立垂向动力学模型的方法相同,均采用面向对象的建模方法,运用框图化系统描述语言 Matlab/Simulink ® 建立模型[6,7]. 本节同样采用简化的空气弹簧模型,如图 3-1 所示;同时,还考虑抗蛇行减振器的饱和力输出特性,如图 3-3 所示,其解析表达式与(2-19)式相同. 由此该 Simulink ® 模型共考虑了 17 个自由度,分别为车体横移、摇头、侧滚(1×3),前后转向架构架横移、摇头、侧滚(2×3),4 个轮对横移、摇头(2×4).

单车的 Simulink ® 模型如图 3-4 所示. 模型中同样包含车辆参数初始化模块、结果分析功能子系统模块、轨道不平顺的轨道输入子系统模块. 在车体系统模块中,F_{iy1},M_{ix1},M_{iz1} 分别为相邻车体传给本车体一位端的横向力、侧滚力矩、摇头力矩,同样,F_{iy2},M_{ix2},M_{iz2} 分别为相邻车体传给本车体二位端的横向力、侧滚力矩、摇头力矩. 在图 3-4 的模型中,由于为单车模型,这些变量的输入均置为 0. 图 3-5 和图 3-6 分别为单车车辆内部动力学结构框图、构架子系统结构框图. 从构架模块中可以看到,除了有轮对、构架子系统模块外,还有轮轨关系模块. 轮轨关系模块内部结构如图 3-7 所示,由于采用的是线性轮轨关系,其结构较为简单. 其他子系统模块结构相似,不予赘述.

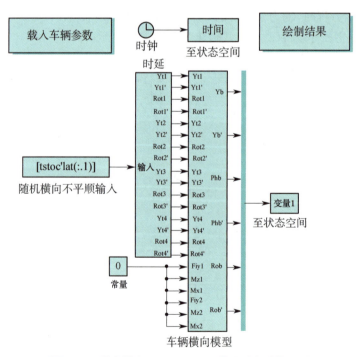

图 3-4 单车横向基于 Simulink ® 的动力学模型图

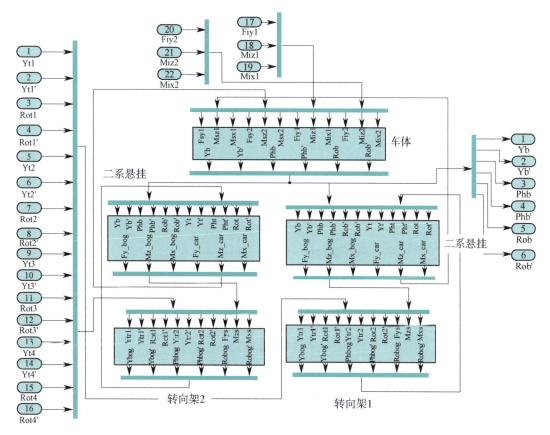

图 3-5　单车横向动力学模型内部结构框图

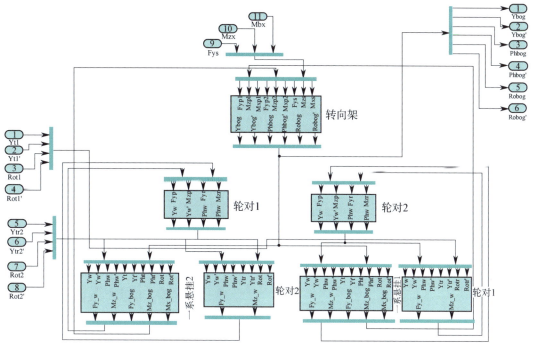

图 3-6　横向动力学模型中的构架模块

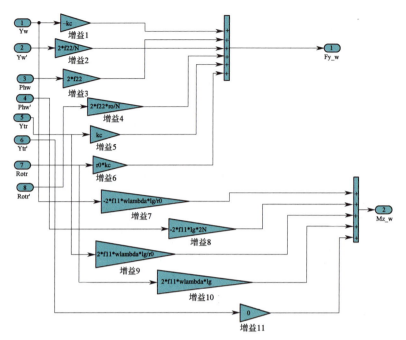

图 3-7 线性轮轨关系模型图

3.1.3 单车横向动力学模型校验

模型建立完毕,同样要进行校验,该车横向动力学模型参数见附录 B. 图 3-8 至图 3-10 是车体的前转向架的 2 个轮对同时受到 8 mm 横向阶跃输入时,车体的横向位移、摇头、侧滚响应. 由图 3-8 可以看到,由于车轮有踏面锥度,导致车体侧滚,车体的横移不到 4 mm. 图 3-11 至图 3-13 是车体的后转向架受到 8 mm 横向阶跃输入时,车体的横向位移、摇头、侧滚响应. 对比两种输入的计算结果,可见车体的摇头响应为反对称,其他输出结果相同.

与垂向模型一样,对于该单车基于 Simulink® 的框图化模型,同样做了许多校验工作,主要用阶跃响应作对称、反对称校验,验证表明模型正确.

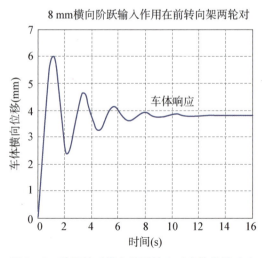

图 3-8 前两轮对横向阶跃输入时车体横移响应

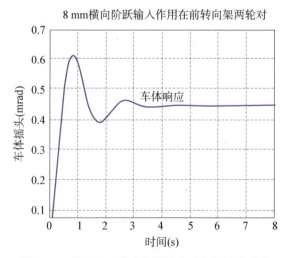

图 3-9 前两轮对横向阶跃输入时车体摇头响应

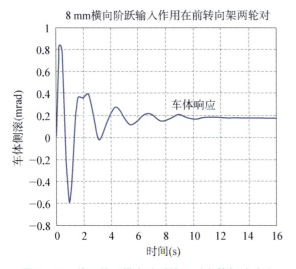

图 3-10 前两轮对横向阶跃输入时车体侧滚响应

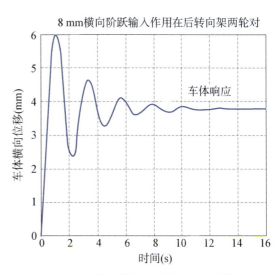

图 3-11 后两轮对横向阶跃输入时车体横移响应

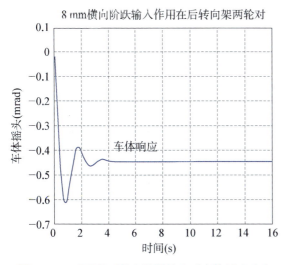

图 3-12 后两轮对横向阶跃输入时车体摇头响应

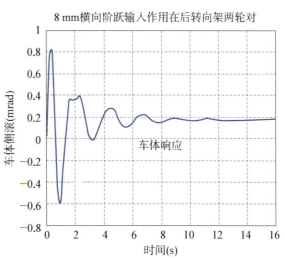

图 3-13 后两轮对横向阶跃输入时车体侧滚响应

§3.2 列车横向动力学模型及其校验

多车连挂的横向力学模型如图 3-14 和图 3-15 所示. 从图 3-15 可以看到,车端悬挂系

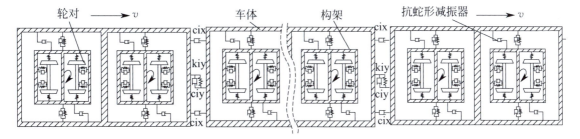

图 3-14 3车连挂动力学模型侧视图

统除了考虑横向连挂刚度外,还加装了纵向、横向阻尼,同时对空气弹簧的模型做了简化.本章建立了5车连挂的横向动力学模型框图,由于图幅所限,图3-14和图3-16是3车连挂的模型,模型建立方法与第2章相同.

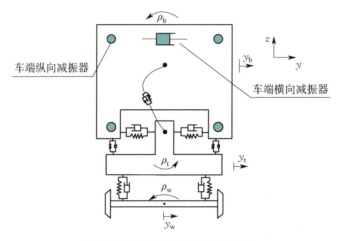

图 3-15　多车连挂模型端部视图

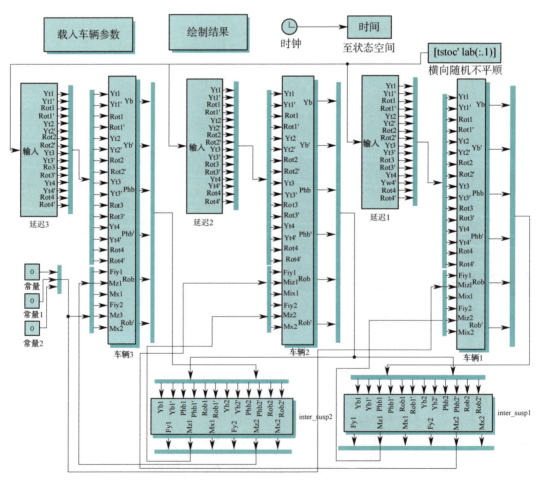

图 3-16　车连挂的横向 Simulink® 动力学模型

列车横向动力学模型建立完成后,同样要对该模型做校验工作.图 3-17 是当车端悬挂的刚度、阻尼为 0 时,第 3 车的横移响应.图 3-18 是当连挂横向刚度为 1.5×10^7 N/m,阻尼为 2×10^5 N·s/m 时,第 3 车的横移响应.

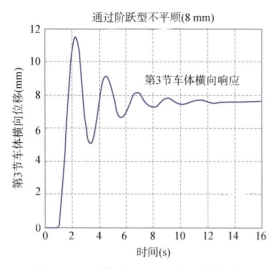

图 3-17　连挂刚度和阻尼为 0 时第 3 节车车体的横移响应

图 3-18　有连挂刚度和阻尼时第 3 节车车体的横移响应

从图 3-18 可以看到,由于采用了车端悬挂,5 车编组的中间车——第 3 节车的振动迅速衰减,初步显示车端悬挂装置提高列车运行平稳性的潜力.

本章首先采用影响系数法建立单车的符号化横向动力学模型,然后基于 Matlab/Simulink ®图框化系统描述语言平台,采用面向对象的系统建模技术建立单车及 5 车的全参数化横向框图化动力学模型,并对模型进行校验.

参 考 文 献

[1] 王福天.车辆系统动力学[M].北京:中国铁道出版社,1994.
[2] 胡用生.现代轨道车辆动力学[M].北京:中国铁道出版社,2009.
[3] Garg V. K., Dukkipati Rao V.. *Dyanmics of Railway Vehicle Systems* [M]. New York: Academic Press, 1984.
[4] 张定贤.轮轨系统动力学[M].北京:中国铁道出版社,1989.
[5] 陆冠东.车辆系统动力学计算方法研究[M].北京:中国铁道出版社,2011.
[6] Shen G., Pratt I.. The development of a railway dynamics modeling and simulation package to cater for current industrial trends[J]. *Journal of Rapid Transit*, *Proceedings of the Institution of Mechanical Engineers*, Part F, 2001,215(F3): 167-178.
[7] 沈钢.面向对象的机车车辆动力学仿真建模研究[J].铁道学报,1998,20(2):50-54.
[8] Mellado A. Conde, Casanueva C., Vinolas J., Giménez J. G.. A lateral active suspension for conventional railway bogies [J]. *Vehicle System Dynamics*, 2009,47(1):1-14.
[9] Sayyaadi H., Shokouhi N.. A new model in rail-vehicles dynamics considering nonlinear suspemsion components behavior [J]. *International Journal Mechanical Sciences*, 2009,51:222-232.

[10] Berta Suarez, Jesus Felez, Joaquin Maroto, Pablo Rodriguez. Sensitivity analysis to assess the influence of the inertial properties of railway vehicle bodies on the vehicle's dynamic behaviour [J]. *Vehicle System Dynamics*, 2013,51(2): 251-279.

[11] Alonso A., Giméénez J. G., Gomez E.. Yaw damper modelling and its influence on railway dynamic stability [J]. *Vehicle System Dynamics*, 2011,49(9): 1367-1387.

第 4 章

高速磁浮车辆动力学模型

为研究高速磁浮车辆振动及模态特性,本章建立高速磁浮车辆的动力模型,建模时尽可能详细地考虑了悬挂元件,对悬浮控制系统进行了相应的简化.这里将通过对TR08磁浮列车悬挂结构的研究,建立磁浮车辆的垂向和横向动力学模型,导出系统的质量、刚度、阻尼矩阵,并初步进行模型准确性验证.

§4.1 模型概述和部分系统的建模

本章将建立磁浮整车的垂向模型与横向模型.模型将尽可能详细地反映车辆的悬挂系统元件.这里先简述磁浮的结构.

上海运行的 TR08 整列磁浮列车由 5 节组成,每节列车由走行部分和车体组成.**走行部分**将悬浮磁铁、导向磁铁等连接在一起.走行部分也叫做**磁轮**.两个相邻的磁轮(悬浮框)连接起来称作**悬浮架**.每节车下有 4 个悬浮架.悬浮架用来传递电磁铁产生的磁力,以对车体进行悬浮、导向、牵引以及制动.

悬浮架中包含大量的悬挂元件,如空气弹簧、抗侧滚扭杆及其橡胶元件、连接悬浮磁铁的一系列金属橡胶元件、横向止挡金属橡胶元件、连接制动磁铁的金属橡胶元件等.车体在垂向上通过 16 个摇杆与悬浮架相连,摇杆可以提供车体在横向上的柔度.在摇杆一端有 2 个橡胶堆,提供轴向上的柔度.每个悬浮框上有 4 根牵引杆传递纵向力.各悬挂元件是独立的,绝大部分激扰来自轨道的垂向与横向不平顺.

TR08 磁浮列车悬浮架和走行部分的结构分别如图 4-1 和图 4-2 所示.

假设车体为刚体,考虑 5 个自由度:沉浮(bounce)、横摆(lateral)、摇头(yaw)、点头(pitch)和侧滚(roll).车体下面有 4 个悬浮架,每个悬浮架有 2 个刚度较大的悬浮框,连接两悬浮框的是刚度较小的、轻质的纵向连接机.因此,这里将悬浮架简化为有垂向、横向及扭转连接刚度的两个刚体.每个悬浮框有 4 个自由度,即沉浮、横摆、摇头和侧滚.每块悬浮磁铁在纵向和垂向方向被相对弹性地固定在两相邻悬浮框上,因此,悬浮磁铁有沉浮和点头 2 个自由度.与此相似,导向磁铁在横向上弹性地固定在两相邻悬浮框侧.因此,导向磁铁考虑横摆和摇头 2 个自由度.

位于车体和悬浮框之间的二系悬挂,由空气弹簧、橡胶堆、摇杆和转臂组成.摇杆和转臂的质量相对较小,不考虑它们的惯性作用.整个结构简化为 3 个刚度:横摆刚度 K_{ys},侧滚刚度 K_{rs} 和沉浮刚度 K_{zs}.这 3 个参数可以用空气弹簧刚度、抗侧滚刚度和其他几何参数表达,各

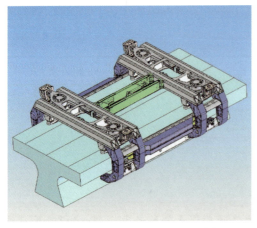

图 4-1 TR08 磁浮列车悬浮架结构

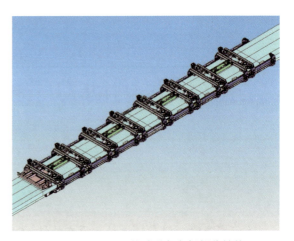

图 4-2 TR08 磁浮列车走行部分结构

刚度的推导如下.

(1) 横摆刚度 K_{ys}. 假设吊杆与重垂线成 θ 角,如图 4-3 所示,则

$$K_{ys}=\frac{F_{回复力}}{d_{位移}}=\frac{W\cdot\sin\theta}{L\cdot\sin\theta}=\frac{W}{L} \quad (4-1)$$

(2) 沉浮刚度 K_{zs}. 垂向力作用于如图 4-4 所示的简化为杠杆、弹簧机构的二系悬挂,则

$$K_{zs}=\frac{F_{回复力}}{d_{位移}}=\frac{\dfrac{(K_{za}\cdot L_2\sin\theta)\cdot L_2\cos\theta}{L_1\cos\theta}}{L_1\sin\theta}=\frac{L_2^2}{L_1^2}K_{za} \quad (4-2)$$

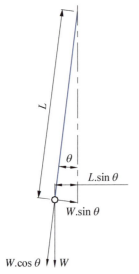

图 4-3 吊杆横向刚度计算示意图

上式中分子是利用杠杆原理("力$_1$×力臂$_1$=力$_2$×力臂$_2$")求得吊杆作用于水平杆的垂向力的. 当只有垂向力作用时,由于对称性,图 4-4 所示模型中二系中央的刚度 K_{zt} 不会造成拉伸或压缩,因此,上式中未出现 K_{zt} 项.

(3) 侧滚刚度 K_{rs}. 由于结构对称性(2)中求得的沉浮刚度 K_{zs} 仅含空气弹簧刚度项,但是,当车体侧滚 θ 时,图 4-4 中所示中央刚度 K_{zt} 将会受到拉伸,导致车体二系悬挂刚度的求法与(2)中相同,只是侧滚时 K_{zt} 一端受拉伸、另一端受压缩,其变形量将是单边杠杆导致的 2 倍,因此,有

$$K_{rs}=\frac{T_{回复力矩}}{\theta_{角位移}}=2\left(\frac{\dfrac{L_2^2}{L_1^2}K_{za}\cdot(L_1+L_3)\theta\cdot(L_1+L_3)+2\dfrac{L_3^2}{L_1^2}K_{zt}\cdot(L_1+L_3)\theta\cdot(L_1+L_3)}{\theta}\right)$$

$$=2(L_1+L_3)^2\cdot\left(\frac{L_2^2}{L_1^2}K_{za}+2\frac{L_3^2}{L_1^2}K_{zt}\right)$$

(4-3)

在以上 3 式中,W 是悬挂于每个悬浮框上的重量. 其他参数如图 4-4 所示.

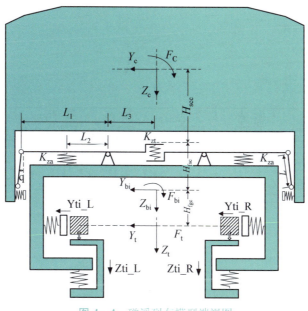

图 4-4　磁浮列车模型端视图

§4.2　垂向动力学模型

轨道车辆一般要求将重力、载荷等尽量均匀地分配到左右两侧轨道上,磁浮车辆也是如此.在质量分布以及悬挂系统和走行部分等的设计、布局方面,都要求尽可能地对称于与轨道相垂直的纵向中心平面,因此,在进行轨道车辆的动力学分析时,常将响应分为垂向和横向两组.**垂向响应**来源于车辆各组成部分的沉浮和点头两种振动,出于研究目的的不同,有时包括伸缩运动.在研究运行于"错接接头"轨道上轨道车辆的垂向动力学行为时,由于左右轨道在接头处存在较强"水平不平顺",垂向动力学模型要包含侧滚运动.磁浮轨道左右两侧是对称的,而且与轮轨系统相比,磁/轨作用面积很大,在平直轨道上运行时,水平不平顺不强烈,所以,在进行垂向动力学建模[1-5]时,不包含侧滚运动应在误差允许的范围之内,即这里将要建立的磁浮车辆的垂向动力学模型只包括沉浮和点头两种振动.这两种运动可归结为发生在上述纵向中心平面内的平面运动,它们是轨道中心线高低不平顺引起的.

4.2.1　垂向动力学模型的建立

依照前面所述建模思路,以及§2.2中对二系悬挂系统与悬浮和导向系统的建模方法,建立磁浮列车垂向动力学模型,如图4-5所示.模型自由度包括:

(1) 车体:2 DOF(沉浮、点头)×1;
(2) 悬浮框:1 DOF(沉浮)×8;
(3) 悬浮磁铁:2 DOF(沉浮、点头)×7(左右合一);
共 $2\times1+1\times8+2\times7=24$(DOF).

轨道车辆的线性动力学方程一般形式为[6]

$$M\ddot{X} + C\dot{X} + KX = D_m Z_m + D_{dw}\dot{Z}_m \qquad (4-4)$$

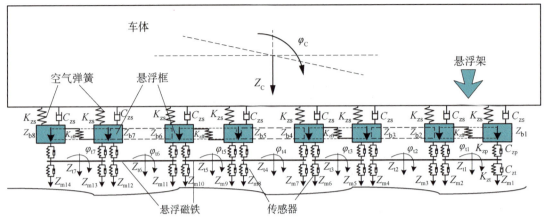

图 4-5 磁浮列车垂向动力学模型

建立动力学方程的方法很多,诸如多刚体动力学法[7]、牛顿法、拉格朗日法[8]、矩阵组装法[9,10]等.这里使用矩阵组装法,得到系统的刚度矩阵 K、阻尼矩阵 C. 由于不存在惯性耦合,质量矩阵 M 为对角阵,极易写出.激励矩阵 D_m 和 D_{dm} 也相对简单,可以直接观察写出.由于系统自由度众多,各矩阵规模较大,不再给出.

采用与第 3 章相同的方法,将(4-4)式转化为状态方程的形式:

$$\begin{aligned}\dot{x} &= Ax + Bu \\ y &= Cx + Du\end{aligned} \quad (4-5)$$

其中,系统状态变量为

$$x = [X, \dot{X}]^T = [z_c, \varphi_c, \cdots, z_{t7}, \varphi_{t7}, \dot{z}_c, \dot{\varphi}_c, \cdots, \dot{z}_{t7}, \dot{\varphi}_{t7}]^T \quad (4-6)$$

利用 Matlab/Simulink 中的 State-Space 模块可以方便地求解系统,并可以对状态空间的输出变量数据进一步操作.得到的磁浮列车垂向模型 Simulink 程序框图如图 4-6 所示.

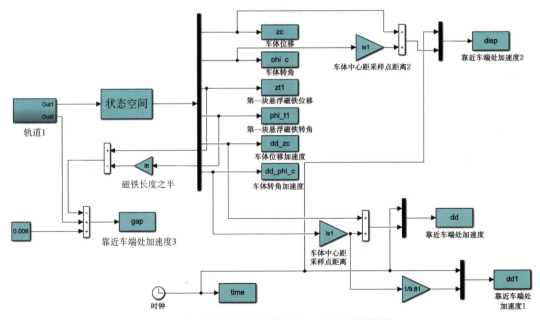

图 4-6 磁浮列车垂向模型 Simulink 程序框图

4.2.2 垂向动力学模型的校验

模型建立完毕,校验是非常重要的一环.向模型输入 4 mm 的阶跃信号,车体、第 1 块悬浮磁铁和悬浮气隙扰动的响应分别如图 4-7 至图 4-9 所示.车体沉浮振动后最终收敛于 4 mm 处,车体最初转角为正值,经振荡后收敛于 0,因此,车体运动是正确的.同样,第 1 块悬浮磁铁沉浮振动后最终收敛于 4 mm 处,磁铁最初转角为正值,经振荡后收敛于 0,因此,悬浮磁铁的运动也是正确的.悬浮气隙先是扩大,经振荡后收敛于 8 mm,因此,悬浮气隙扰动也是正确的.

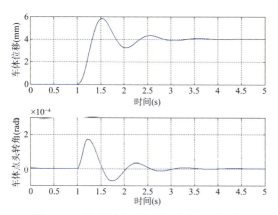

图 4-7　磁浮列车垂向模型车体运动校核　　图 4-8　磁浮列车垂向模型悬浮磁铁运动校核

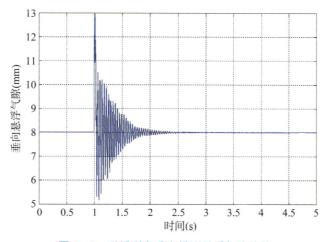

图 4-9　磁浮列车垂向模型悬浮气隙校核

§4.3　横向动力学模型

在磁浮列车横向动力学模型[11-14]中,对车辆左右导向磁铁分开建模,以便模拟车辆受轨道水平不平顺和轨距不平顺的动力学行为.

4.3.1　横向动力学模型的建立

依照§2.2 中对二系悬挂系统与悬浮和导向系统的建模方法,建立磁浮列车横向动力学

模型. 模型俯视图如图 4-10 所示,端视图如图 4-4 所示. 模型自由度包括:
(1) 车体：3 DOF(横移、摇头、侧滚)×1;
(2) 悬浮框：3 DOF(横移、摇头、侧滚)×8;
(3) 导向磁铁：2 DOF(横移、摇头)×14;
共 $3 \times 1 + 3 \times 8 + 2 \times 14 = 55 (\text{DOF})$.

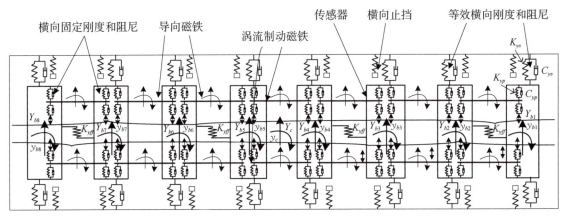

图 4-10　磁浮列车横向动力学模型俯视图

与垂向建模方法相同,采用矩阵组装法写出(2-16)式中横向模型的刚度矩阵 K、阻尼矩阵 C、质量矩阵 M 以及激励矩阵 D_m 和 D_{dm}. 同样,利用 Matlab/Simulink 中的 State-Space 模块搭建模型,求解系统. 得到的磁浮列车横向模型 Simulink 程序框图如图 4-11 所示. 其中,

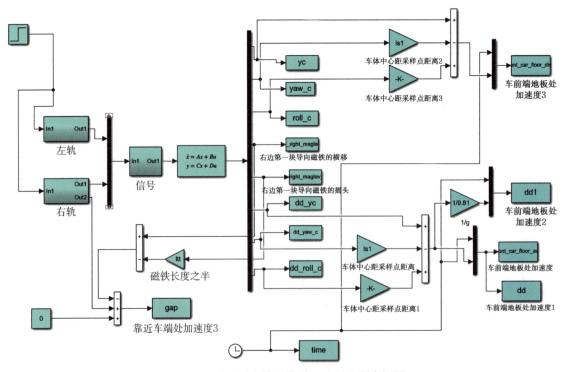

图 4-11　磁浮列车横向模型 Simulink 程序框图

State-Space 模块的系统输出变量有 8 个,分别为车体横向位移、车体摇头转角、车体侧滚转角、右侧第 1 块导向磁铁的横移、右侧第 1 块导向磁铁的摇头、车体横向加速度、车体摇头加速度和车体侧滚加速度.

4.3.2 横向动力学模型的校验

向模型输入 2 mm 的水平不平顺阶跃信号,车体、第 1 块悬浮磁铁和悬浮气隙扰动的响应分别如图 4-12 至图 4-14 所示.车体横移曲线最初为正方向,最终收敛于 2 mm 处;车体最初摇头转角为负值,经振荡后收敛于 0;车体最初侧滚转角为正值,经振荡后收敛于 0,因此,车体运动是正确的.同样,右侧第 1 块悬浮磁铁横移振动后最终收敛于 2 mm 处,磁铁最初摇头转角为负值,经振荡后收敛于 0,因此,悬浮磁铁的运动也是正确的.横向导向气隙扰动先是正值,经振荡后收敛于 0,因此,横向导向气隙扰动也是正确的.

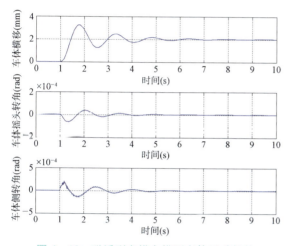

图 4-12 磁浮列车横向模型车体运动校核

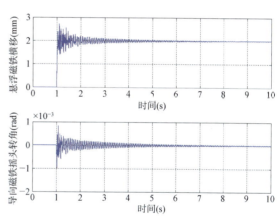

图 4-13 磁浮列车横向模型导向磁铁运动校核

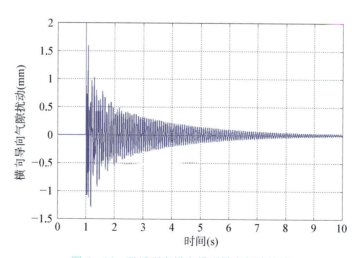

图 4-14 磁浮列车横向模型导向气隙校核

参 考 文 献

[1] Cai Y., Chen S. S.. Dynamic characteristics of magnetically levitated vehicle systems [J]. *Applied Mechanics Reviews*, 1997, 50(11): 647 – 670.

[2] Cai Y., Chen S. S., D. M. Rote, H. T. Coffey. Vehicle/guideway interaction for high-speed vehicle on a flexible guideway [J]. *Journal of Sound and Vibration*, 1994, 175(5): 625 – 646.

[3] 赵春发, 翟婉明, 蔡成标. 磁浮车辆/高架桥垂向耦合动力学研究[J]. 铁道学报, 2001, 23(5): 27 – 33.

[4] Popp K., Kraus A., Helss T.. Dynamical analysis of a simple vehicle on a periodic guideway [J]. *Vehicle System Dynamics*, 1982, 11(2): 107 – 120.

[5] Smith C. C.. Multiple and continuous span elecated guideway-vehicle dynamic performance [J]. *Journal of Dynamic Systems Measurement & Control*, 1975, 97(1): 30 – 39.

[6] 周劲松. 高速列车平稳性及其控制研究[D]. 上海: 上海交通大学, 2003.

[7] Kortum W., Schiehlen W.. General purpose vehicle system dynamics software based on multibody formalisms [J]. *Vehicle System Dynamics*, 1985, 14(1): 229 – 263.

[8] 周衍柏. 理论力学教程[M]. 北京: 高等教育出版社, 1985.

[9] 张定贤. 轮轨系统动力学[M]. 北京: 中国铁道出版社, 1989.

[10] 陆冠东. 车辆系统动力学计算方法研究[M]. 中国铁道出版社, 2011.

[11] 武建军, 郑晓静, 周又和. 弹性二自由度磁悬浮列车的动力特性分析[J]. 振动工程学报. 1999, 12(4): 339 – 446.

[12] 周又和, 郑晓静. 具有反馈控制的电磁悬浮体的动力稳定性[J]. 振动工程学报, 1997, 10(4): 474 – 479.

[13] Zheng X. J., Wu J. J., Zhou Y. H.. Numerical analysis on dynamic control of five DOF maglev vehicle moving on flexible guideways [J]. *Journal of Sound and Vibration*, 2000, 235(1): 43 – 61.

[14] 赵春发. 磁悬浮车辆系统动力学研究[D]. 成都: 西南交通大学, 2002.

第5章 车辆振动的分析及其评价指标

在第1章中曾经介绍过,引起车体振动的轨道不平顺具有随机性,而高速铁路大量采用的无缝轨道的不平顺完全是随机性的,故引发的车辆振动也属于随机振动.

在随机振动这门学科中,无论是荷载(输入)还是响应(输出),有时还包括结构参数,都要用概率统计方法来描述和分析.本章叙述随机振动理论在工程应用中最常用到的有关概率统计的基本概念与基础知识,为后面章节中平稳性计算的介绍做准备.

§5.1 随机振动的基本理论及其应用[1]

5.1.1 随机过程

在自然界中发生的物理现象,就其规律性而言,可分为确定的和随机的两大类.以振动过程为例,例如,在一静止的车辆上置一激振器,以激起车体在弹簧装置上的振动.激励力是已知的简谐力 $F=F_0\sin\omega t$,车体受激励而产生的振动规律由 $x(t)=x_0\sin(\omega t-\varphi)$ 来描述.车体在任意时间 t 的振幅和加速度都可由计算确定.这种振动称为**确定性的振动**,它由确定性的激励所引起.推广而言,这类在给定时间 t 能确定其物理变量的现象就称为**确定性现象**.另外,有一类振动其运动规律不能用任何确定性函数来表述,即在任意时间 t 的振动变量不能预先确定,只能用概率统计的方法对其进行整体描述,这种振动就称为**随机振动**,它是由随机性的激励引起的.例如,海浪波高变化使船舶产生振动,路面凹凸不平使汽车产生振动,大气湍流使飞机机翼产生振动,铁路机车车辆由于轨道不平顺引起振动,等等,这些都属于随机振动.这类在给定时间 t 物理变量不能预先确定的现象称为**随机现象**.在随机现象中,那种不能确定其具体数值的物理量,如随机振动中的振幅和加速度,是在某一范围内随机地变化,就称为**随机变量**.换言之,随机变量就是在随机试验的结果中能取得不同数值的量[2].

1. 随机过程的概念

随机变量不能以确定的时间函数来表征,而需要以随机过程对它进行表述.车辆在随机激扰下产生的随机振动,必须按照随机量计算分析方法进行计算分析.随机信号的时间历程不能预测其确定的变化过程,但也不是完全没有规律性.随机信号的规律性,可以从同一条件下所做的多次随机结果中求得特征参数,如概率分布、均值、相关函数等,用这些特征参数对随机过程进行分类和评价.为了清楚地说明这些参数的概念,可以想象车辆在试验线上进行多次垂向随机振动测试,每次试验记录如下:第一次为 $x_1(t)$,第二次为 $x_2(t)$,……,如图 4-1 所示. 这一系列试验测量结果的集合为**随机过程** X. 由于试验测试不能为无限时间长度,因此,对于每个时间 $t \in T$(T 是某个固定的时间域),$X(t)$ 是一随机过程,其中 $x_1(t)$,$x_2(t)$,…,$x_n(t)$ 为随机过程的样本,这样的随机样本族称为随机过程. 如果 T 是离散时间域,则 $X(t)$ 是一随机时间序列. 对振动过程离散采样时,得到的就是时间序列. 如图 5-1 所示,$x_1(t_0)$,$x_2(t_0)$,…,$x_n(t_0)$ 即为随机变量 $X(t_0)$ 的 n 个**样本点**.

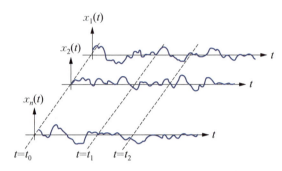

图 5-1 一个随机变量的样本集合

2. 随机过程的统计特征

随机过程的各个样本在固定时刻 t 取值进行集合平均,得到随机过程的**数学期望**,可表示为[3,4]

$$E[X(t)] = \mu(t) = \int_{-\infty}^{+\infty} X(t) dF(X, t) = \int_{-\infty}^{+\infty} X(t) p(x, t) dx \tag{5-1}$$

上式中,$F(x, t)$ 和 $p(x, t)$ 分别是 $X(t)$ 的**概率分布函数**和**概率密度函数**(如果存在). 同时,**均方值**可表示为

$$E[X^2(t)] = \int_{-\infty}^{+\infty} X^2(t) dF(x, t) = \int_{-\infty}^{+\infty} X^2(t) p(x, t) dx \tag{5-2}$$

方差为

$$D[X(t)] = \sigma^2(t) = E[X(t) - \mu(t)]^2 = \int_{-\infty}^{+\infty} [X(t) - \mu(t)]^2 dF(x, t)$$
$$= \int_{-\infty}^{+\infty} [X(t) - \mu(t)]^2 p(x, t) dx \tag{5-3}$$

为了研究随机过程 $X(t)$ 在两个不同时刻的值,即随机变量 $X(t_1)$ 和 $X(t_2)$ 的相互依赖关系,定义它的**自相关函数**

$$R_{XX}(t_1, t_2) = E[X(t_1)X(t_2)] = \int_{-\infty}^{+\infty}\int_{-\infty}^{+\infty} X(t_1)X(t_2) dF(x, t_1; x, t_2)$$
$$= \int_{-\infty}^{+\infty}\int_{-\infty}^{+\infty} X(t_1)X(t_2) p(x, t_1; x, t_2) dx_1 dx_2 \tag{5-4}$$

上式中,$F(x, t_1; x, t_2)$ 和 $p(x, t_1; x, t_2)$ 分别为随机变量 $X(t_1)$ 和 $X(t_2)$ 的**联合概率分布函数**和**联合概率密度函数**. 其自协方差函数为

$$C_{XX}(t_1, t_2) = E[(X(t_1) - \mu(t_1))(X(t_2) - \mu(t_2))]$$
$$= \int_{-\infty}^{+\infty}\int_{-\infty}^{+\infty} (X(t_1) - \mu(t_1))(X(t_2) - \mu(t_2)) dF(x, t_1; x, t_2)$$
$$= \int_{-\infty}^{+\infty}\int_{-\infty}^{+\infty} (X(t_1) - \mu(t_1))(X(t_2) - \mu(t_2)) p(x, t_1; x, t_2) dx_1 dx_2 \quad (5-5)$$

显然，

$$R_{XX}(t, t) = E[X^2(t)] \quad (5-6)$$

$$C_{XX}(t, t) = \sigma^2(t) \quad (5-7)$$

$$C_{XX}(t_1, t_2) = R_{XX}(t_1, t_2) - \mu(t_1)\mu(t_2) \quad (5-8)$$

定义**规范化自协方差函数**，即**自相关系数**为

$$\rho_{XX}(t_1, t_2) = \frac{C_{XX}(t_1, t_2)}{\sigma_X(t_1)\sigma_X(t_2)}, \quad -1 \leqslant \rho_{XX}(t_1, t_2) \leqslant 1 \quad (5-9)$$

为了研究两个随机过程 $X(t)$ 和 $Y(t)$ 在不同时刻值的相互关系，定义**互相关函数**为

$$R_{XY}(t_1, t_2) = E[X(t_1)Y(t_2)] = \int_{-\infty}^{+\infty}\int_{-\infty}^{+\infty} X(t_1)Y(t_2) dF(x, t_1; y, t_2)$$
$$= \int_{-\infty}^{+\infty}\int_{-\infty}^{+\infty} X(t_1)Y(t_2) p(x, t_1; y, t_2) dx dy \quad (5-10)$$

互协方差函数为

$$C_{XY}(t_1, t_2) = E[(X(t_1) - \mu_X(t_1))(Y(t_2) - \mu_Y(t_2))]$$
$$= \int_{-\infty}^{+\infty}\int_{-\infty}^{+\infty} (X(t_1) - \mu_X(t_1))(Y(t_2) - \mu_Y(t_2)) dF(x, t_1; y, t_2) \quad (5-11)$$
$$= \int_{-\infty}^{+\infty}\int_{-\infty}^{+\infty} (X(t_1) - \mu_X(t_1))(Y(t_2) - \mu_Y(t_2)) p(x, t_1; y, t_2) dx dy$$

互相关函数和互协方差函数有如下性质：

$$R_{XY}(t_1, t_2) = R_{YX}(t_1, t_2) \neq R_{XY}(t_2, t_1)$$
$$C_{XY}(t_1, t_2) = C_{YX}(t_1, t_2) \neq C_{XY}(t_2, t_1) \quad (5-12)$$
$$C_{XY}(t_1, t_2) = R_{XY}(t_1, t_2) - \mu_X(t)\mu_Y(t)$$
$$C_{YX}(t_1, t_2) = R_{YX}(t_1, t_2) - \mu_X(t)\mu_Y(t) \quad (5-13)$$

定义**规范化互协方差函数**，即**互相关系数**为

$$\rho_{XY}(t_1, t_2) = \frac{C_{XY}(t_1, t_2)}{\sigma_X(t_1)\sigma_Y(t_2)}, \quad -1 \leqslant \rho_{XY}(t_1, t_2) \leqslant 1 \quad (5-14)$$

3. 平稳随机过程

在随机过程中，比较容易计算并且已经在工程中得到广泛应用的是平稳随机过程．它的特点是其概率特性不随时间变化．**严格平稳**在随机过程理论中有着严格的定义，它要求概率密度函数不随时间变化，在工程中通常很难满足这样严格的条件．因此，又引入**广义平稳**（又称**弱平**

稳或宽平稳)的概念,只需平均值与相关函数保持平稳就认为是平稳随机过程.

随机过程 $X(t)$,如果其任意 n 个时刻的值 $X_1(t_1)$,$X_2(t_2)$,…,$X_n(t_n)$ 的联合分布都是正态的,则称 $X(t)$ 为**正态随机过程**. 由于这 n 个值的联合密度函数只与这 n 个值的均值和协方差矩阵有关,因此,对于正态随机过程而言,其严格平稳和广义平稳是等价的.

在平稳随机过程中最为重要的一类,是具有各态历经性的平稳随机过程. 为了计算平稳随机过程的各种统计量,严格地说,应该先得到大量的测量曲线. 随机过程各函数的期望值是对所有样本函数的总体做平均得到的,称为**集合平均**. 对于平稳随机过程一个给定的样本函数 $x_i(t)$,可定义它给定时间域上的平均,称为**时间平均**. 基于时间平均的均值及自相关函数为

$$\mathrm{E}[X(t)] = \lim_{T \to \infty} \frac{1}{T} \int_{-T/2}^{T/2} x_i(t) \mathrm{d}t \tag{5-15}$$

$$\mathrm{E}[X(t)X(t+\tau)] = \lim_{T \to \infty} \frac{1}{T} \int_{-T/2}^{T/2} x_i(t) x_i(t+\tau) \mathrm{d}t \tag{5-16}$$

如果一个平稳随机过程由集合平均和时间平均得到的所有各组概率特性都相等,那么这类平稳随机过程就认为具有**各态历经性**. 也就是说,其中任意一条样本曲线基本上包含了该随机过程所具有的所有统计特性. 因此,对于这类随机过程,只需测量到一条实测曲线,就可以由它得到所需的各种统计参数. 根据选取的统计参数的不同,如选取平均值、相关函数、概率密度函数等,各态历经性有不同的数学定义. 尽管各态历经性在数学上有相当严格的描述和限制,其限制要比平稳性严格得多,但是,在工程应用上有时对这些限制的认定往往是极其粗糙的.

4. 非平稳随机过程

平稳随机过程假定在时间 $t \in (-\infty, +\infty)$ 范围内该过程的统计特性是不变的,实际上这很难达到. 许多随机现象,例如,在地震刚发生的阶段、短暂阵风对结构物的吹袭过程、汽车起动阶段路面不平度对它的随机干扰等,都应该看作非平稳随机过程进行分析.

5.1.2 平稳随机过程的相关函数

如前所述,广义平稳随机过程只需平均值与相关函数保持平稳就可以了. 下面讨论平稳随机过程的平均值和相关函数.

1. 均值

对任意时刻 t,平稳随机过程 $X(t)$ 的均值不变,即

$$\mu(t) = \mathrm{E}[X(t)] = \int_{-\infty}^{+\infty} X(t) p(x) \mathrm{d}X(t) = \mu = 常数 \tag{5-17}$$

2. 自相关函数与自协方差函数

对任意时刻 t,平稳随机过程 $X(t)$ 的自相关函数为

$$R_{XX}(\tau) = \mathrm{E}[X(t)X(t+\tau)] = \int_{-\infty}^{+\infty}\int_{-\infty}^{+\infty} X(t)X(t+\tau) \mathrm{d}F(x,t;x,t+\tau)$$

$$= \int_{-\infty}^{+\infty}\int_{-\infty}^{+\infty} X(t)X(t+\tau) p(x,t;x,t+\tau) \mathrm{d}X(t)\mathrm{d}X(t+\tau)$$

若 $X(t)$ 满足各态历经假设,$x_i(t)$ 是一样本函数,自相关函数可表示为

$$\mathrm{E}[X(t)X(t+\tau)] = \lim_{T \to +\infty} \frac{1}{T} \int_{-T/2}^{T/2} x_i(t) x_i(t+\tau) \mathrm{d}t \tag{5-18}$$

记 $\xi(t)$ 是 $X(t)$ 的零均值随机分量,则 $X(t)$ 的自协方差函数为

$$C_{xx}(\tau) = R_{\xi\xi}(\tau) = \mathrm{E}[\xi(t)\xi(t+\tau)] \tag{5-19}$$

图 5-2[32]给出了 6 种典型平稳随机过程的时间历程曲线样本和相应的相关函数曲线,自上而下地表示随机过程中所含谐波分量逐渐增多.简谐波仅含有单一的谐波分量;窄带随机过程的谐波分量分布在一个狭窄的频带上;宽带随机过程的谐波分量则分布在相当宽的频带上,时间历程曲线上的"毛刺"表明其包含高频分量,这是宽带过程的明显特征;白噪声过程则在 $(-\infty, +\infty)$ 频率区间都有相同强度的谐波分量,从能量角度看这是不可能的,但是引入白噪声过程可以在随机振动的理论推演上带来很多方便.从图 5-2 中的 6 种相关函数曲线也可以看到,在 $\tau = 0$ 处 $R_{XX}(\tau)$ 取极大值.

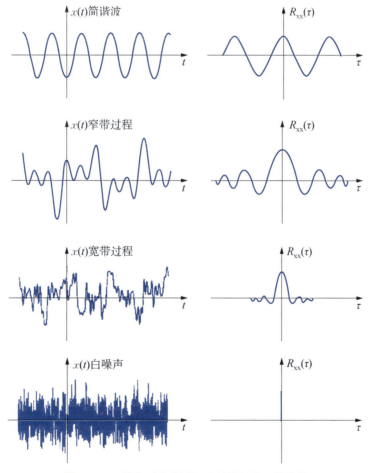

图 5-2　6 种典型平稳随机过程的相关函数曲线

平稳随机过程 $X(t)$ 的自相关函数 $R_{XX}(\tau)$ 有如下主要特征:
(1) $R_{XX}(\tau)$ 是 τ 的偶函数.

(2) 当 $\tau = 0$ 时,$R_{XX}(\tau)$ 取最大值 $R_{XX}(0) = \mathrm{E}[X^2(t)]$.

(3) 若将平稳随机过程 $X(t)$ 表示为
$$X(t) = \mu + \xi(t)$$
其中,μ 和 $\xi(t)$ 是 $X(t)$ 的**平均值**和**零均值平均随机分量**,则
$$R_{XX}(\tau) = \mu^2 + R_{\xi\xi}(\tau) \tag{5-20}$$

(4) $R_{XY}(\tau)$ 的**下界**为 $\mu^2 - \sigma_X^2$.

(5)
$$R_{\dot{X}\dot{X}}(\tau) = -\frac{\mathrm{d}^2}{\mathrm{d}\tau^2} R_{XX}(\tau) \tag{5-21}$$

(6)
$$\mathrm{E}[\dot{X}(t)] = \frac{\mathrm{d}}{\mathrm{d}t}\mathrm{E}[X(t)] = 0 \tag{5-22}$$

由(5-21)式及(5-22)式可知平稳随机过程的导函数也是平稳的.

3. 互相关函数与互协方差函数

平稳随机过程 $X(t)$ 和 $Y(t)$ 的互相关函数 $R_{XY}(\tau)$ 和 $R_{YX}(\tau)$ 分别为

$$\begin{aligned} R_{XY}(\tau) &= \mathrm{E}[X(t)Y(t+\tau)] = \int_{-\infty}^{+\infty}\int_{-\infty}^{+\infty} x(t)y(t+\tau)\mathrm{d}F(x,t;y,t+\tau) \\ &= \int_{-\infty}^{+\infty}\int_{-\infty}^{+\infty} x(t)y(t+\tau)p(x,t;y,t+\tau)\mathrm{d}x\mathrm{d}y \end{aligned} \tag{5-23}$$

$$\begin{aligned} R_{YX}(\tau) &= \mathrm{E}[Y(t)X(t+\tau)] = \int_{-\infty}^{+\infty}\int_{-\infty}^{+\infty} y(t)x(t+\tau)\mathrm{d}F(y,t;x,t+\tau) \\ &= \int_{-\infty}^{+\infty}\int_{-\infty}^{+\infty} y(t)x(t+\tau)p(y,t;x,t+\tau)\mathrm{d}x\mathrm{d}y \end{aligned} \tag{5-24}$$

若 $X(t)$ 和 $Y(t)$ 满足各态历经假设,$\tilde{x}(t)$ 和 $\tilde{y}(t)$ 是其两个样本,则(5-23)式和(5-24)式可表示为

$$R_{XY}(\tau) = \lim_{T\to\infty} \frac{1}{T} \int_{-\frac{T}{2}}^{\frac{T}{2}} \tilde{x}(t)\tilde{y}(t+\tau)\mathrm{d}\tau \tag{5-25}$$

$$R_{YX}(\tau) = \lim_{T\to\infty} \frac{1}{T} \int_{-\frac{T}{2}}^{\frac{T}{2}} \tilde{y}(t)\tilde{x}(t+\tau)\mathrm{d}\tau \tag{5-26}$$

记 μ_X 和 μ_Y 为 $X(t)$ 和 $Y(t)$ 的平均值,而 $\xi(t)$ 和 $\eta(t)$ 是 $X(t)$ 和 $Y(t)$ 的零均值平均随机分量,即
$$\xi(t) = x(t) - \mu_X, \ \eta(t) = y(t) - \mu_Y$$

则 $X(t)$ 和 $Y(t)$ 之间的互协方差函数为

$$C_{XY}(\tau) = R_{\xi\eta}(\tau) = \mathrm{E}[\xi(t)\eta(t+\tau)] \tag{5-27}$$

$$C_{YX}(\tau) = R_{\eta\xi}(\tau) = \mathrm{E}[\eta(t)\xi(t+\tau)] \tag{5-28}$$

5.1.3 平稳随机过程的功率谱函数

相关函数体现了随机过程的时域特征,功率谱密度函数则反映随机过程的频域特征.

1. 自功率谱密度函数

设 $\widetilde{x}(t)$ 是各态历经平稳随机过程 $X(t)$ 的一个样本函数. 它在区间 $t \in (-\infty, +\infty)$ 内一般是不绝对可积的, 为此可以定义一个辅助函数

$$\widetilde{x}_T(t) = \begin{cases} \widetilde{x}(t), & -T/2 \leqslant t \leqslant T/2 \\ 0, & t \text{ 为其他值时} \end{cases} \tag{5-29}$$

如果 $\widetilde{x}(t)$ 在区间 $t \in (-\infty, +\infty)$ 内满足绝对可积条件, 可以对它进行傅立叶变换

$$\widetilde{x}_T(t) = \int_{-\infty}^{+\infty} \widetilde{X}(f) e^{2\pi i f t} df \quad \text{(反变换)} \tag{5-30}$$

$$\widetilde{X}_T(f) = \int_{-\infty}^{+\infty} \widetilde{x}(t) e^{-2\pi i f t} dt \quad \text{(正变换)} \tag{5-31}$$

采用频率 f 作为傅立叶正反变换的积分比变量, 可以避免在积分号之前出现积分因子 $1/2\pi$. 如果用圆频率 $\omega = 2\pi f$ 作为积分变量, 则以上两个积分号的前面需加上一个因子 $1/2\pi$.

$\widetilde{x}_T(t)$ 在区间 $t \in \left(-\dfrac{T}{2}, \dfrac{T}{2}\right)$ 内的均方值为

$$E[\widetilde{x}_T^2(t)] = \frac{1}{T} \int_{-\frac{T}{2}}^{\frac{T}{2}} \widetilde{x}_T^2(t) dt \tag{5-32}$$

根据能量积分(Parseval)定理

$$\int_{-\infty}^{+\infty} \widetilde{x}_T^2(t) dt = \int_{-\infty}^{+\infty} |\widetilde{X}_T(f)|^2 df \tag{5-33}$$

可知

$$E[\widetilde{x}^2(t)] = \lim_{T \to +\infty} E[\widetilde{x}_T^2(t)] = \lim_{T \to +\infty} \frac{1}{T} \int_{-\frac{T}{2}}^{\frac{T}{2}} \widetilde{x}_T^2(t) dt = \lim_{T \to +\infty} \frac{1}{T} \int_{-\frac{T}{2}}^{\frac{T}{2}} |\widetilde{X}_T(f)|^2 df \tag{5-34}$$

定义 $S_{XX}(f) = \lim\limits_{T \to +\infty} \dfrac{1}{T} |\widetilde{X}_T(f)|^2$ 为 $X(t)$ 的**自功率谱密度函数**, 则

$$E[X^2(t)] = \int_{-\infty}^{+\infty} S_{XX}(f) df \tag{5-35}$$

当 $X(t)$ 为零均值平稳随机过程时, 可知

$$\sigma_X^2 = \int_{-\infty}^{+\infty} S_{XX}(f) df \tag{5-36}$$

所以, 只要求出自功率谱密度函数 $S_{XX}(f)$, 就可以求得其方差. 对于正态随机过程而言, 就等于得到其概率分布(或密度)函数, 其概率特性就完全确定了.

2. 维纳-辛钦定理

维纳-辛钦定理表明平稳随机过程 $X(t)$ 的自功率谱密度函数 $S_{XX}(f)$ 和自相关函数 $R_{XX}(\tau)$ 构成傅立叶变换对, 即

$$S_{XX}(f) = \int_{-\infty}^{+\infty} R_{XX}(\tau) e^{-2\pi i f \tau} d\tau \tag{5-37}$$

$$R_{XX}(\tau) = \int_{-\infty}^{+\infty} S_{XX}(f) e^{2\pi i f \tau} df \qquad (5-38)$$

根据维纳-辛钦定理，在自功率谱密度函数 $S_{XX}(f)$ 和自相关函数 $R_{XX}(\tau)$ 之中，只需任意求出其一，另一也就可以立即求得. 若用圆频率 $\omega = 2\pi f$ 作为积分变量，则维纳-辛钦关系可以写为

$$S_{XX}(\omega) = \frac{1}{2\pi} \int_{-\infty}^{+\infty} R_{XX}(\tau) e^{-i\omega\tau} d\tau \qquad (5-39)$$

$$R_{XX}(\tau) = \int_{-\infty}^{+\infty} S_{XX}(\omega) e^{i\omega\tau} d\omega \qquad (5-40)$$

平稳随机过程的自功率谱密度函数 $S_{XX}(\omega)$ 的主要性质如下：
(1) $S_{XX}(\omega)$ 是非负实数，即

$$S_{XX}(\omega) \geqslant 0 \qquad (5-41)$$

这由自功率谱密度的定义(5-35)式就可以断定.
(2) $S_{XX}(\omega)$ 是一偶函数，即

$$S_{XX}(\omega) = S_{XX}(-\omega) \qquad (5-42)$$

由于自相关函数是偶函数，运用维纳-辛钦定理，可知自功率谱密度函数也是偶函数.
(3) $\qquad S_{\dot{X}\dot{X}}(\omega) = \omega^2 S_{XX}(\omega), \quad S_{\ddot{X}\ddot{X}}(\omega) = \omega^4 S_{XX}(\omega) \qquad (5-43)$

上式在分析车辆响应及轨道不平顺时非常有用.
由于在负频率处的功率谱值并无直观的物理意义，在工程应用中，往往引入单边功率谱密度函数

$$G_{XX}(\omega) = \begin{cases} 2S_{XX}(\omega), & \omega \geqslant 0 \\ 0, & \omega < 0 \end{cases} \qquad (5-44)$$

考虑 $S_{XX}(\omega)$ 是一个偶函数，

$$R_{XX}(0) = \int_{-\infty}^{+\infty} S_{XX}(\omega) d\omega = 2\int_{0}^{+\infty} S_{XX}(\omega) d\omega = \int_{0}^{+\infty} G_{XX}(\omega) d\omega \qquad (5-45)$$

3. 互功率谱密度函数

与自功率谱的定义方法不同，互功率谱密度函数是由互相关函数的傅立叶变换来定义的，即

$$S_{XY}(\omega) = \frac{1}{2\pi} \int_{-\infty}^{+\infty} R_{XY}(\tau) e^{-i\omega\tau} d\tau \qquad (5-46)$$

$$S_{YX}(\omega) = \frac{1}{2\pi} \int_{-\infty}^{+\infty} R_{YX}(\tau) e^{-i\omega\tau} d\tau \qquad (5-47)$$

平稳随机过程 $X(t)$ 和 $Y(t)$ 的互功率谱密度函数有如下性质：
(1) 它们一般不是实数.

(2) 它们一般也不是偶函数，但是满足

$$S_{XY}(\omega) = S_{YX}(-\omega) = S_{YX}^*(\omega) \tag{5-48}$$

其中，上标"*"代表取复共轭.

(3) 它们的模满足

$$|S_{XY}(\omega)| = \sqrt{[S_{XX}(\omega)S_{YY}(\omega)]} \tag{5-49}$$

$$|S_{XY}(\omega)| \leqslant \frac{1}{2}[S_{XX}(\omega) + S_{YY}(\omega)] \tag{5-50}$$

5.1.4 平稳随机响应的算法

线性结构受到平稳随机激励时，各种响应量的计算公式在各种有关随机振动的专著中均有详细的推导[4-14]. 下面扼要地给出一些主要的关系式[1]，为理解后面相应的分析奠定基础，同时也可在此查阅相应的基础分析理论.

设激励为 $\{x(t)\} = \{x_1(t), x_2(t), \cdots, x_n(t)\}^T$，其平均值、自相关函数、自谱密度以及结构的频率响应函数矩阵 $\boldsymbol{H}(\omega)$、脉冲响应函数矩阵 $[\boldsymbol{h}(t)]$ 等均为已知. 记结构响应为 $\{y(t)\} = \{y_1(t), y_2(t), \cdots, y_m(t)\}^T$. 显然 $[\boldsymbol{H}(\omega)]$ 和 $[\boldsymbol{h}(t)]$ 为 $m \times n$ 阶矩阵.

1. 响应平均值的计算

利用杜阿梅尔积分，可用时间域内的激励将响应表示为

$$\{y(t)\} = \int_{-\infty}^{+\infty}[\boldsymbol{h}(\theta)]\{x(t-\theta)\}d\theta \tag{5-51}$$

对其两边取平均值，得

$$\begin{aligned}E\{y(t)\} &= E\left[\int_{-\infty}^{+\infty}[\boldsymbol{h}(\theta)]\{x(t-\theta)\}d\theta\right] = \int_{-\infty}^{+\infty}[\boldsymbol{h}(\theta)]E\{x(t-\theta)\}d\theta \\ &= \int_{-\infty}^{+\infty}[\boldsymbol{h}(\theta)]d\theta E\{x(t)\}\end{aligned} \tag{5-52}$$

或记之为

$$\{m_y\} = [\boldsymbol{H}(0)]\{m_x\} \tag{5-53}$$

其中 $[\boldsymbol{H}(0)]$ 是当 $\omega = 0$ 时的频响函数矩阵，即结构的柔度阵 $[\boldsymbol{K}]^{-1}$. (5-53)式表明响应值 $\{m_y\}$ 可以很方便地由激励均值 $\{m_x\}$ 按静力方式计算.

2. 响应相关矩阵的计算

仍然利用杜阿梅尔积分，将时刻 t 与 $t+\tau$ 的响应分别表示为

$$\{y(t)\} = \int_{-\infty}^{+\infty}[\boldsymbol{h}(\theta_1)]\{x(t-\theta_1)\}d\theta_1 \tag{5-54}$$

$$\{y(t+\tau)\} = \int_{-\infty}^{+\infty}[\boldsymbol{h}(\theta_2)]\{x(t-\theta_2+\tau)\}d\theta_2 \tag{5-55}$$

则响应的相关函数矩阵为

$$
\begin{aligned}
[\boldsymbol{R}_{yy}(\tau)] &= \mathrm{E}[\{y(t)\}\{y(t+\tau)^{\mathrm{T}}\}] \\
&= \mathrm{E}\Big[\int_{-\infty}^{+\infty}\int_{-\infty}^{+\infty}[\boldsymbol{h}(\theta_1)]\{x(t-\theta_1)\}\{x(t-\theta_2+\tau)\}^{\mathrm{T}}[\boldsymbol{h}(\theta_2)]^{\mathrm{T}}\mathrm{d}\theta_1\mathrm{d}\theta_2\Big] \\
&= \int_{-\infty}^{+\infty}\int_{-\infty}^{+\infty}[\boldsymbol{h}(\theta_1)]\mathrm{E}[\{x(t-\theta_1)\}\{x(t-\theta_2+\tau)\}^{\mathrm{T}}][\boldsymbol{h}(\theta_2)]^{\mathrm{T}}\mathrm{d}\theta_1\mathrm{d}\theta_2
\end{aligned}
$$

(5-56)

亦即

$$[\boldsymbol{R}_{yy}(\tau)] = \int_{-\infty}^{+\infty}[\boldsymbol{h}(\theta_1)]\int_{-\infty}^{+\infty}[R_{xx}(\tau+\theta_1-\theta_2)][\boldsymbol{h}(\theta_2)]^{\mathrm{T}}\mathrm{d}\theta_1\mathrm{d}\theta_2 \qquad (5-57)$$

这表明响应相关矩阵可由激励相关矩阵通过二重积分来完成.

3. 响应与激励间互相关矩阵的计算

与以上推导类似,

$$
\begin{aligned}
[\boldsymbol{R}_{xy}(\tau)] &= \mathrm{E}[\{x(t)\}\{y(t+\tau)\}^{\mathrm{T}}] \\
&= \mathrm{E}\Big[\{x(t)\}\int_{-\infty}^{+\infty}\{x(t-\theta+\tau)\}^{\mathrm{T}}[\boldsymbol{h}(\theta)]^{\mathrm{T}}\mathrm{d}\theta\Big] \\
&= \int_{-\infty}^{+\infty}[\boldsymbol{R}_{xx}(\tau-\theta)][\boldsymbol{h}(\theta)]^{\mathrm{T}}\mathrm{d}\theta
\end{aligned}
$$

(5-58)

相似地,可得互相关矩阵的另一表达式为

$$
\begin{aligned}
[\boldsymbol{R}_{yx}(\tau)] &= \mathrm{E}[\{y(t)\}\{x(t+\tau)\}^{\mathrm{T}}] = \mathrm{E}\Big[\int_{-\infty}^{+\infty}[\boldsymbol{h}(\theta)]\{x(t-\theta)\}\{x(t+\tau)\}^{\mathrm{T}}\mathrm{d}\theta\Big] \\
&= \int_{-\infty}^{+\infty}[\boldsymbol{h}(\theta)][\boldsymbol{R}_{xx}(\tau+\theta)]\mathrm{d}\theta
\end{aligned}
$$

(5-59)

可见响应与激励间两种互相关函数矩阵,均可由激励的相关矩阵$[\boldsymbol{R}_{xx}(\tau)]$通过单重积分来计算.

4. 响应功率谱矩阵的计算[1,15,16]

先考虑单输入 $x(t)$、单输出 $y(t)$ 的情况. 于是,输出的自谱密度为

$$
\begin{aligned}
S_{yy}(f) &= \int_{-\infty}^{+\infty}R_{yy}(\tau)\mathrm{e}^{-2\pi\mathrm{i}f\tau}\mathrm{d}\tau \\
&= \int_{-\infty}^{+\infty}\Big[\int_{-\infty}^{+\infty}h(\theta_1)\int_{-\infty}^{+\infty}h(\theta_2)R_{xx}(\tau+\theta_1-\theta_2)\mathrm{d}\theta_2\mathrm{d}\theta_1\Big]\mathrm{e}^{-2\pi\mathrm{i}f\tau}\mathrm{d}\tau \\
&= \int_{-\infty}^{+\infty}h(\theta_1)\mathrm{e}^{2\pi\mathrm{i}f\theta_1}\mathrm{d}\theta_1\int_{-\infty}^{+\infty}h(\theta_2)\mathrm{e}^{-2\pi\mathrm{i}f\theta_2}\mathrm{d}\theta_2 \times \\
&\quad \int_{-\infty}^{+\infty}R_{xx}(\tau+\theta_1-\theta_2)\mathrm{e}^{-2\pi\mathrm{i}f(\tau+\theta_1-\theta_2)}\mathrm{d}(\tau+\theta_1-\theta_2) \\
&= H^*(f)H(f)S_{xx}(f) \\
&= |H(f)|^2 S_{xx}(f)
\end{aligned}
$$

(5-60)

输入与输出之间的互谱则为

$$S_{xy}(f) = \int_{-\infty}^{+\infty} R_{xy}(\tau) e^{-2\pi i f \tau} d\tau$$

$$= \int_{-\infty}^{+\infty} \int_{-\infty}^{+\infty} h(\theta) R_{xx}(\tau - \theta) e^{-2\pi i f \tau} d\theta d\tau$$

$$= \int_{-\infty}^{+\infty} h(\theta) e^{2\pi i f \theta} d\theta \int_{-\infty}^{+\infty} R_{xx}(\tau - \theta) e^{-2\pi i f(\tau - \theta)} d(\tau - \theta)$$

$$= H(f) S_{xx}(f) \tag{5-61}$$

同理,可得

$$S_{xy}(f) = H^*(f) S_{xx}(f) \tag{5-62}$$

以上 3 式的结果也可用角频率 ω 来表示,即

$$S_{yy}(\omega) = |H(\omega)|^2 S_{xx}(\omega) \tag{5-63}$$

$$S_{xy}(\omega) = H(\omega) S_{xx}(\omega) \tag{5-64}$$

$$S_{yx}(\omega) = H^*(\omega) S_{xx}(\omega) \tag{5-65}$$

同理,可得多输入 $\{x(t)\} = \{x_1(t), x_2(t), \cdots, x_n(t)\}^T$、多输出 $\{y(t)\} = \{y_1(t), y_2(t), \cdots, y_m(t)\}^T$ 情况的响应谱矩阵

$$[\boldsymbol{S}_{yy}(\omega)] = [\boldsymbol{H}]^* [\boldsymbol{S}_{xx}(\omega)] [\boldsymbol{H}]^T \tag{5-66}$$

以及输入与响应之间的互谱矩阵

$$[\boldsymbol{S}_{xy}(\omega)] = [\boldsymbol{S}_{xx}(\omega)] [\boldsymbol{H}]^T \tag{5-67}$$

$$[\boldsymbol{S}_{yx}(\omega)] = [\boldsymbol{H}]^* [\boldsymbol{S}_{xx}(\omega)] \tag{5-68}$$

涉及响应的功率谱矩阵 $[\boldsymbol{S}_{yy}]$,$[\boldsymbol{S}_{xy}]$ 及 $[\boldsymbol{S}_{yx}]$ 都可由激励功率谱矩阵 $[\boldsymbol{S}_{xx}]$ 与频响函数矩阵 $[\boldsymbol{H}]$ 通过简单的矩阵乘法来得到,无须进行积分计算. 由于计算上的方便,这些公式在工程中得到十分广泛的应用.

5. 协方差矩阵的计算

将 $\{x(t)\}$ 与 $\{y(t)\}$ 表示为

$$\begin{aligned} \{x(t)\} &= \{\bar{x}\} + \{\xi(t)\} \\ \{y(t)\} &= \{\bar{y}\} + \{\eta(t)\} \end{aligned} \tag{5-69}$$

其中 $\{\bar{x}\}$ 与 $\{\bar{y}\}$ 为 $\{x(t)\}$ 与 $\{y(t)\}$ 的均值分量. 于是,$\{x(t)\}$ 与 $\{y(t)\}$ 的协方差矩阵,即 $\{\xi(t)\}$ 与 $\{\eta(t)\}$ 的互相关矩阵,表示为

$$[\text{Cov}(x, y)] = \begin{bmatrix} R_{\xi_1 \eta_1}(\tau) & R_{\xi_1 \eta_2}(\tau) & \cdots & R_{\xi_1 \eta_m}(\tau) \\ R_{\xi_2 \eta_1}(\tau) & R_{\xi_2 \eta_2}(\tau) & \cdots & R_{\xi_2 \eta_m}(\tau) \\ \vdots & \vdots & & \vdots \\ R_{\xi_n \eta_1}(\tau) & R_{\xi_n \eta_2}(\tau) & \cdots & R_{\xi_n \eta_m}(\tau) \end{bmatrix} \tag{5-70}$$

第 i 行、第 j 列元素 $\text{Cov}(x_i, y_j)$ 可由维纳-辛钦定理得到,

$$\text{Cov}(x_i, y_j) = R_{\xi_i \eta_j}(\tau) = \int_{-\infty}^{+\infty} S_{\xi_i \eta_j}(\omega) e^{i \omega \tau} d\omega \tag{5-71}$$

若平稳随机过程 $y(t)$ 是激励 $x(t)$ 的响应,则其相干函数为

$$\gamma^2_{xy}(\omega) = \frac{|S_{xy}(\omega)|^2}{S_{xx}(\omega)S_{yy}(\omega)} \tag{5-72}$$

对于严格线性的系统而言,$\gamma^2_{xy}(\omega)$ 恒为 1.

§5.2 Sperling 平稳性指标

振动是不舒适的重要来源.人处于振动环境中,不仅会引起疲劳,还会使人体内部器官及全身组织与外界振动形成共振或谐振的可能.同时,轨道车辆的振动特性也关系到车辆运行的品质及安全.因此,建立正确的动力学性能评价方法与适当的指标体系,在现代轨道车辆发展中显得尤为重要[17,18].本章将介绍轨道车辆舒适性的判定方法及标准.

欧洲铁路联盟(UIC)以及前社会主义国家铁路合作组织(ОСЖД)均采用 Sperling 提出的平稳性指数来评定车辆的运行品质.德国联邦铁路(DB)的 Helberg 和 Sperling 两人,为了求算铁道车辆的乘坐舒适度基准,对 25 名研究所人员进行了 2~10 min 的振动台试验,提出评价乘坐舒适性的 Sperling 指标[17-19].

Sperling 平稳性指标是通过单一的判据以评估机车车辆走行品质(ride quality)和舒适度(comfort).前者的对象是铁道车辆本身,后者的对象是人,是人体对车体振动的反应.Sperling 平稳性指标 Wz 的基本公式如下[20-22]:

用于走行品质的评价为

$$W_z = 0.896 \sqrt[10]{\frac{a^3}{f}} \tag{5-73}$$

用于舒适度的评价为

$$W_z = 0.896 \sqrt[10]{\frac{a^3}{f}F(f)} \tag{5-74}$$

上式中,a 为加速度(单位为 cm/s^2),f 为振动频率(单位为 Hz),$F(f)$ 为与振动频率有关的加权系数.

当 a 的单位为 g 时,(5-73)式和(5-74)式中的系数 0.896 应改为 7.08;a 为均方根值且单位为 g 时,则系数为 7.85.

以上公式适用于对单一振动频率的评价,事实上铁道车辆振动是随机的,包含多种频率成分,且人体对垂向和横向振动的敏感频率也各不相同,因此,如(5-74)式所示,需要针对人体对不同频率振动的舒适性感受进行加权处理.我国铁路推荐的加权函数形式如下:

(1) 垂向振动的加权系数 $F(f)$.

当 $f = 0.5 \sim 5.9$ Hz 时,

$$F(f) = 0.325 f^2 \tag{5-75a}$$

当 $f = 5.9 \sim 20$ Hz 时,

$$F(f) = \frac{400}{f^2} \tag{5-75b}$$

当 $f > 20$ Hz 时,

$$F(f) = 1 \tag{5-75c}$$

(2) 横向振动的加权系数 $F(f)$.

当 $f = 0.5 \sim 5.4$ Hz 时,

$$F(f) = 0.8f^2 \tag{5-76a}$$

当 $f = 5.4 \sim 26$ Hz 时,

$$F(f) = \frac{650}{f^2} \tag{5-76b}$$

当 $f > 26$ Hz 时,

$$F(f) = 1 \tag{5-76c}$$

在整理车辆平稳性指数时,通常把实测的车辆振动加速度记录按频率分解,进行频谱分析,求出每段频率范围的振幅值. 然后,对每一段计算各自的平稳性指数 W_i,再求出全部频段总的平稳性指数,

$$W_{\text{ztot}} = (W_{z1}^{10} + W_{z2}^{10} + \cdots + W_{zn}^{10})^{0.1} \tag{5-77}$$

我国铁路平稳性的评定等级分为 3 级,如表 5-1 所示.

表 5-1 平稳性指标的评定等级

平衡性等级	评定	平衡性指标(客车)	平衡性指标(货车)
1 级	优	<2.50	<3.50
2 级	良好	2.50~2.75	3.50~4.00
3 级	合格	2.75~3.00	4.00~4.25

通过以上说明可以发现,Sperling 评价方法将对垂向与横向平稳性分别进行评判,这一点是不全面的. 此外,如(5-77)式所示,指标值为不同频率下 W 的综合计算,可能会有 Sperling 指标总值很小但是在某一频率范围时的 W_z 很大的情况出现. 所以,该评定方法存在一定弊端.

在一般情况下,车体加速度谱是频率的连续函数,于是,W_z 也将是频率的连续函数,此时依据连续单一权重函数和相应积分算法,可以一次获得平稳性指标[10].

用于走行品质评价的权重函数

$$B = 1.14 \left[\frac{(1-0.056f^2)^2 + (0.645f)^2 \times (3.55f^2)}{[(1-0.252f^2)^2 + (1.547f - 0.00444f^3)^2](1+3.55f^2)} \right]^{1/2} \tag{5-78}$$

用于横向舒适度评价的权重函数(图 5-3)

$$B_W = 0.737 \left[\frac{1.911f^2 + (0.25f^2)^2}{(1-0.277f^2)^2 + (1.563f - 0.0368f^3)^2} \right]^{1/2} \tag{5-79}$$

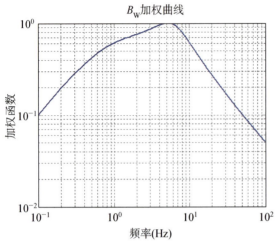

图 5-3 横向舒适度权重曲线　　　　图 5-4 垂向舒适度权重曲线

用于垂向舒适度评价的权重函数(图 5-4)

$$B_s = 0.588 \left[\frac{1.911f^2 + (0.25f^2)^2}{(1-0.277f^2)^2 + (1.563f - 0.0368f^3)^2} \right]^{1/2} \quad (5-80)$$

频域内积分获得总的平稳性指标方法如下：

横向平稳性指标

$$W_z = \left(\int_{0.5}^{30} a^3 B_w^3 \mathrm{d}f \right)^{1/10} \quad (5-81\mathrm{a})$$

或

$$W_z = \left(\int_{0.5}^{30} a^2 B_w^2 \mathrm{d}f \right)^{1/6.67} \quad (5-81\mathrm{b})$$

垂向平稳性指标

$$W_z = \left(\int_{0.5}^{30} a^3 B_s^3 \mathrm{d}f \right)^{1/10} \quad (5-82\mathrm{a})$$

或

$$W_z = \left(\int_{0.5}^{30} a^2 B_s^2 \mathrm{d}f \right)^{1/6.67} \quad (5-82\mathrm{b})$$

(5-81)式、(5-82)式在频域内积分，即 $a=a(f)$。上述两式积分也可在时域完成，据此时域积分使得平稳性指标计算公式如下：

横向平稳性指标

$$W_z = \left(\frac{1}{T} \int_t^{t+T} |a|^3 B_w^3 \mathrm{d}t \right)^{1/10} \quad (5-83\mathrm{a})$$

或
$$W_z = \left(\frac{1}{T}\int_t^{t+T} a^2 B_w^2 \mathrm{d}t\right)^{1/6.67} \tag{5-83b}$$

垂向平稳性指标
$$W_z = \left(\frac{1}{T}\int_t^{t+T} |a|^3 B_s^3 \mathrm{d}t\right)^{1/10} \tag{5-84a}$$

或
$$W_z = \left(\frac{1}{T}\int_t^{t+T} a^2 B_s^2 \mathrm{d}t\right)^{1/6.67} \tag{5-84b}$$

此时，加速度 a 的自变量为时间，即 $a=a(t)$. 采用(5-81)式至(5-84)式的方法计算平稳性的优点，在于可以方便处理和分析数据，便于编制程序，依据国标规定的数据长度进行平稳性分析即可. 尤其是时域平稳性分析方法，可依据(5-78)式至(5-80)式权重函数设计相应的数字滤波器，运用(5-83)式至(5-84)式计算垂向及横向平稳性，可以免除做 FFT 变换的过程. 从(5-83b)式和(5-84b)式可以看到，时域平稳性指标是对加权函数滤波处理后时域变量均方根值的开方处理，这一特性在协方差平稳性指标计算方法中需要用到.

§5.3 ISO 振动评价标准

20 世纪 70 年代，国际标准化组织(ISO)在综合大量有关人体承受全身振动的研究工作和文献的基础上，制定了国际标准——《人体承受全身振动的评价指南》(ISO 2631-74)，从此，评价全身振动有了国际性通用标准，它得到世界各国的重视，并被许多国家作为本国的标准. ISO2631-74 把振动对人体的影响用疲劳时间 T 表示，从维持工作效能、安全或健康以及舒适度等 3 个方面出发，相应提出 3 种限度：疲劳导致工效下降限度、感受极限和舒适度下降限度. 当人体连续受到振动时，经一段时间后便因疲劳而使工作效能下降. 至于疲劳到何种程度使工作效能下降，则取决于众多因素，且因人而异.

由于 ISO2631-74 以短时间的简谐振动实验研究成果为基础，因此，此标准对车、船、飞机等长时间、随机振动环境以及其他一些冲击比较大的振动环境的适用性仍有争议. 自 ISO2631-74 确定以来，分别于 1978 年、1982 年及 1985 年先后做了一些补充和修订，其中，ISO 2631-1985 作为正式标准的使用年限较长. 国际标准化组织不断提出建议草案，最终于 1997 年经过修正颁布了 ISO2631-1(第 2 版)"《机械振动和冲击：人体承受全身振动的评价》第一部分：一般要求"，与之相对应的国际标准为 GB/T 13441.1-2007/ISO 2631-1：1997《机械振动与冲击：人体暴露于全身振动的评价第 1 部分：一般要求》[23-25]. 该 ISO 标准与第 1 版相比，内容做了较大改动，取消了振级、等效均方根值的概念，增加了角振动、频率加权函数，引入了总振动量及其与人主观感觉的对应关系. 不强调振动暴露界限和暴露时间，取消了有关的表格数据和与暴露时间相关的内容(因为该部分没有得到实验研究结果的支持). 依据振动评价的需求，分为振动健康评价(0.5~80 Hz)、振动舒适性、感知评价(0.5~80 Hz)和运动病评价(0.1~0.5 Hz).

(波峰因数可以用来研究基本评价方法是否适用于描述振动对人体影响的严酷程度，**波峰**

因数定义为频率计权加速度信号的最大瞬时峰值与其均方根值的比的模. 根据波峰因数是否大于 9,有两种振动评价方法: 当波峰因数小于或等于 9 时,采用基本评价方法,否则采用附加评价方法[23-25].

(1) 基本评价方法: 求计权均方根加速度.

对平移振动,计权均方根加速度单位用 m/s^2 表示;对旋转振动,计权均方根加速度单位则用 rad/s^2 表示. 计权均方根加速度应按下式或其频域的等价式计算:

$$a_w = \left[\frac{1}{T}\int_0^T a_w^2(t)dt\right]^{\frac{1}{2}} \tag{5-85}$$

上式中, $a_w(t)$ 为时间函数(时间历程)的计权加速度(平移或旋转的),单位分别为 m/s^2 和 rad/s^2; T 为测量时间长度,单位为 s.

(2) 附加评价方法: 运行均方根评价方法和四次方振动剂量法.

在基本评价方法可能会低估振动影响(高的波峰因数、偶然性冲击、瞬态振动等)的情况下,应采用如下所述替代方法中的任意一种,运行均方根评价方法或四次方振动剂量法.

① 运行均方根评价方法. **运行均方根评价方法**通过使用一个短的积分时间常数,来考虑偶然性冲击和瞬态振动. 定义振动幅值为**最大瞬时振动值**(MTVV),由 $a_w(t_0)$ 的时间历程上的最大值给定. $a_w(t_0)$ 的定义为

$$a_w(t_0) = \left[\frac{1}{\tau}\int_{t_0-\tau}^{t_0} [a_w(t)]^2 dt\right]^{\frac{1}{2}} \tag{5-86}$$

上式中, $a_w(t)$ 为瞬时频率计权加速度; τ 为运行平均积分时间; t 为时间(积分变量); t_0 为观测时间(瞬时时间).

② 四次方振动剂量法. 与基本评价方法相比,由于使用加速度时间历程的四次方而不是平方作为计算平均的基础,因此,四次方振动剂量法对峰值更为敏感. 四次方振动剂量值 (VDV) 的单位用 $m/s^{1.75}$ 或 $rad/s^{1.75}$ 表示,其定义式为

$$VDV = \left\{\int_0^T [a_w(t)]^4 dt\right\}^{\frac{1}{4}} \tag{5-87}$$

上式中, $a_w(t)$ 为瞬时频率计权加速度; T 为测量时间长度.

经验表明,当 $\frac{MTVV}{a_w} > 1.5$, $\frac{VDV}{a_w T^{1/4}} > 1.75$ 时,附加评价方法就很重要.

当运用(5-87)式至(5-89)式时,需要运用加权函数对时域信号进行加权滤波处理. 图 5-5 和图 5-6 分别给出用于不同测点位置和测试方向的加速度频率计权曲线. 在图 5-5 中, W_k 用于 z 轴方向和卧姿垂直方向(头部除外), W_d 用于 x 轴和 y 轴方向以及卧姿水平方向, W_f 用于晕车评价的垂直方向. 对于**特殊情况的附加频率计权**, W_c 用于座椅-靠背的测量, W_e 用于旋转振动的测量, W_j 用于卧姿人体头部下面振动的测量.

当振动在一个以上方向同时发生时,正交坐标系下振动决定的计权均方根加速度的振动总量按下式计算:

$$a_v = (k_x^2 a_{wx}^2 + k_x^2 a_{wy}^2 + k_x^2 a_{wz}^2)^{\frac{1}{2}} \tag{5-88}$$

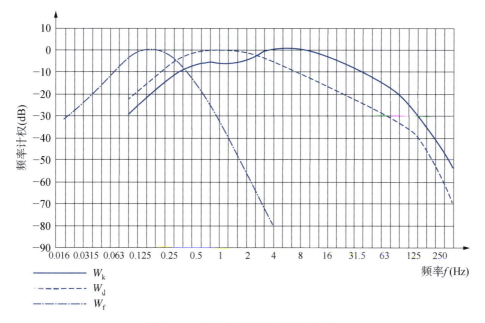

图 5-5 基本计权值的频率计权曲线

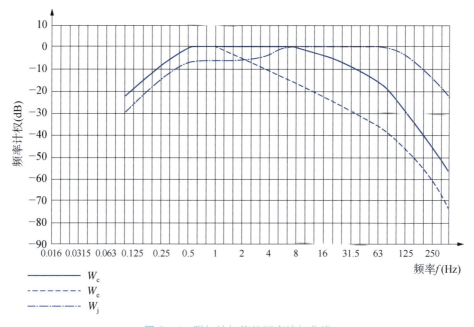

图 5-6 附加计权值的频率计权曲线

上式中,a_{wx},a_{wy},a_{wz} 分别与正交坐标轴 x 轴、y 轴、z 轴上的计权均方根加速度相对应;k_x,k_y,k_z 为方向因数.

按照(5-88)式计算的振动总量与舒适性评价的关联,如表 5-2 所示.

表 5-2 加速度总量值与主观感觉的关系

综合振动总量值	舒适程度	综合振动总量值	舒适程度
<0.315	没有不舒适	0.8~1.6	不舒适
0.315~0.63	稍有不舒适	1.25~2.5	非常不舒适
0.5~1.0	比较不舒适	>2	极不舒适

基本频率计权函数及附加频率计权函数的频域加权公式在 ISO2631-1 中已经给出. 有时为了便于设计控制器、提高运算速度等,还需设计低阶滤波器,相应的 4 阶滤波器如(5-89)式至(5-91)式所示. 更低阶的滤波器可查阅相关文献[26]得到,其他阶数的滤波器可依据文献[26]设计获得.

$$W_{\mathrm{k}}^{(4)}(s) = \frac{81.89s^3 + 796.6s^2 + 1937s + 0.1446}{s^4 + 80.00s^3 + 2264s^2 + 7172s + 21196} \tag{5-89}$$

$$W_{\mathrm{d}}^{(4)}(s) = \frac{12.66s^3 + 163.7s^2 + 60.64s + 12.79}{s^4 + 23.77s^3 + 236.1s^2 + 692.8s + 983.4} \tag{5-90}$$

$$W_{\mathrm{f}}^{(4)}(s) = \frac{0.02633s^3 + 0.0238s^2 + 0.2335s + 0.02902}{s^4 + 2.527s^3 + 4.584s^2 + 2.993s + 1.373} \tag{5-91}$$

在满足波峰因数小于等于 9 的情况下,可采用时域滤波器对所采集的振动加速度时域信号进行加权滤波,获得计权加速度均方根值后,即可运用(5-89)式获得振动总量;也可在频域运用 1/3 倍频程带换算的频域数据,依据本规范进行加权后,获得总的频率计权加速度均方根值,同样,依据(5-89)式获得振动总量,然后用表 5-2 对振动舒适性进行评定.

§5.4 UIC513 舒适度标准

ISO2631-74 颁布后,对铁路舒适度评定影响巨大. 经过长达 10 年的研究,1988 年国际铁路联盟提出 UIC 振动舒适度标准草案,经过审议,1994 年颁布了正式标准,即 UIC513 舒适度标准. 该标准是一个专用于铁路环境的文件,在 UIC513 舒适度标准中,对试验线路、计算方法、传感器安装、舒适度指标计算方法均给予详细的定义,非常便于标准采用方实施. 该标准测量和计算方法有 3 种,包括坐姿时的完整方法、站姿时的完整方法、坐姿或站姿时的简化方法. 3 种测量方法的计算公式如下[27, 28]:

简化舒适度公式

$$N_{\mathrm{MV}} = 6\sqrt{(a_{\mathrm{XP95}}^{W_{\mathrm{d}}})^2 + (a_{\mathrm{YP95}}^{W_{\mathrm{d}}})^2 + (a_{\mathrm{ZP95}}^{W_{\mathrm{b}}})^2} \tag{5-92}$$

坐姿完整舒适度公式

$$N_{\mathrm{VA}} = 4 \cdot (a_{\mathrm{ZP95}}^{W_{\mathrm{b}}}) + 2\sqrt{(a_{\mathrm{YA95}}^{W_{\mathrm{d}}})^2 + (a_{\mathrm{ZA95}}^{W_{\mathrm{b}}})^2} + 4 \cdot (a_{\mathrm{XD95}}^{W_{\mathrm{c}}}) \tag{5-93}$$

站姿完整舒适度公式

$$N_{\mathrm{VD}} = 3 \cdot \sqrt{16 \cdot (a_{\mathrm{XP50}}^{W_{\mathrm{d}}})^2 + 4 \cdot (a_{\mathrm{YP50}}^{W_{\mathrm{d}}})^2 + (a_{\mathrm{ZP50}}^{W_{\mathrm{b}}})^2} + 5 \cdot (a_{\mathrm{YP95}}^{W_{\mathrm{d}}}) \tag{5-94}$$

在上述计算公式中，N 为舒适度指标，a 为加速度计权均方根值. X,Y,Z 表示所测加速度的轴线方向(图 5-7)，P,A,D 分别表示测点位于地板、座椅表面和座椅靠背. 每个加速度的上标表示频率加权，b,c,d 分别为垂直、座椅靠背和水平权重曲线的下标.

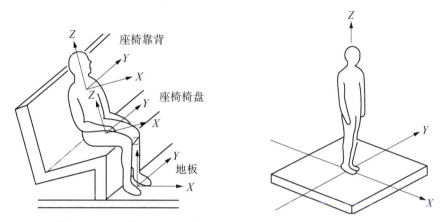

图 5-7 坐立位置及站立位置时 UIC513 舒适度标准测量轴线方向

此外，a_i^j 中的下标数字表示加速度有效值的置信点，例如，$a_{YP95}^{W_d}$ 表示纵向加速度使用 W_d 频率加权，且取 95% 置信点的有效值. 标准中给出各加速度频率加权的传递函数和系数，图 5-8 给出坐姿或站姿时简化方法的 $W_a - W_b$ 和 $W_a - W_d$ 计权曲线. 与 ISO2631 指标与 Sperling 指标类似，依据计权曲线或者相应频域计权函数，都可设计出相应阶数的模拟或者数字滤波器以方便数据处理.

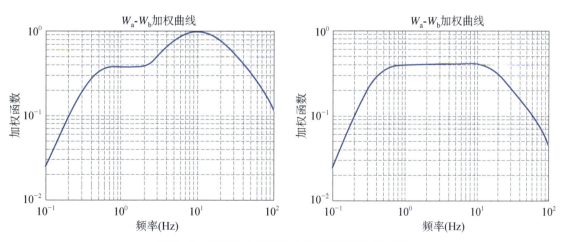

图 5-8 坐姿或站姿时简化方法滤波器加权函数

舒适度指标的计算时间为持续 5 min，以每 5 s 为 1 个计算单元，求得加权有效值，然后取 60 个有效值的 50% 或 95% 的置信点. 依据所采用的评估方法，运用(5-92)式至(5-94)式合成 3 个方向加速度计权均方根值得到舒适度.

舒适度的评价指标分为 5 级，具体定义如表 5-3 所示.

表 5-3 舒适度评价指标

舒适度等级	舒适度指标	舒适程度	舒适度等级	舒适度指标	舒适程度
1 级	$N<1$	非常舒适	4 级	$4<N<5$	不舒适
2 级	$1<N<2$	舒适	5 级	$N>5$	非常不舒适
3 级	$2<N<4$	还算舒适			

§5.5 平稳性分析及其应用

铁道车辆运行平稳性是车辆运行品质的客观评判准则,是列车动力学性能的重要评价指标[29]. 对于旅客列车而言,是乘客主观感受的物理反映. 要定量地描述车辆运行平稳性能,必须包含物理、心理和生理各方面的评价. 我国在 GB5598-85《铁道车辆动力学性能评定和试验鉴定规程》中规定,采用 Sperling 指标来评价机车车辆的运行平稳性,并一直沿用至今. 近年来,随着列车运行速度的提高及车辆品种的增加,以及 ISO2631 规范各版本的相继推出,研究人员对列车的平稳性进行了深入的研究[17-19, 28],指出仅采用 Sperling 指标评判列车运行平稳性的不足[30],并建议逐步采用 ISO2631 国际标准[19],或进一步对其进行完善研究[30,31]. 在这些研究中,为了区别于 Sperling 平稳性指标,更加全面地反映列车的运行品质,往往采用"舒适度"而不是"平稳性"这一术语. 广义地来讲,舒适度包含 3 个方面的内容,即振动评价、环境评价以及坐席评价,它包含振动、噪声、温度、湿度、空气清新度、坐席的质感、空间的设计、色彩、照明等多种因素,甚至还受到人们健康和心理因素的影响. 从狭义来说,舒适度是列车运行产生的振动(加速度)对乘坐者的影响问题,即"振动舒适度"或"平稳性". 本书研究的是狭义的"振动舒适度"问题,在本书中如不特别指出,"振动舒适度"、"舒适度"及"平稳性"是可以互相通用的. 在考虑与振动有关的乘坐舒适度时,通常包含以下 3 个方面的内容.

1. 振动舒适度

振动舒适度是人们通常所指的乘坐舒适度,是对列车发车至停车全过程中所发生的振动加速度的评判,除了 ISO2631 **运动病评价**以 0.1~0.5 Hz 范围进行评价外,振动舒适度通常是以 0.5 Hz 以上的振动为研究对象.

2. 曲线通过时的乘坐舒适度

通过曲线时,旅客所感受到的横向加速度是未平衡离心加速度,对乘坐舒适度影响很大. 它是由列车在曲线上的运行速度和曲线外轨超高所决定的,这个加速度是列车曲线通过速度的决定因素,该加速度的变化率又是缓和曲线长度的决定因素. 竖曲线通过时的垂直正常加速度也是研究对象.

综合文献[30-34]的研究成果,对于曲线通过及加、减速度乘坐舒适度推荐采用表 5-4 的数值来评价,其中横向加速度变化率在文献[34]中采用的是英国标准 0.025 g/s,比文献[31]的推荐值小,表 5-4 采用的是文献[31]的推荐值. 进一步的研究表明[47],**曲线通过时的乘坐舒适度**是振动加速度和未平衡离心加速度共同作用的结果,需要提出评判指标,考虑二者共同作用的效果.

表 5-4　曲线及加、减速度乘坐舒适度评价表

横向未平衡离心加速度(g)	横向加速度变化率(g/s)	侧滚角速度(°/s)	纵向加、减速度(g)	纵向加、减速度变化率(g/s)
≤0.08	≤0.04	5	≤0.08	≤0.07

3. 加、减速度乘坐舒适度

列车在加速或减速时，其纵向加速度的大小及其变化率是研究对象.

我国对于表 5-4 中横向加速度变化率和侧滚角速度评价参数还没制定相应的评价标准，其他数值与表 5-4 也略有差异. 对于振动舒适度，可以采用乘坐舒适度或平稳性指标来评价，也可以采用加速度的均方根值(R.M.S 值)或最大值评价，前者用于研究、设计、实车试验等阶段的评价，后者在主动、半主动控制系统理论与试验研究中应用普遍. 采用加速度的 R.M.S 值的优点在于简单、直观、实时性及通用性好，便于在不同车辆和不同行业间振动进行对比.

考虑平稳性评价研究成果的推出以及新的 ISO2631-4 标准的颁布，我国《高速试验列车客车强度及动力学规范》(95J01-M)指出："旅客乘坐舒适性指标推荐使用乘坐舒适度，同时保留平稳性指标以在不同的测试条件下使用. 目前仍以平稳性指标作为评判标准."

5.5.1　铁道车辆平稳性指标分析方法

机车车辆的运行平稳性指数是机车车辆的重要运行性能，它与线路、机车车辆走行部分的结构和运行速度有很大关系. 同一机车车辆在不同线路上运行时，其平稳性指数是不同的[27]. 无论是 Sperling 指标、ISO 指标还是 UIC513 指标，其中最重要的是获得所测对象的加权加速度均方根值，获得加权加速度均方根值后，即可依据(5-83b)式和(5-84b)式获得 Sperling 平稳性指标；或依据(5-88)式获得振动总量，依据 ISO 指标对振动进行评价；还可以依据(5-92)式至(5-94)式获得舒适度指标，依据 UIC 指标对振动舒适度进行评价. 研究对象的加权加速度均方值依据是否有时域仿真分析及相关算法可以分为：①**时域分析方法**；②**频域分析方法**；③**协方差法**. 当所建模型存在强非线性环节且不便于线性化处理时，如第 2 章和第 3 章基于 Matlab/Simlink® 建立的图形化的非线性动力学模型，或已有研究对象的时域振动分析数据时，可采用时域分析方法获得平稳性指标. 在对理论样机做时域平稳性分析时，时域分析方法过程简单，步骤明确，可以直接选用很多商业软件内置时域信号的评价算法，但是需要注意的是，在仿真分析时，分析步长的选择应能涵盖研究对象所分析的频带. 协方差平稳性计算方法既不包含时域仿真分析，也不需要在频域求响应自功率谱，该方法运用系统的状态方程，通过解李亚谱诺夫矩阵即可获得平稳性指标. 该方法的优点是运算速度快，无时域或频域积分环节，无需考虑步长或带宽问题，该方法将在第 5 章详细叙述. 下面简要介绍平稳性频域分析方法，以便了解对下面的章节所做的分析.

在采用频域法分析铁道车辆振动及舒适性指标时，其主要步骤如下：

(1) 选择轨道不平顺激励函数.

分析之前需要依据分析对象、运用特点，选用轨道不平顺激励函数. 当作随机振动分析时，可选用美国谱、德国或者我国干线谱等形式. 使用轨道谱时，需要注意其自变量形式是空间圆频率还是空间频率以及相应轨道谱的单位，然后，采用(1-22)式或者(1-25)式将空间谱转换为时间谱，其形式为 $[S_{in}(v,\omega)]$，其中 v 表示车辆运行速度，S_{in} 表示轨道不平顺输入功率谱.

(2) 建立动力学模型.

采用影响系数法、矩阵组装法,或从商业动力学软件中直接输出得到该动力学系统的质量阵$[M]$、阻尼阵$[C]$、刚度阵$[K]$和激励输入矩阵$[D_w]$.

(3) 计算系统响应自功率谱.

依据以上矩阵,可建立系统动力学方程,如(2-9)式或(3-20)式所示,当控制规律设计好后,(2-9)式可以转换为(3-20)式的形式.设分析自变量采用圆频率ω,从动力学方程可获得轨道不平顺输入至位移响应输出的多输入多输出(MIMO)传递函数矩阵$[H(\omega)]$:

$$[H(\omega)] = [-\omega^2[M] + i\omega[C] + [K]]^{-1}[[D_w]] \qquad (5-95)$$

当系统动力学方程以状态方程形式给出时,也可类似地经过拉氏变换,得到系统 MIMO 传递函数矩阵.依据(5-64)式,有

$$[S_{out}(v,\omega)] = [H(\omega)]^*[S_{in}(v,\omega)][H(\omega)]^T \qquad (5-96)$$

上式中,$[H(\omega)]^*$和$[H(\omega)]^T$分别为$[H(\omega)]$矩阵的共轭和简单转置,$[S_{out}(v,\omega)]$为系统位移响应的自功率谱阵.设系统响应向量的权重函数矩阵为$[W(\omega)]$,该矩阵由虚拟样机不同部件的振动加速度加权函数构成.加权函数可依据所采用的评价指标,依据本章前述内容选用.依据自功率谱性质 3,可以得到系统响应的加速度自功率谱矩阵:

$$[\ddot{S}_{out}(v,\omega)] = \omega^4[W(\omega)]^*[S_{out}(v,\omega)][W(\omega)]^T \qquad (5-97)$$

上式中,$[\ddot{S}_{out}(v,\omega)]$为系统输出的加速度自功率谱.

(4) 平稳性指标分析及振动评估.

获得系统响应的计权加速度功率谱后,即可运用(5-36)式获得振动响应的计权加速度均方根值,依据(5-81)式、(5-82b)式和(5-88)式获得W_z和振动总量,然后,采用 Sperling 指标和 ISO 指标对振动进行评价.也可以采用其他加权函数,运用振级等指标对振动进行评价.

如所研究对象具有非线性环节,可以采用 Iwan-Yang[29] 统计线性化方法把非线性特征处理为等效线性特征,经过处理后的系统仍可以用线性系统的办法来分析平稳性指标. Iwan-Yang 统计线性化的基本原理是用一个线性元件代替非线性元件,使替代后元件组成的系统与原来系统的响应的误差均方值最小.等效线性元件的数值是随响应值的大小而变化的,而且与非线性元件的特点有密切关系.

5.5.2 基于虚拟激励分析方法的平稳性指标分析及其应用

1. 轨道车辆响应的虚拟激励分析法

对于多轮轨道车辆而言,第一轮对后的各轮对不平顺输入可视为其输入的简单时延,这使得各轮对的激励输入之间是全相关的,这给系统的随机振动分析带来解算难度.在分析轨道车辆的运行平稳性时,解决该难题的一种方法是将谱反演成时域信号,将其输入系统利用数值积分方法求解系统的时域响应,对时域信号进行谱分析等处理,获得平稳性指标或者功率谱[2].这种方法的优点是可以处理非线性环节,但由于存在时域积分环节,计算量较大.还可以利用线性叠加原理,利用输入间距函数来分析系统响应的功率谱[35-36],但对于多输入点和多车联挂模型,该方法处理起来很困难.文献[37]引入时延比例函数来处理车轮间的输入时域,但该函数只是车轮间时延输入的近似,而且其获得和应用颇为复杂.本节基于随机振动的虚拟

激励分析法[1,38,39],结合谱分析的基本原理,提出平稳性分析的快速算法. 该方法首先导出轨道车辆功率谱分析的虚拟激励分析法,然后,运用系统响应的功率谱和谱分析的基本理论,获得系统响应的幅值谱,再依据平稳性的计算方法,即可获得平稳性指标,在分析过程中没有时域或频域的积分环节,因而使计算大为简化. 运用该算法还可以方便地分析轨道谱中单一不平顺波长对车辆运行平稳性的影响.

对于在固定轨道上运行的多输入轨道车辆而言,其后各点的输入可视为第一输入点的简单时延[40],设系统受 m 点异相位平稳随机激励$\{f(t)\}$,则有[38,39]

$$\{f(t)\}=\begin{Bmatrix} a_1 F(t-t_1) \\ a_2 F(t-t_2) \\ \vdots \\ a_m F(t-t_m) \end{Bmatrix} \tag{5-98}$$

上式中,$a_j(j=1,2,\cdots,m)$是实数,表示各点的作用强度,当各输入点强度相同时,可令$a_j=1$;$F(t)$为平稳随机激励的时间历程函数;$t_j(j=1,2,\cdots,m)$是各激励点处的激励滞后时间,t_j为常数. 对于铁道车辆而言,第一轮对不平顺输入没有时延,此时可令$t_1=0$. 将$\{f(t)\}$视为广义的单激励,设$F(t)$的自谱密度为$S_{FF}(\omega)$,则其相应的虚拟激励为

$$\{\widetilde{f}(t)\}=\begin{Bmatrix} a_1 \mathrm{e}^{-\mathrm{i}\omega t_1} \\ a_2 \mathrm{e}^{-\mathrm{i}\omega t_2} \\ \vdots \\ a_m \mathrm{e}^{-\mathrm{i}\omega t_m} \end{Bmatrix} \sqrt{S_{FF}(\omega)}\, \mathrm{e}^{\mathrm{i}\omega t} \tag{5-99}$$

依据(2-9)式,且主动控制力也为线性时,轨道车辆的线性动力学方程的一般形式如下[53]:

$$[M]\{\ddot{\widetilde{y}}\}+[C]\{\dot{\widetilde{y}}\}+[K]\{\widetilde{y}\}=[D_\mathrm{w}]\{\widetilde{f}(t)\} \tag{5-100}$$

上式中,$[M]$,$[C]$,$[K]$分别为系统的惯量、阻尼和刚度矩阵,D_w为激励输入矩阵,$\{\widetilde{y}\}$为系统的响应矢量.

将(5-99)式带入上式,可得

$$\{\widetilde{y}\}=[-\omega^2[M]+\mathrm{i}\omega[C]+[K]]^{-1}[[D_\mathrm{w}]]\begin{Bmatrix} a_1 \mathrm{e}^{-\mathrm{i}\omega t_1} \\ a_2 \mathrm{e}^{-\mathrm{i}\omega t_2} \\ \vdots \\ a_m \mathrm{e}^{-\mathrm{i}\omega t_m} \end{Bmatrix}\sqrt{S_{FF}(\omega)}\,\mathrm{e}^{\mathrm{i}\omega t}=\{\widetilde{Y}\}\mathrm{e}^{\mathrm{i}\omega t}$$

$$\tag{5-101}$$

于是响应的功率谱为

$$[S_{yy}]=\{\widetilde{y}\}^*\{\widetilde{y}\}^\mathrm{T}=\{\widetilde{Y}\}^*\{\widetilde{Y}\}^\mathrm{T} \tag{5-102}$$

上式中,$\{\widetilde{Y}\}^*$和$\{\widetilde{Y}\}^\mathrm{T}$分别表示$\widetilde{Y}$向量的共轭和简单转置,$[S_{yy}]$为系统响应的功率谱矩阵.

由于建立车辆系统的振动方程时,坐标系通常选择在对称位置处. 当需要计算非对称位置

处的振动时,该处响应可以写成

$$\{\hat{y}\} = [\pmb{\psi}]\{\tilde{y}\} \tag{5-103}$$

其中,$[\pmb{\psi}]$为坐标变换矩阵,有

$$[\pmb{S}_{\hat{y}\hat{y}}] = [\pmb{\psi}]\{\tilde{Y}\}^* \{\tilde{Y}\}^{\mathrm{T}}[\pmb{\psi}]^{\mathrm{T}} \tag{5-104}$$

2. 平稳性指标的虚拟激励分析法

获得系统响应功率谱后,利用(5-99)式可获得经过加权后的加速度功率谱,如所获得的系统响应加速度功率为 S_{yy}。依据(1-29)式可以得到采样频率 ω_k 处振动幅值 a_k 为

$$a_k^2 = 4S_{yy}(\omega_k)\Delta\omega \tag{5-105}$$

上式中,$\Delta\omega = \omega_k - \omega_{k-1}$,为采样频率间隔。将幅值 a_k 代入(5-76)式(Sperling公式),可以得到频率 f_k 处的平稳性指标 W_{zk}。然后,利用(5-77)式得到全部频段下总的平稳性指数 W_{tot}。

从以上分析可以看到,运用虚拟激励法,既可以简单迅速地获得理论分析的功率谱,同时,只要作简单分析即可获得平稳性指标。

3. 基于虚拟激励法的平稳性分析算例

以某型高速列车为例,运用上述方法对其运行平稳性进行分析。该高速列车垂向动力学模型如图2-1所示,设该系统为被动系统,即控制输入为0;横向模型动力学模型见图3-1和图3-2。分析时采用高速谱作为系统输入,用于仿真的车辆参数取自某高速客车[40]。取转向架中心一侧1 000 mm 的车体地板面处为采样点,将其作为考察对象,利用(5-101)式至(5-104)式得到其位移功率谱,分析结果如图5-9和图5-10所示。依据位移功率谱和加速度功率谱的关系得到其加速度功率谱,如图5-11和图5-12所示。

由分析结果可以看出,由于作为激励的高速高干扰谱和高速低干扰谱形式完全相同,仅幅值上存在差异,因此,得到的位移和加速度的功率谱曲线在相同车辆运行速度下也仅存在幅值上的差异,曲线形状则完全相同。另一方面,由于行车速度不同,同样的空间波长对系统的激励频率是不同的,车速越快,形成的激励频率越高。因此,从图中可以看到在相同的轨道谱激励下,运行速度较高的响应谱在横坐标方向较低速时有所"拉长"。

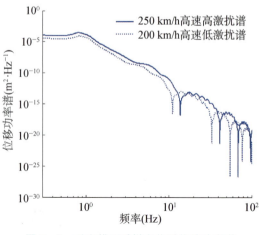

图5-9 垂向模型采样点位置位移功率谱

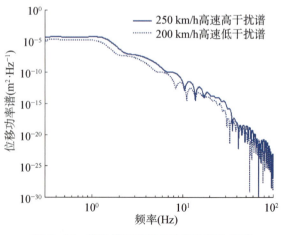

图5-10 横向模型采样点位置位移功率谱

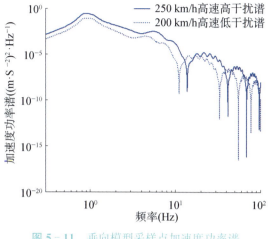
图 5-11　垂向模型采样点加速度功率谱

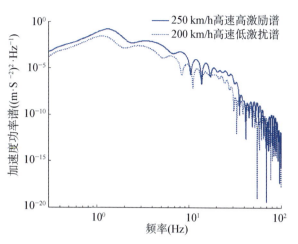
图 5-12　横向模型采样点加速度功率谱

依据所获得的响应功率谱又可得出在该速度下的车辆运行平稳性指标. 图 5-13 和图 5-14 是基于以上方法得出的 Sperling 平稳性指标随运行速度变化的曲线.

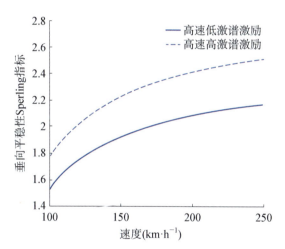
图 5-13　运行速度与垂向 Sperling 指标关系

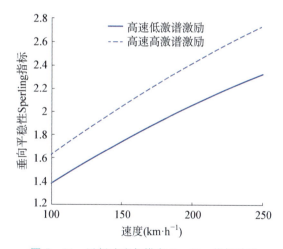
图 5-14　运行速度与横向 Sperling 指标关系

同样,运用功率谱经过反演,可获得位移或者加速度响应的时域信号和幅值谱. 图 5-15 和图 5-16 是该高速车辆运行速度为 200 km/h 时,在高速低干扰谱激励下,依据所求得的加速度响应功率谱反演获得的转向架中心上方地板处的时域信号和幅值谱.

对于线性或者是线性化的车辆系统而言,车体振动的响应频率和轨道不平顺的激励频率是相同的. 在一定车速下,轨道的激励频率对应于一定的不平顺波长,因此,可以用本节的方法得到在某单一波长不平顺激励下车体的平稳性指标,以及它在车体总的平稳性指标中的比重,这样就可以得到对车辆平稳性影响最大的不平顺波长. 对这些敏感波长应该加强管理和维护,以便保证和提高车辆的运行平稳性.

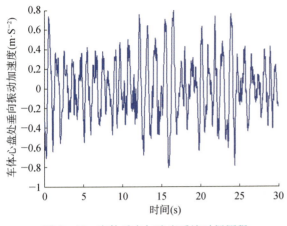
图 5-15 车体垂向加速度反演时间历程

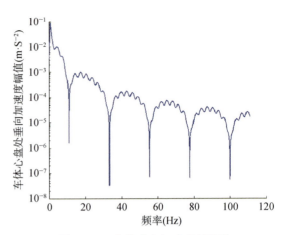
图 5-16 车体垂向加速度幅值谱

针对以上所描述的高速客车,分析轨道谱中单一波长对垂向及横向平稳性的影响,如图 5-17 和图 5-18 所示.其中,图 5-17 是垂向模型在轨道垂向不平顺单一波长激励下的 Sperling 平稳性指标曲线,图 5-18 是横向模型在方向不平顺激励下的平稳性曲线.本计算在分析 Sperling 平稳性指标时没有计及 0.5 Hz 以下的振动,因此,图 5-17 和图 5-18 中曲线具有一段零值.从图中可以看到,运行速度越高,对平稳性影响的波长范围就越宽,这加大了线路维护的困难.

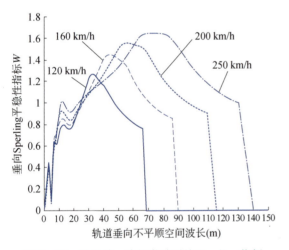
图 5-17 垂向单一波长激励下的 Sperling 指标

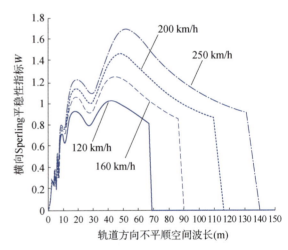
图 5-18 横向单一波长激励下的 Sperling 指标

由于在计算总平稳性指标 W_{tot} 时对各频率点下的 W_k 进行了 10 次幂的运算,这是对较大 W_k 的极大权重,导致较大的 W_k 对 W_{tot} 贡献很大,而较小的 W_k 对 W_{tot} 的贡献极小.图 5-19 和图 5-20 以 W_k^{10}/W_{tot}^{10} 为指标,显示了单一波长激励下单频平稳性指标对总平稳性的贡献大小.取 W_k^{10}/W_{tot}^{10} 大于 1‰所对应的波长为影响平稳性的敏感波长,由此得到各运行速度下平稳性敏感激励波长,如表 5-5 所示.

表 5-5　各运行速度下平稳性敏感激励波长

垂向		横向	
速度(km/h)	垂向不平顺敏感波长(m)	速度(km/h)	方向不平顺敏感波长(m)
120	26.6~43.6	120	33.8~53.2
160	34.0~59.6	160	34.4~59.5
200	41.4~76.2	200	36.0~64.9
250	50.6~97.7	250	38.5~71.0

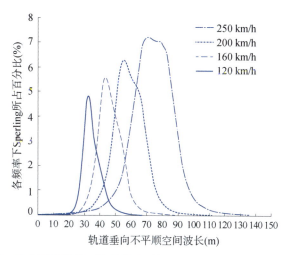

图 5-19　垂向不平顺单一波长激励下的 Sperling 指标对总平稳性的比重

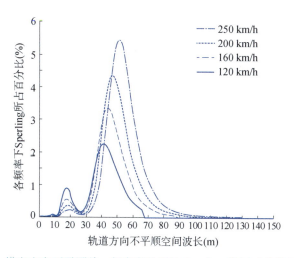

图 5-20　横向方向不平顺单一频率激励下的 Sperling 指标对总平稳性的比重

表 5-5 中的分析结果表明，车辆的运行速度越高，影响车辆运行平稳性的敏感波长就越长。从以上分析可以看到，以 $W_k^{10}/W_{\text{tot}}^{10}$ 比值来定义敏感波长的范围具有明确的意义，便于确定

准确的敏感波长数值. 从以上的分析可以看到,基于虚拟激励方法计算响应功率谱和平稳性指标,对于线性模型具有表达式简单、运算简便的特点. 但是,在实际的铁道车辆模型中,悬挂和轮轨关系均存在非线性,要运用该方法就需要对非线性模型等效线性化,这在一定程度上影响了分析的准确性.

参 考 文 献

[1] 林家浩,张亚辉. 随机振动的虚拟激励法[M]. 北京:科学出版社,2004.
[2] 王福天. 车辆系统动力学[M]. 北京:中国铁道出版社,1994.
[3] 复旦大学. 概率论[M]. 北京:人民教育出版社,1979.
[4] 高钟毓. 工程系统中的随机过程[M]. 北京:清华大学出版社,1989.
[4] 王福天,周劲松,任利惠. 用于高速车辆动态仿真的轨道谱分析[J]. 铁道学报,2002,24(5):21-27.
[5] 张定贤. 轮轨系统动力学[M]. 北京:中国铁道出版社,1989.
[6] 陈泽深. 王成国. 铁道车辆动力学与控制[M]. 北京:中国铁道出版社,2004.
[7] 翟婉明. 车辆-轨道耦合动力学(第一版)[M]. 北京:中国铁道出版社,1997.
[8] 翟婉明. 车辆-轨道耦合动力学(第二版)[M]. 北京:中国铁道出版社,2002.
[9] 张卫华. 机车车辆动态模拟[M]. 北京:中国铁道出版社,2006.
[10] 胡用生. 现代轨道车辆动力学[M]. 北京:中国铁道出版社,2009.
[11] Garg V. K., Dukkipati Rao V.. *Dyanmics of Railway Vehicle Systems* [M]. New York:Academic Press,1984.
[12] 罗林,张格明,吴旺青,柴雪松. 轮轨系统轨道平顺状态的控制[M]. 北京:中国铁道出版社,2006.
[13] 维尔辛斯基 C. B.,达尼诺夫 B. H.,契尔诺柯夫 И. И.. 铁路车辆动力学[M]. 北京:中国铁道出版社,1986.
[14] 铁道部科学研究院铁道建筑研究所. 我国干线轨道不平顺功率谱的研究. TY-1215,北京:铁道部科学研究院,1999.
[15] 徐昭鑫. 随机振动[M]. 北京:高等教育出版社,1990.
[16] (日)星谷胜著,常宝琦译. 随机振动分析[M]. 北京:地震出版社,1977.
[17] 詹斐生. 平稳性指标的历史回顾(上)[J]. 铁道机车车辆,1994,4:43-52.
[18] 詹斐生. 平稳性指标的历史回顾(下)[J]. 铁道机车车辆,1995,2:19-21,62.
[19] 王悦明,王新锐. 客车舒适度的评定[J]. 铁道机车车辆,2000,3:1-4.
[20] 严隽耄. 车辆工程[M]. 北京:中国铁道出版社,1999.
[21] ISO2631 Guide for the evaluation of human exposure to whole-body vibration,1978.
[22] ISO2631-1 Evaluation of human exposure to whole-body vibration — Part I:General requirements. 1985-05-15.
[23] ISO2631-1 Evaluation of human exposure to whole-body vibration — Part I:General requirements. 1997-05-01.
[24] Zuo L., Nayfeh S. A.. Low order continuous-time filters for approximation of the ISO 2631-1 human vibration sensitivity weightings [J]. *Journal of Sound and Vibraiton*,2003,265:459-464.
[25] UIC Code 513 Guideline for evaluation passenger comfort relation to vibration in railway vehicles. 1994-07-01.
[26] 罗林,张格明,吴旺青,柴雪松. 轮轨系统轨道平顺状态的控制[M]. 北京:中国铁道出版社,2006.
[27] 严隽耄. 机车车辆运行平稳性指数的估测方法[J]. 西南交通大学学报,1992,86(4):1-7.
[28] 万里翔,许明恒. 铁道车辆运行平稳性评价方法的研究[J]. 铁道机车车辆,2001,1:8-11.
[29] 俞展猷. 高速列车舒适度的评价[J]. 铁道机车车辆,1999,2:1-5.
[30] 高井秀之. 乘り心地评价方法的变迁. 铁道总研报告,1995,9(8):61-66.

[31] 铃木浩明. 人间科学的にみな乘り心地评价研究の现りて了今后の课题[J]. 铁道总研报告,1996,9(10):1-6.
[32] 铃木浩明. 新干线高速化与舒适度评价[J]. *JREA*,1994,12:26-30.
[33] 郝建华,曾京,邬平波. 铁道客车垂向随机减振及悬挂参数优化[J]. 铁道学报,2006,28(6):35-40.
[34] 周劲松,任利惠,杨国桢等. 铰接式高速列车运行平稳性[J]. 交通运输工程学报,2003,3(3):54-58.
[35] Tamboli J. A.. Optimum design of a passive suspension system of a vehicle subjected to actual random road excitations [J]. *Journal of Sound and Vibration*, 1999,219(2):193-205.
[36] Lin J. H.. A fast CQC algorithm of PSD matrices for random seismic responses [J]. *Computers & Structures*, 1992,44(3):687-689.
[37] Lin J. H., Zhang W. S., Li J. J.. Structural responses to arbitrarily coherent stationary random excitations [J]. *Computers & Structures*, 1994,50:629-633.
[38] 周劲松. 高速列车平稳性及其控制研究[D]. 上海:上海交通大学,2003.

第 6 章

铁路客车运行平稳性与模态参数

本章将介绍铁路客车运行平稳性与模态参数的关系,以及对铁路客车动力学性能产生重要影响的模态参数及其变化规律,提出基于模态参数的综合动力学性能研究方法[1,2](Synthesized Performance Analysis with Modal Parameter,SPAMP)方法. 铁路客车运行平稳性是动力学性能的重要评价指标之一,与其运营品质直接相关. 良好的运行平稳性是运营商及机车车辆制造者不懈追求的目标. 由于部件性能、生产工艺、客车运营状态及应用环境的不同,运营客车的运行品质往往与其设计性能有一定差异,客车与客车之间也存在差异,个别情况下这种差异相当明显. 如前所述,模态参数是铁路客车的固有参数,代表振动系统的固有动态特性,产品一旦生产完工,其动力学性能就基本确定,作为一个线性系统或弱非线性系统,其模态参数与输入无关. 因此,通过分析铁路客车运行平稳性与模态参数的关系,可以确定模态参数构成的合理性,并以此来研究客车物理参数影响客车运行品质的原因.

§6.1 铁路客车运行平稳性协方差分析法

6.1.1 白噪声不平顺信号输入时的系统响应

对于客车动力学模型而言,线性或者线性化系统可以用以下公式描述[3,4]:

$$\dot{X} = AX + B_2 Z_w \tag{6-1}$$

X 为状态向量,Z_w 为轨道不平顺激扰向量,就本节讨论的问题而言,Z_w 为零均值白噪声信号,其协方差矩阵为 Z_{ww},所有的矩阵均为常数矩阵,并具有相应的维数.

当输出为

$$Y(t) = CX(t) \tag{6-2}$$

系统状态向量的协方差矩阵为

$$X_{xx}(t) = E[X(t)X^T(t)] \tag{6-3}$$

该矩阵为稳态值,为下式(Liapunov方程)的解[5],

$$AX_{xx} + X_{xx}A^T + Q = 0 \tag{6-4}$$

上式中,Q 为 B_2 和 Z_{ww} 的函数. 输出变量的协方差矩阵为

$$\boldsymbol{Y}_{yy} = \mathrm{E}[\boldsymbol{Y}(t)\boldsymbol{Y}^{\mathrm{T}}(t)] = \boldsymbol{C}\boldsymbol{X}_{xx}\boldsymbol{C}^{\mathrm{T}} \tag{6-5}$$

对于客车动力学系统而言,轨道不平顺输入为有色噪声,而且轮轴之间的输入由于存在时延,是互相关的,评价指标也为车体加速度加权后的数学统计量,所以,当采用协方差方法计算客车的运行平稳性时,需要经过如图 6-1 所示的几个环节的处理.

图 6-1 采用协方差方法计算平稳性的流程图

图 6-1 中的成型滤波器用于将白噪声信号滤波,生成具有给定的轨道谱形式的不平顺信号[6];系统依据所建立的动力学方程,采用给定输入信号,计算输出响应;感觉滤波器依据不同的评价体系对输出信号进行权重滤波,最后,依据协方差方法即可直接计算出客车的平稳性指标.以下就各个环节分别进行介绍.

6.1.2 成型滤波器设计

设滤波器系统的脉冲响应函数的拉氏变换为 $G(s)$,当输入 $u(t)$ 为平稳随机过程时,则输出 $y(t)$ 也是平稳过程.如图 6-2 所示,输入谱密度为 $\varphi_u(\omega)$ 时,输出 $y(t)$ 的谱密度函数 $\varphi_y(\omega)$ 可写为[7]

$$\varphi_y(\omega) = G(\mathrm{i}\omega)G(-\mathrm{i}\omega)\varphi_u(\omega) \tag{6-6}$$

图 6-2 滤波器设计原理

当输入白噪声的谱密度为常数 1 时,则有 $\varphi_y(\omega) = G(\mathrm{i}\omega)G(-\mathrm{i}\omega)$.又依据谱分解定律,对于有理谱 $\varphi(\omega)$,若其分子为偶数 m 阶,分母为偶数 n 阶,且 $m \leqslant n$,则必然存在一个稳定的函数 $G(\omega)$,并满足

$$\varphi(\omega) = G(\mathrm{i}\omega)G(-\mathrm{i}\omega) \tag{6-7}$$

根据以上分析,轨道成型滤波器的设计过程如下:①将轨道空间谱转换成时间频谱;②运用谱分解定理,将时间频谱转换成(6-7)式的右端项形式,取 $G(\mathrm{i}\omega)$ 项,并令 $s = \mathrm{i}\omega$,即可获得成型滤波器的解析表达式.

对于轨道垂向及方向不平顺的高速功率谱(1-7)式和(1-8)式,在采用(1-34)式转化为时域功率谱后,可设计轨道不平顺成型滤波器如下[8,9]:

垂向不平顺

$$G_v(s) = \frac{\Omega_c \sqrt{A_v \cdot V^3}}{s^2 + (\Omega_r + \Omega_c) \cdot V \cdot s + \Omega_r \cdot \Omega_c \cdot V^2} \tag{6-8}$$

方向不平顺

$$G_a(s) = \frac{\Omega_c \sqrt{A_a \cdot V^3}}{s^2 + (\Omega_r + \Omega_c) \cdot V \cdot s + \Omega_r \cdot \Omega_c \cdot V^2} \tag{6-9}$$

其他功率谱如满足谱分解定律的条件,则依据该步骤均可设计出成型滤波器.例如,在(6-8)和(6-9)两式中令 $\Omega_r = 0$,并更改 A_v 及 Ω_c 为相应的数值,就可以设计成美国5级谱和6级谱的成型滤波器,因此,(6-8)式和(6-9)式具有通用性.

以轨道垂向不平顺为例,设计成型滤波器如下:令

$$a_1 = \Omega_c \sqrt{A_v \cdot V^3}, \quad b_1 = (\Omega_r + \Omega_c) \cdot V, \quad b_2 = \Omega_r \Omega_c V^2 \tag{6-10}$$

依据(6-1)式、(6-8)式和(6-9)式,写成状态方程

$$\begin{bmatrix} \dot{z}_w \\ \ddot{z}_w \end{bmatrix} = \begin{bmatrix} 0 & 1 \\ -b_2 & -b_1 \end{bmatrix} \begin{bmatrix} z_w \\ \dot{z}_w \end{bmatrix} + \begin{bmatrix} 0 \\ a_1 \end{bmatrix} w \tag{6-11}$$

简写为

$$\dot{z}'_w = A_s z'_w + B_s w \tag{6-12}$$

对4轴铁路客车而言,假设4条轮轴由白噪声信号经成型滤波器滤波产生时,有

$$\dot{Z}_w = F_{wl} Z_w + I_f W \tag{6-13}$$

其中,

$$Z_w = \begin{bmatrix} z_{w1} & \dot{z}_{w1} & z_{w2} & \dot{z}_{w2} & z_{w3} & \dot{z}_{w3} & z_{w4} & \dot{z}_{w4} \end{bmatrix}^T \tag{6-14}$$

$$W = \begin{bmatrix} w_1 & w_2 & w_3 & w_4 \end{bmatrix}^T \tag{6-15}$$

$$F_{wl} = \begin{bmatrix} A_s & 0 & 0 & 0 \\ 0 & A_s & 0 & 0 \\ 0 & 0 & A_s & 0 \\ 0 & 0 & 0 & A_s \end{bmatrix}, \quad I_f = \begin{bmatrix} B_s & 0 & 0 & 0 \\ 0 & B_s & 0 & 0 \\ 0 & 0 & B_s & 0 \\ 0 & 0 & 0 & B_s \end{bmatrix} \tag{6-16}$$

如果(6-1)式不平顺激励 Z_w 定义为 $\hat{Z}_w = \begin{bmatrix} z_{w1} & z_{w2} & z_{w3} & z_{w4} & \dot{z}_{w1} & \dot{z}_{w2} & \dot{z}_{w3} & \dot{z}_{w4} \end{bmatrix}^T$,可以通过如下转换实现表达式统一:

$$\hat{Z}_w = \begin{bmatrix} 1 & 0 & 0 & 0 & 0 & 0 & 0 & 0 \\ 0 & 0 & 1 & 0 & 0 & 0 & 0 & 0 \\ 0 & 0 & 0 & 0 & 1 & 0 & 0 & 0 \\ 0 & 0 & 0 & 0 & 0 & 0 & 1 & 0 \\ 0 & 1 & 0 & 0 & 0 & 0 & 0 & 0 \\ 0 & 0 & 0 & 1 & 0 & 0 & 0 & 0 \\ 0 & 0 & 0 & 0 & 0 & 1 & 0 & 0 \\ 0 & 0 & 0 & 0 & 0 & 0 & 0 & 1 \end{bmatrix} \begin{bmatrix} Z_{w1} \\ \dot{Z}_{w1} \\ Z_{w2} \\ \dot{Z}_{w2} \\ Z_{w3} \\ \dot{Z}_{w3} \\ Z_{w4} \\ \dot{Z}_{w4} \end{bmatrix} = T_w Z_w \tag{6-17}$$

将(6-17)式代入(6-1)式,有

$$\dot{X} = AX + B_2 T_w Z_w \tag{6-18}$$

合并(6-18)式及(6-13)式,有

$$\begin{bmatrix} \dot{X} \\ \dot{Z}_w \end{bmatrix} = \begin{bmatrix} A & B_2 T_w \\ 0 & F_{w1} \end{bmatrix} \begin{bmatrix} X \\ Z_w \end{bmatrix} + \begin{bmatrix} 0 \\ I_f \end{bmatrix} W \tag{6-19}$$

将上式简写为

$$\dot{X}_f = A_f X_f + B_f W \tag{6-20}$$

当所研究的对象为 4 轴车模型,那么,可视其后各轮的输入为第一轮对输入的时延,设第 2 至第 4 轮对与第 1 轮对的时延分别为 τ_{12}, τ_{13}, τ_{14},于是有

$$W = \begin{bmatrix} w_1 & w_2 & w_3 & w_4 \end{bmatrix}^T = \begin{bmatrix} w_1 & w_1(t-\tau_{12}) & w_1(t-\tau_{13}) & w_1(t-\tau_{14}) \end{bmatrix}^T \tag{6-21}$$

设所观测对象的输出为

$$Y_{vf} = T_c X_f \tag{6-22}$$

6.1.3 感觉滤波器设计

对于一般的评价指标,通常都要对车体振动响应信号进行相应的滤波处理,滤波特性是根据乘客的舒适度感觉而设计的. 对于 Sperling 指标,可依据(5-79)式和(5-80)式的 B_ω, B_s 转换成垂向及横向感觉滤波器[10]:

$$G_\omega(s) = \frac{0.737(0.006\,2s^2 + 0.220\,0s)}{1.483\,6 \times 10^{-4} s^3 + 0.007\,0s^2 + 0.248\,8s + 1} \tag{6-23}$$

$$G_s(s) = \frac{0.588(0.006\,2s^2 + 0.220\,0s)}{1.483\,6 \times 10^{-4} s^3 + 0.007\,0s^2 + 0.248\,8s + 1} \tag{6-24}$$

以垂向平稳性分析为例,将垂向感觉滤波器写成状态方程形式,并以(6-22)式输出作为滤波器的输入信号有

$$\dot{\hat{X}} = \begin{bmatrix} 0 & 1 & 0 \\ 0 & 0 & 1 \\ -6.740\,4 \times 10^3 & -1.677\,0 \times 10^3 & -47.182\,5 \end{bmatrix} \hat{X} + \begin{bmatrix} 0 \\ 0 \\ 1 \end{bmatrix} Y_f \tag{6-25}$$

$$\hat{Y} = \begin{bmatrix} 0 & 871.708\,0 & 24.737\,2 \end{bmatrix} \hat{X} \tag{6-26}$$

简写上式,系统输出响应经过感觉函数滤波后的计算公式为

$$\begin{cases} \dot{\hat{X}} = \hat{A}\hat{X} + \hat{B}Y_{vf} \\ \hat{Y} = \hat{C}\hat{X} \end{cases} \tag{6-27}$$

6.1.4 平稳性指标及协方差计算

为采用协方差分析方法计算平稳性指标,合并(6-20)式、(6-22)式及(6-27)式,有

$$\begin{bmatrix} \dot{X}_f \\ \dot{\hat{X}} \end{bmatrix} = \begin{bmatrix} A_f & 0 \\ \hat{B}T_c & \hat{A} \end{bmatrix} \begin{bmatrix} X_f \\ \hat{X} \end{bmatrix} + \begin{bmatrix} B_f \\ 0 \end{bmatrix} W \quad (6-28a)$$

$$\hat{Y} = \begin{bmatrix} 0 & \hat{C} \end{bmatrix} \begin{bmatrix} X_f \\ \hat{X} \end{bmatrix} \quad (6-28b)$$

令 $X_c = [X_f \quad \hat{X}]^T$, $A_c = \begin{bmatrix} A_f & 0 \\ \hat{B}T_c & \hat{A} \end{bmatrix}$, $B_c = \begin{bmatrix} B_f \\ 0 \end{bmatrix}$, $C_c = [0 \quad \hat{C}]$,有

$$\begin{cases} \dot{X}_c = A_c X_c + B_c W \\ \hat{Y} = C_c X_c \end{cases} \quad (6-29)$$

依据(6-21)式,有[5,11]

$$\begin{aligned} &E[W(t)W(\tau)^T] \\ &= E \begin{bmatrix} w_1(t)w_1(\tau) & w_1(t)w_1(\tau-\tau_{12}) & w_1(t)w_1(\tau-\tau_{13}) & w_1(t)w_1(\tau-\tau_{14}) \\ w_1(t-\tau_{12})w_1(\tau) & w_1(t-\tau_{12})w_1(\tau-\tau_{12}) & w_1(t-\tau_{12})w_1(\tau-\tau_{13}) & w_1(t-\tau_{12})w_1(\tau-\tau_{14}) \\ w_1(t-\tau_{13})w_1(\tau) & w_1(t-\tau_{13})w_1(\tau-\tau_{12}) & w_1(t-\tau_{13})w_1(\tau-\tau_{13}) & w_1(t-\tau_{13})w_1(\tau-\tau_{14}) \\ w_1(t-\tau_{14})w_1(\tau) & w_1(t-\tau_{14})w_1(\tau-\tau_{12}) & w_1(t-\tau_{14})w_1(\tau-\tau_{13}) & w_1(t-\tau_{14})w_1(\tau-\tau_{14}) \end{bmatrix} \\ &= S_0 \begin{bmatrix} \delta(t-\tau) & \delta(t-\tau+\tau_{12}) & \delta(t-\tau+\tau_{13}) & \delta(t-\tau+\tau_{14}) \\ \delta(t-\tau-\tau_{12}) & \delta(t-\tau) & \delta(t-\tau-\tau_{12}+\tau_{13}) & \delta(t-\tau-\tau_{12}+\tau_{14}) \\ \delta(t-\tau-\tau_{13}) & \delta(t-\tau-\tau_{13}+\tau_{12}) & \delta(t-\tau) & \delta(t-\tau-\tau_{13}+\tau_{12}) \\ \delta(t-\tau-\tau_{14}) & \delta(t-\tau-\tau_{14}+\tau_{12}) & \delta(t-\tau-\tau_{14}+\tau_{13}) & \delta(t-\tau) \end{bmatrix} \end{aligned}$$

$$(6-30)$$

令 $\quad B_c = [B_1 \quad B_2 \quad B_3 \quad B_4]$,于是有 $\quad (6-31)$

$$\begin{aligned} Q = S_0 [&\tilde{B}\tilde{B}^T + \varphi(\tau_{12})B_1 B_2^T + B_2 B_1^T \varphi(\tau_{12})^T + \varphi(\tau_{13})B_1 B_3^T + B_3 B_1^T \varphi(\tau_{13})^T + \\ & \varphi(\tau_{14})B_1 B_4^T + B_4 B_1^T \varphi(\tau_{14})^T + \varphi(\tau_{23})B_2 B_3^T + B_3 B_2^T \varphi(\tau_{23})^T + \\ & \varphi(\tau_{24})B_2 B_4^T + B_4 B_2^T \varphi(\tau_{24})^T + \varphi(\tau_{34})B_3 B_4^T + B_4 B_3^T \varphi(\tau_{34})^T] \end{aligned}$$

$$(6-32a)$$

上式中,$\varphi(\tau_{ij})$ 为状态转移矩阵对轮对时延输入 τ_{ij} 的计算值. S_0 为白噪声自功率谱值,依据本章§6.2节,当轨道不平顺源自白噪声滤波产生时,$S_0 = \pi$. 利用(6-4)式,有

$$A_c X_{x_c x_c} + X_{x_c x_c} A_c^T + Q = 0 \quad (6-32b)$$

$$Y_{\hat{Y}\hat{Y}} = E[\hat{Y}(t)\hat{Y}^T(t)] = C_c X_{x_c x_c} C_c^T \quad (6-33)$$

通过解(6-33)式 Liapunov 方程,并运用(6-34)式可活动感觉滤波器滤波后的响应信号

的协方差,再利用(4-85b)式和(4-86b)式即可得到横向和垂向平稳性指标.该方法的优点在于,没有频域与时域间的相互转换,利用状态空间对动力学系统进行分析计算,只通过矩阵运算,就可以获得线性或者线性化模型的振动响应评价指标,没有积分环节,运算速度非常快.这为平稳性指标的多参数研究提供了很大的便利.

§6.2 铁路客车运行平稳性与模态参数的关系

模态参数是车辆系统的动力学性能参数,是各悬挂元件、部件共同作用的结果,它反映了包括工艺、组装、悬挂元件性能及部件惯量在内的总体性能,而且可以通过试验设计、振动测试及分析,识别模态参数,与要识别系统中某个悬挂元件实际装车后的物理参数的过程相比要容易些.本节将介绍模态参数与运行平稳性的关系.

6.2.1 垂向平稳性与模态参数的关系

采用本章平稳性计算方法及计算模态参数的分析方法,对某型提速客车垂向动力学模型进行计算[1,3].图6-3至图6-4分别为二系垂向刚度变化后,垂向Sperling平稳性指标与二系垂向动挠度均方根值(RMS值)的变化情况.从图6-3和图6-4可以看到,随着二系垂向刚度的增加,平稳性指标随之上升,表明运行平稳性恶化,但是,二系的动挠度随之减小.动挠度与平稳性指标的关系如图6-5所示,可以看到,对于被动悬挂而言,所能够利用的悬挂空间越小,能够实现的运行平稳性就越差.

图6-6至图6-9是车体垂向振动模态包括点头及浮沉频率及阻尼比与二系垂向刚度的关系.从这些图中可以看到,随着二系垂向刚度的增加,车体的浮沉、点头频率是单调增加的,对于本书所建立的模型而言,浮沉频率始终小于点头频率.同时,随着刚度的增加,车体的模态阻尼比是逐步下降的,而且浮沉振型的阻尼比始终小于点头振型的阻尼比.

从图6-6至图6-9还可以看到,同时降低车体的模态频率及提高模态阻尼比的方法就是减小二系垂向刚度,它具有双重功效,但是,垂向刚度的降低必然导致二系悬挂垂向动挠度

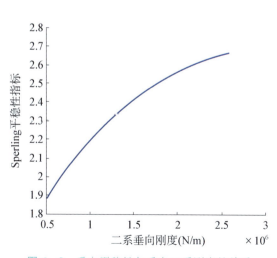

图6-3 垂向平稳性与垂向二系刚度的关系

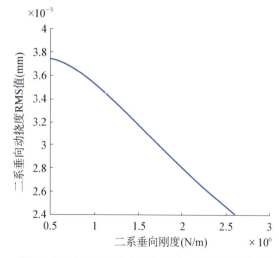

图6-4 垂向二系动挠度与垂向二系刚度的关系

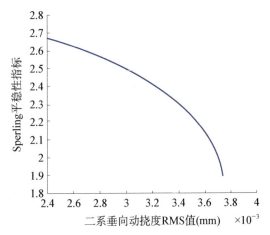

图 6-5 二系动挠度与 Sperling 指标的关系

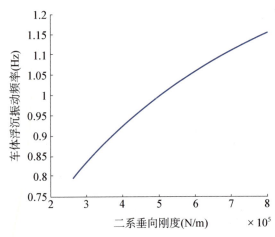

图 6-6 二系垂向刚度与浮沉模态频率的关系

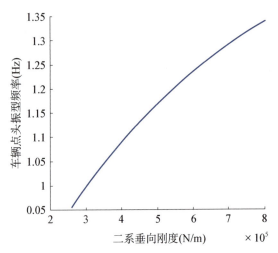

图 6-7 二系垂向刚度与点头模态频率的关系

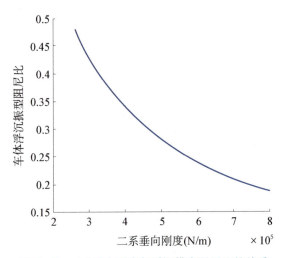

图 6-8 二系垂向刚度与浮沉模态阻尼比的关系

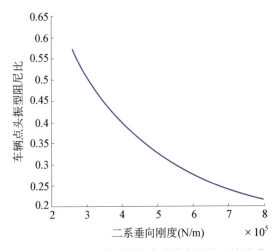

图 6-9 二系垂向刚度与点头模态阻尼比的关系

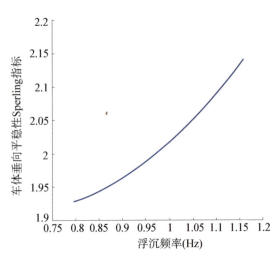

图 6-10 浮沉频率与 Sperling 指标的关系

的增加,在一定悬挂空间条件的限制下,二系垂向刚度的减小是有限度的. 此时,可以通过调节垂向阻尼系数改变车体的模态阻尼比方式,进一步提高运行平稳性.

图 6-10 至图 6-13 为车体浮沉振型振动频率、点头振型振动频率、浮沉振型阻尼比及点头振型阻尼比与垂向运行平稳性关系图. 从这些图中可以看到,车体的浮沉振型频率及点头振型频率越小,铁路客车的运行平稳性越好. 但是,由于悬挂空间及元器件功能的限制,二系垂向刚度不可能无限制地小下去,一般铁道车辆工作点附近的频率都在 0.8～1.2 之间.

从图 6-12 和图 6-13 可以看到,车体的浮沉振型阻尼比及点头振型阻尼比有最优值,浮沉振型阻尼比最优值约为 20%,点头振型阻尼比的最优值约为 23%. 阻尼比低于该数值,将不能有效抑制模态振型中共振峰值频率处的振动;阻尼比高于该数值,由于高频传递率增加而使平稳性变坏.

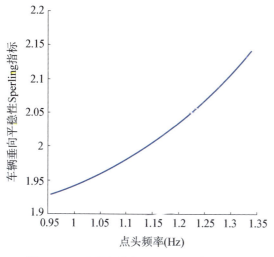

图 6-11　点头频率与 Sperling 指标的关系

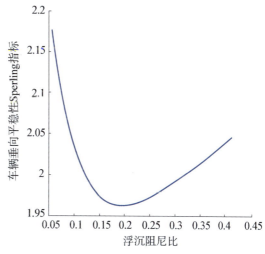

图 6-12　浮沉阻尼比与 Sperling 指标的关系

从图 6-14 和图 6-15 的分析结果可以看到,阻尼比小于最佳值时,增加二系垂向阻尼不仅能够提高运行平稳性,而且能减小二系垂向振动动挠度. 从图 6-16 可以看到,改变垂向二系阻尼,点头及浮沉振型的阻尼比基本呈线性趋势改变.

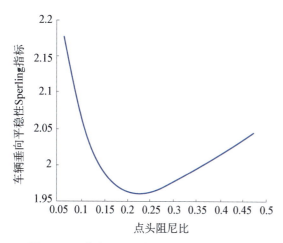

图 6-13　点头阻尼比与 Sperling 指标的关系

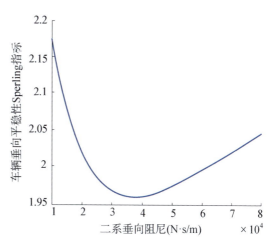

图 6-14　二系垂向阻尼与 Sperling 指标的关系

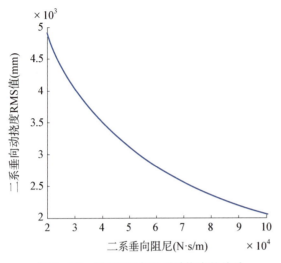
图 6-15 垂向阻尼与二系动挠度的关系

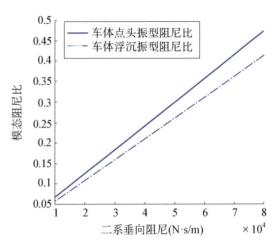
图 6-16 车体振型阻尼比与二系垂向阻尼的关系

从以上分析可以看到,由于垂向模型中浮沉与点头振型的阻尼比、振型频率具有相同的变化关系及对平稳性的影响趋势,就垂向平稳性分析而言,可以仅根据浮沉或者点头振型的振动频率及阻尼比来对比、评价所设计及试验的客车运行平稳性的性能.

6.2.2 横向平稳性与模态参数的关系

本节的分析方法与§6.1相同,在计算模态分析中可以发现,由于横向模型的自由度数大大增加,而且有轮轨关系存在,使得许多模态参数是随着运行速度变化而变化的,模态分析的难度比垂向大.但是,运用§6.1的方法,仔细分析各阶模态参数随速度、二系横向刚度、二系横向阻尼等变化的情况后,可知影响车辆横向平稳性的主要模态为车体上心及下心滚摆模态,即由车体的侧滚和横移组成的振型,当横移与侧滚相位相反时为上心滚摆、相同时为下心滚摆模态.该振型在 2 Hz 以下,处于乘客感觉敏感区域,而且该振型的模态频率和模态阻尼与二系悬挂参数具有很强的相关性,与车辆运行速度基本无关.

图 6-17 为二系横向刚度与横向平稳性的关系,图 6-18 为二系横向刚度与车体上心滚摆频率的关系,可以看到二系横向刚度越小,横向平稳性越好,同时,上心滚摆频率越小. 图 6-19 为二系横向刚度与上心滚摆振型阻尼比的关系,图 6-20 为车体上心滚摆振型频率与横向平稳性的关系.

图 6-21 为二系横向阻尼系数与车辆横向运行平稳性的关系,从图 6-21 可以看到,与垂向振型相同的是,横向阻尼也有最佳值,约为 27 kN·s/m,与原型转向架所采用的减振器阻尼系数基本一致,该参数是运行速度为 140 km/h 时的分析值. 相应的滚摆振型的阻尼比也有一个最佳值,该数值为 43%(见图 6-22),从图 6-22 可知,由于上心滚摆阻尼比不仅与系统的惯量、刚度及阻尼参数有关,还与各元件的空间位置及阻尼元件的安装位置有关,其中液压减振器相对于车体重心的高度,对上心滚摆的阻尼比有很大影响,因此,如果该参数不准确,将对理论计算的上心滚摆阻尼比的准确性有较大的影响.

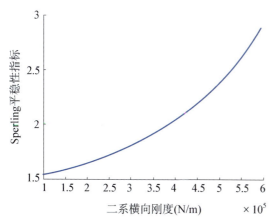

图 6-17 二系横向刚度与横向平稳性

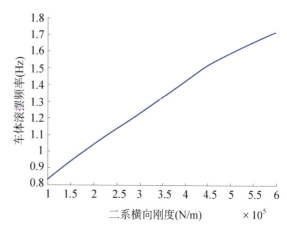

图 6-18 二系横向刚度与车体滚摆频率

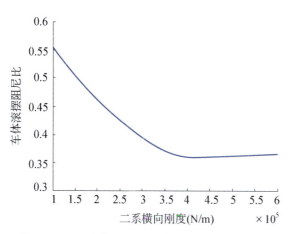

图 6-19 二系横向刚度与车体滚摆阻尼比的关系

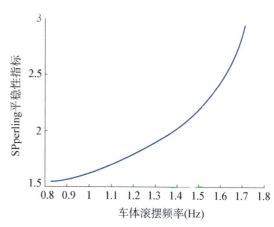

图 6-20 车体滚摆频率与横向平稳性的关系

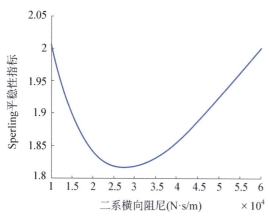

图 6-21 二系横向阻尼与横向平稳性指标的关系

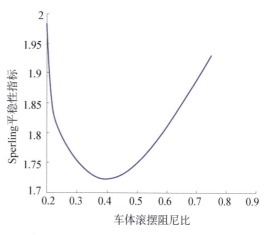

图 6-22 车体滚摆阻尼比与横向平稳性的关系

图 6-23 至图 6-24 分别为二系横向阻尼系数对上心以及下心滚摆振型阻尼比影响. 可以看到, 二系横向阻尼对两者的影响趋势是一致的, 但是, 随着横向阻尼的增加, 上心滚摆阻尼比增加较快, 下心滚摆阻尼比增加甚微, 因此, 横向阻尼对上心滚摆阻尼比有显著作用.

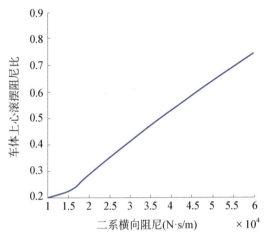

图 6-23 二系横向阻尼与上心滚摆阻尼比的关系

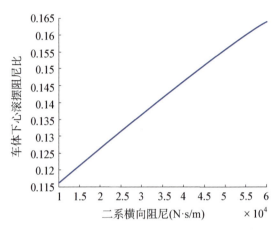

图 6-24 二系横向阻尼与下心滚摆阻尼比的关系

图 6-25 至图 6-26 为下心滚摆频率及阻尼比与车辆横向平稳性的关系. 从图 6-25 和图 6-26 可以看到, 下心滚摆振型的频率及阻尼比对车辆横向运行平稳性的影响趋势基本相同, 都存在一个较窄的范围. 图 6-25 表明, 下心滚摆频率超过一定数值后, 横向平稳性指标急剧增大, 动力学性能恶化; 图 6-26 表明, 下心滚摆阻尼比存在一个最佳取值范围, 但是这个范围较小, 当阻尼比超出此范围后, 横向平稳性指标也显著增大. 由此可知, 下心滚摆振型的频率及阻尼比是比较敏感的参数. 结合图 6-24 和图 6-26 可以看到, 下心滚摆振型的阻尼比随二系横向阻尼的增加虽然呈线性增长趋势, 但是增长量较小, 而且达到横向平稳性最优时, 下心滚摆的阻尼比也较小.

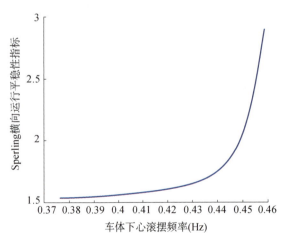

图 6-25 下心滚摆频率与横向平稳性的关系

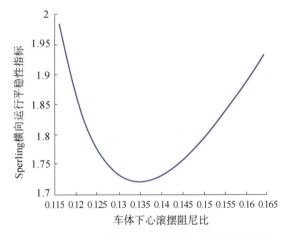

图 6-26 下心滚摆阻尼比与横向平稳性的关系

根据以上分析可见,若要使上心滚摆和下心滚摆的阻尼比都达到合理的参数值,需要谨慎选择二系横向减振器的阻尼值.

参 考 文 献

[1] 张洪.基于运行模态识别的铁路客车动力学特性研究[D].上海:同济大学,2005.
[2] Zhou J., Shen G., Zhang H., et al.. Application of modal parameters on ride quality improvement of railway vehicles [J]. *Vehicle System Dynamics*, 2008,46(sup1): 629-641.
[3] 周劲松.高速列车平稳性及其控制研究[D].上海:上海交通大学,2003.
[4] Castillo J. M., Pintado P., Benitez F. G.. Optimization for vehicle suspension II: frequency domain [J]. *Vehicle System Dynamics*, 1990, 19: 331-352.
[5] Paddison J. E.. Advanced Control Strategies for Maglev Suspension Systems [D]. Loughborough: Loughborough University, 1995.
[6] Garg V. K., Dukkipati Rao V.. *Dyanmics of Railway Vehicle Systems* [M]. New York: Academic Press, 1984.
[7] Müller P. C., Schiehlen W. O.. *Linear Vibrations* [M]. Netherlands: Springer, 1985.
[8] 周劲松,张洪,沈钢,任利惠.基于轨道谱的铁道车辆主动悬挂轴间预瞄控制[J].同济大学学报(自然科学版),2006,2:239-243.
[9] Castillo J. M., Pintado P., Benitez F. G.. Optimization for vehicle suspension II: frequency domain [J]. *Vehicle System Dynamics*, 1990, 19: 331-352.
[10] Zhou J., Goodall R., Ren L., Zhang H.. Influences of car body vertical flexibility on ride quality of passenger railway vehicles [J]. *Journal of Rail and Rapid Transit*, Part F, 2009, 223(5): 461-471.
[11] Muller P. C., Popp K., Schiehlen W. O.. *Covariance Analysis of Nonlinear Stochastic Guideway-vehicle System* [M]. Vehicle Systems Dynamics, 6th IAVSD symposium, 3rd September 1979, 337-351.

# 第 7 章

高速列车垂向及横向被动平稳性研究

由于历史原因或出于技术、经济性、易维护性的考虑,现行机车车辆绝大部分采用被动悬挂,在采用主动、半主动悬挂提高车辆平稳性之前,仍需挖掘被动悬挂的潜力.与道路车辆不同的是,轨道车辆往往多节车辆连挂运行,尤其对于高速列车而言,往往定编车组、运行在固定区间内,针对高速列车这些特点,以整列车为研究对象进行平稳性的研究是完全必要的.

§7.1 单车垂向及横向运行平稳性研究

由轨道随机不平顺激扰而导致的车辆随机振动是运营恶化的主要原因,是机车车辆悬挂设计者设法控制的重要指标.如前所述,分析随机振动的响应,计算列车运行平稳性指标时,主要有3种方法:①频域分析法[1];②协方差矩阵分析法[2];③时域分析法[3].对于线性定常系统且输入为平稳随机过程时,采用前两种方法便捷直观,而且是精确解.事实上,由于轮轨关系、空气弹簧、液压减振器、横向止挡等大量非线性元件的存在,致使机车车辆都为非线性系统,其中货车由于有摩擦副的存在,其非线性更强[4].对于机车车辆这样的非线性系统,可以采用 Iwan-Yang 统计线性化方法[5],把非线性特性处理为等效线性特性,经过处理后的线性系统采用频域分析法计算出加速度功率谱,用 1/3 倍频程法划分中心频率,经积分、加权处理后即可计算出平稳性、舒适度指标或者是加速度的均方根值;当然,对于等效线性化的系统,还可以采用协方差矩阵分析的方法,直接计算出加速度的均方根值,由于没有经过积分处理环节,经矩阵运算直接可以求得状态的均方根值,精度更高[6-8].但是,要求出平稳性和舒适度指标,就要求轨道不平顺谱表达为滤波白噪声形式,乘客感受权函数能表达成解析形式[2],这给分析增加了难度,该算法也不能画出加速度的 PSD 图,所以,对加速度在各个频段的能量分配上,不如频域分析法直观明了.

对于机车车辆非线性系统,有许多线性化方法[1,4],为频域分析提供了基础,但是,时域非线性分析以其直观便利以及分析结果包含信息量大等优点,在车辆动力学理论分析中至今仍占有主导地位[9-11].随机响应分析中频域与时域分析各有缺点,频域虽然不便于作非线性系统分析,但是,其分析包含输入输出的全带宽信息,不会丢失频率成分,计算量小,分析效率高,在机车车辆小位移振动分析时可以取得良好的效果.时域分析从轨道输入的时域模拟、输入的重采样到数据频谱分析,变换处理环节较多,往往不能包含输入输出的全带宽信息.但是,在非线性系统和大系统的设计、方案比较中,往往还是采用时域分析法,因为时域分析法是与试验、测试研究方法相对应的,只不过在时域分析中产品的"数字样机"代替了试验研究中的实物产品

(Prototype),这样理论分析的各个环节均可与实测数据作对比分析,验证"数字样机"的准确性.验证后的"数字样机"就可以作某些实测工况无法进行的极限工况及多方案比对的研究,但其计算量大,对于大型非线性系统而言,参数优化设计的难度较大.

7.1.1 单车垂向及横向响应的频域分析

为了在频域分析车辆的运行平稳性,需要将轨道不平顺的空间谱转化为时间谱,然后通过状态方程或者系统动力学方程获得 MIMO 传函,依据(5-97)式至(5-99)式可求得加权后的系统响应功率谱.由于铁道车辆为多轴车辆且编组成列运行,考虑到轮轴间的时延时,也可采用第 5 章§5.5 运用虚拟方法获得系统的响应功率谱矩阵.或者运用文献[9]的方法,对于图 2-1 和图 3-1、图 3-2 所示的两转向架四轮对结构车辆模型,设各轮对输入为固定时延相同谱密度的滤波白噪声输入,即[9]

$$\tilde{\boldsymbol{\xi}}(s) = \begin{bmatrix} \boldsymbol{\xi}(s) \\ e^{-\frac{sl_w}{V}}\boldsymbol{\xi}(s) \\ e^{-\frac{sl_b}{V}}\boldsymbol{\xi}(s) \\ e^{-\frac{s(l_b+l_w)}{V}}\boldsymbol{\xi}(s) \end{bmatrix} \tag{7-1}$$

设第 1 轮对输入对车体横向位移的传递函数为 $\boldsymbol{H}_{sy1}(\omega)$,轨道加速度激励谱为 $\boldsymbol{H}_{a\omega}(\omega)$,则四轮对同时输入时,车体横向位移的功率谱密度为[9]

$$\boldsymbol{H}_{sy}(\omega) = |\boldsymbol{H}_{sy1}(\omega)|^2 (1 + e^{-j\omega\frac{l_w}{V}} + e^{-j\omega\frac{l_b}{V}} + e^{-j\omega\frac{l_b+l_w}{V}})|^2 \boldsymbol{S}_{a\omega}(\omega) \tag{7-2}$$

同样,车体的摇头位移功率谱密度函数为

$$\boldsymbol{H}_{s\varphi}(\omega) = |\boldsymbol{H}_{s\varphi1}(\omega)|^2 (1 + e^{-j\omega\frac{l_w}{V}} + e^{-j\omega\frac{l_b}{V}} + e^{-j\omega\frac{l_b+l_w}{V}})|^2 \boldsymbol{S}_{a\omega}(\omega) \tag{7-3}$$

上式中,$\boldsymbol{H}_{s\varphi1}(\omega)$ 为第 1 轮对输入至车体摇头角的传递函数矩阵.

依据以上分析,对于图 2-1 的单车垂向模型和图 3-1、图 3-2 的单车横向模型,采用某典型提速客车参数,运用上述方法可以绘制其浮沉、点头和横移的功率谱密度,如图 7-1 至图 7-4 所示.从这些图中可以看到,各功率谱密度图中均有"空"频率响应处,如图 7-1 中的 0.7 Hz 和 1.1 Hz 等处,这是多轴车辆所特有的现象,比较图 7-3 和图 7-4,可见"空"频率将随速度的变化而变化,该现象即为**几何滤波**[7,8,12].由于几何滤波现象与铁道车辆弹性车体振动关系密切,在第 8 章会详细论述几何滤波现象导致的原因、几何滤波对铁道车辆弹性振动的影响.从(7-1)式至(7-3)式的分析中可以看到,采用文献[9]的传统方法,针对单输入单输出系统,意义明确,算法还算简单.如果对于多输入多输出、多车模型时,采用第 5 章的方法,更加准确明白.在第 8 章中还将提出相关传递函数矩阵,该方法在处理振动传递分析时也非常便捷直观[13].

同理,可以绘制出其他输出的功率谱图,为节省篇幅,不再赘述.

从图 7-3 和图 7-4 可以看到,与垂向振动相比,车体横向振动的能量更加集中在低频处(约 0.4 Hz),且在高频处衰减很快.与垂向车体加速度功率谱相同的是,随着速度的增加,"空"响应频率也随之增加.

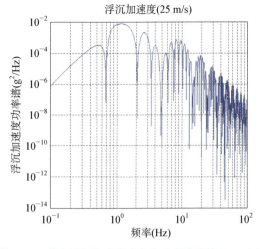

图 7-1 单车浮沉加速度响应的功率谱函数(25 m/s)　　图 7-2 单车点头加速度的功率谱函数(25 m/s)

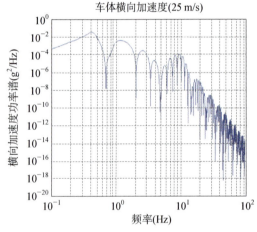
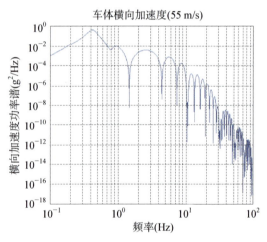

图 7-3 单车横移加速度的功率谱函数(25 m/s)　　图 7-4 单车横移加速度的功率谱函数(55 m/s)

7.1.2 单车垂向及横向响应的时域分析

以图 1-11 至图 1-12 所示的轨道垂向及横向不平顺为输入,计算结果如图 7-5 至图 7-6 所示.

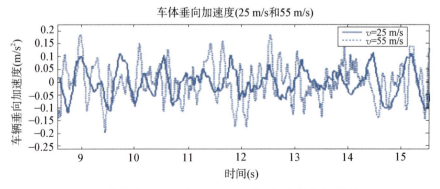

图 7-5 车体在 25 m/s 和 55 m/s 时垂直加速度响应时间历程

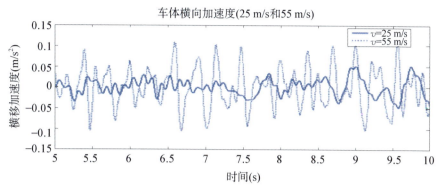

图 7-6　车体在 25 m/s 和 55 m/s 时横移加速度响应时间历程

比较图 7-5 和图 7-6 可以看到,与车体垂直加速度响应相比,车体横向振动加速度对运行速度更加敏感.从(3-12)式、(3-13)式可以看到,由于速度越高,轮对蛇行运动频率越高,自激振动越剧烈,因此,车体横向振动加速度对运行速度更加敏感.

§7.2　列车垂向及横向运行平稳性研究

7.2.1　车端悬挂对运行列车平稳性的影响

为了研究车端悬挂对运行列车平稳性的影响,在第 2 章及第 3 章所建立的列车动力学模型中进行相应的线性化处理[1],首先进行频域分析.计算参数为典型高速列车设计参数,车端悬挂参数选择相应的设计参数.车辆运行速度为 80 m/s,输入为高速高干扰谱.考虑离考察车辆较远的车辆对其影响较小,在频域对比分析中,仅考察单车与 3 车的情况.单车和 3 车连挂计算参数均相同,以确保该对比有意义.计算结果如图 7-7 至图 7-10 所示,图中所示是单车及车组中间车辆的计算结果.

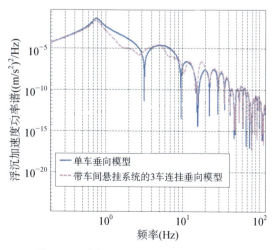

图 7-7　车辆浮沉振动加速度功率谱图

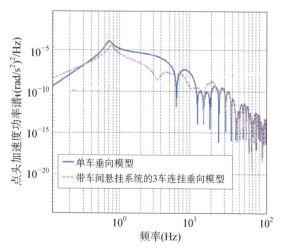

图 7-8　车辆点头振动加速度功率谱图

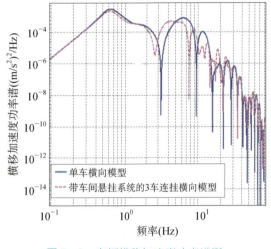

图 7-9 车辆横移加速度功率谱图　　　　图 7-10 车辆摇头加速度功率谱图

可以看到,由于采用了车端悬挂,增加了车辆间的耦合,车辆的摇头和点头振动均得到较大的抑制,浮沉和横移振动也有所改善. 在其他各速度下,功率谱图与此类似.

为了比较各速度级下车端悬挂系统对车辆的垂向和横向平稳性的影响,对 3 车编组的列车动力学模型进行频域仿真. 计算时同样采用原型车的设计参数值作为基本参数,输入为高速高干扰谱. 由于车辆上各点的加速度值不均匀,为综合评价车辆的平稳性,定义车辆平稳性评价指标为车辆综合加速度均方根值,即全车所有观察点上的加速度均方根值(RMS)之和,这样在大量数据处理时较为简单,且能反映全车的振动水平. 车体上的加速度观察点设在车体的地板面上,共有 5 点,纵向位置分别位于车体的中部、前后车体 1/2 定距处、对应于前后转向架中心位置处.

$$a_{\text{rms}} = \sum_{j=1}^{5} a_{\text{rms}j} \quad (j=1, 2, \cdots, 5) \tag{7-4}$$

上式中,j 为每辆车上的观察点数.

计算结果如图 7-11、图 7-12 所示,图中所示均为单车及车组中中间车的计算结果. 从图 7-11 和图 7-12 可以看到,在各速度下车辆间增加车端悬挂系统,中间车辆均可获得良好的减振效果,端部车体的平稳性也比单车有所提高.

由于功率谱图是基于线性系统的,为了更准确地仿真车组的动力学行为,以本章§7.2 生成的垂向及横向轨道时域不平顺数据为输入,采用第 2 章及第 3 章建立的 5 车编组的非线性横向和垂向动力学系统,进行时域分析,研究车端悬挂参数对列车平稳性的影响. 定义列车的平稳性评价指标为所有车辆的综合加速度均方根值之和,如(6-5)式所示.

$$a_{\text{rms}} = \sum_{j=1}^{5} \sum_{i=1}^{5} a_{\text{rms}i} \quad (i=1, 2, \cdots, 5; j=1, 2, \cdots, 5) \tag{7-5}$$

上式中,j 为车辆个数,i 为每辆车上的观察点数.

计算结果如图 7-13 至图 7-16 所示,图中的 Z 轴反映列车平稳性指标.

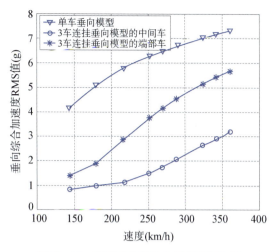

图 7-11 车辆垂向综合加速度 RMS 值

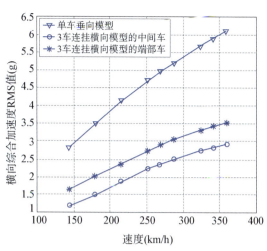

图 7-12 车辆横向综合加速度 RMS 值

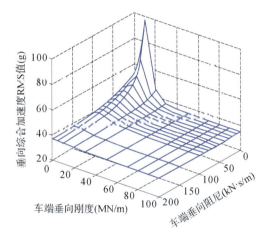

图 7-13 车端垂向刚度和垂向阻尼对垂向平稳性的影响

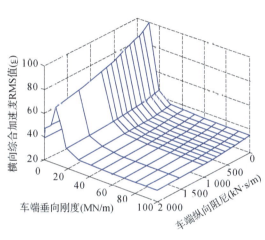

图 7-14 车端垂向刚度和纵向阻尼对垂向平稳性的影响

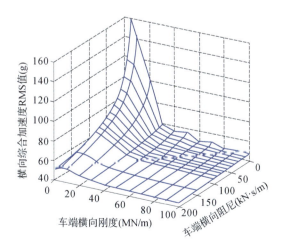

图 7-15 车端横向刚度和横向阻尼对横向平稳性的影响

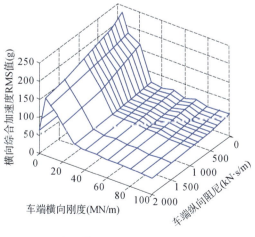

图 7-16 车端横向刚度和纵向阻尼对横向平稳性的影响

从图 7-13、图 7-14 可以看到,车辆间的端部悬挂刚度及阻尼对车辆的振动性能有明显影响,适当匹配端部的刚度和阻尼,能降低车体的垂向加速度水平 25%~30%. 其中车端垂向阻尼对垂向平稳性影响较大,但是,当车端联挂的垂直刚度大于 40 MN/m 时,阻尼系数对平稳性基本无影响. 如无垂向阻尼,可提高垂向联挂刚度,同样可提高车辆运行平稳性. 车辆间的纵向阻尼对垂向平稳性影响较小,其主要起到抑制点头振动的作用,要使其起到明显的作用,阻尼系数要取得相当大. 从图 7-15、图 7-16 可见,对于车辆的横向平稳性,也有基本相同的结论.

7.2.2　列车运行平稳性优化研究

为了优化车辆的平稳性,最初的做法是逐个变化影响车辆平稳性的悬挂参数,经方案比选,挑出合理的方案. 由于参数的耦合作用,用参数比选法很难选择出最佳设计,现多采用优化方法来优化机车车辆的动力学性能[14,15]. 遗传算法是人工智能领域一种有效的全局寻优算法,凭借其在高维复杂问题中能搜索到高性能子空间的能力,目前受到广泛关注.

1. 遗传算法简介

遗传算法(Genetic Algorithm,简称 GA)是根据生物进化模型提出的一种优化算法[16,17],它将生物进化原理引入由待优化参数形成的编码群体中,按着一定的适值函数及一系列遗传操作对各个体进行筛选,从而使适值高的个体被保留下来,组成新的群体,新群体包含上一代的大量信息,并且引入新的优于上一代的个体. 这样周而复始,群体中各个体适值不断提高,直至满足一定的极限条件. 此时,群体中适值最高的个体即为迭代优化参数的最优解. 正是由于遗传算法独具特色的工作原理,使它能够在复杂空间进行全局优化搜索,并且具有较强的鲁棒性;另外,遗传算法对于搜索空间,基本上不需要什么限制性的假设(如连续、可微及单峰等). 图 7-17 是遗传算法的工作原理图.

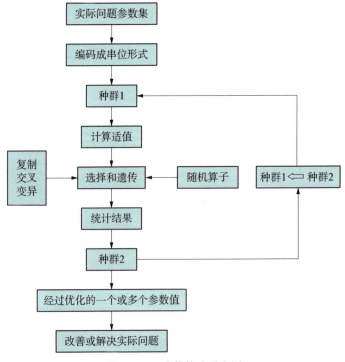

图 7-17　遗传算法示意图

与常规优化算法相比,遗传算法主要有以下特点:

(1) 遗传算法是对参数的编码进行操作,而非对参数本身.

(2) 遗传算法是从许多点开始并行操作,并非局限于一点,可有效防止搜索过程收敛于局部最优解.

(3) 遗传算法通过目标函数来计算适值,并不需要其他推导和附加信息,因而对问题的依赖性较小.

(4) 遗传算法的寻优规则是由概率决定的,而非确定性的.

(5) 遗传算法在解空间进行高效启发式搜索,而非盲目地穷举或完全随机搜索.

(6) 遗传算法对所解的优化问题没有太多的数学要求. 由于它的进化特性,在解的搜索中不需要了解问题的内在性质. 遗传算法可以处理任意形式的目标函数和约束,无论是线性的还是非线性的、离散的还是连续的,甚至可以是混合的搜索空间.

(7) 遗传算法具有并行计算的特点,因而可通过大规模并行计算来提高计算速度.

2. 列车平稳性优化研究

针对高干扰高速谱这一固定激励,为了挖掘列车模型中被动悬挂潜力及车端悬挂参数与单车悬挂参数的匹配问题,对列车的垂向平稳性采用遗传算法,对全列车的悬挂参数进行优化设计. 目标函数采用(7-5)式,优化的悬挂参数选择一系垂向刚度、一系垂向阻尼、二系垂向刚度、二系垂向阻尼、车端垂向连挂刚度、车端垂向连挂阻尼和上、下车端纵向阻尼. 考虑悬挂元件本身性能的可能性和基本常识范围,分别选定各个参数的可能范围,采用模糊罚函数法,将该有约束问题转化为无约束问题. 优化计算时采用二进制编码,轮盘赌技术进行代间复制,交叉概率为 0.4,变异概率为 0.005,种群数为 50.

在全列车垂向平稳性优化研究中发现,在改变优化参数的优选范围后,单车的悬挂参数每次优化结果基本不变,而车端悬挂参数总是靠近其搜索边界的上限,由此可知,单车的悬挂参数与车端连挂的悬挂参数可分开优化设计,这样降低了优化设计的维数,给设计提供便利. 表 7-1 是采用遗传算法对单车模型平稳性优化的结果,分析除了采用随机不平顺输入外,还采用了周期性轨道低接头激励[9]. 图 7-18 和图 7-19 分别为优化迭代历程图和优化前后车体垂向加速度时间历程对比图.

表 7-1 随机输入垂向平稳性遗传算法优化结果

意 义	优化前	随机输入优化结果	周期激励优化结果
二系垂向刚度(MN/m)	0.52	0.159	0.158
二系垂向阻尼(kN·m/s)	60	14.4	14.9
一系垂向刚度(MN/m)	1.2	1.335	1.284
一系垂向阻尼(kN·m/s)	40	88	89.4
车体垂向综合 RMS 值(g)(%)	9.00	2.76	3.62

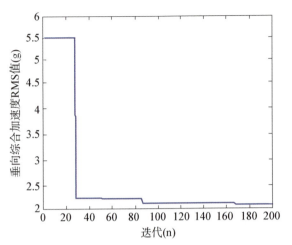

图 7-18　单车随机输入垂向平稳性遗传算法迭代历程

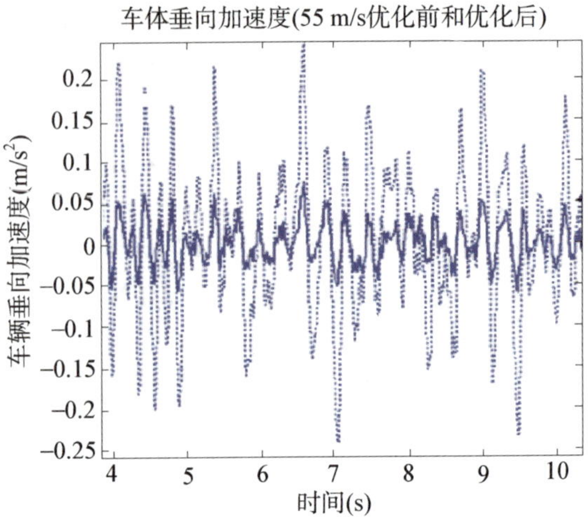

图 7-19　单车随机输入优化前后垂向加速度时间历程对比

从表 7-1 可以看到,周期激励和随机激励优化结果基本相同. 从优化结果可以看到,提高一系阻尼、减小二系阻尼和二系刚度有利于提高车辆运行的平稳性,但一系阻尼的升高使构架运用状况恶化,影响其疲劳寿命;二系悬挂由于器件性能及悬挂空间的限制,悬挂刚度也不可能下降很多,由于被动悬挂的这些限制,成为单车采用主动控制技术的原因.

运用单车参数及车端悬挂参数的优化结果,单个车辆的垂向综合加速度 RMS 值各方案优化前后的结果对比如表 7-2 所示. 表 7-2 中各优化结果均与单车优化前采用基本参数的结果作对比,当计算中采用车端优化的参数时,表 7-2 中列举的是列车模型中间车——第 3 辆车与单个车辆平稳性的对比结果.

表 7-2　单车垂向平稳性各优化方案结果对比

方案	优化结果 (综合加速度 g)(％)	占优化前单车的 百分比(％)
单车阻尼参数优化	5.97	66.33
车端参数优化	6.26	69.56
"车端参数优化＋单车阻尼参数优化"	4.16	46.22

由于刚度参数在设计时考虑因素较多,表 7-2 中仅列举了优化单车阻尼和单车阻尼与车端悬挂共同优化的结果. 在表 7-2 中,车端优化参数选择的是表 7-3 的结果. 图 7-20 和图 7-21 是优化前后车辆垂向平稳性时域及其功率谱图对比.

对列车的横向平稳性优化研究同样表明,可以分别设置车端悬挂参数与单车横向悬挂参数. 对单车横向平稳性优化表明,原参数已经接近最优,优化收益不大. 表 7-4 是仅采用车端悬挂方案,单车与中间车的横向平稳性优化结果对比.

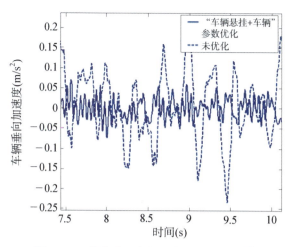

图 7-20 优化前后车辆垂直加速度时域图

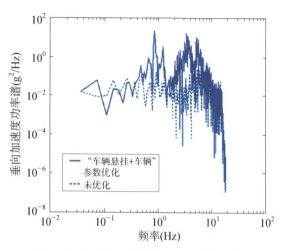

图 7-21 优化前后车辆垂直加速度功率谱图

表 7-3 列车车端悬挂参数优化结果

参 数	优化前	优化后
车端垂向连挂刚度(MN/m)	0.0	100
车端垂向连挂阻尼(kN·m/s)	0.0	200
车端横向连挂刚度(MN/m)	0.0	100
车端横向连挂阻尼(kN·m/s)	0.0	200
车端纵向阻尼(上)(MN·s/m)	0.0	2
车端纵向阻尼(下)(MN·s/m)	0.0	2

表 7-4 单车横向平稳性各优化方案结果对比

方 案	优化结果 (综合加速度 g)(%)	占单车的百分比(%)
无车端悬挂(与单车模型相同)	11.67	100
仅设置横向连挂刚度	7.91	67.87
仅设置横向连挂阻尼	8.41	72.07
仅设置车端纵向阻尼	9.51	81.49
"横向连挂刚度+横向连挂阻尼"	7.84	67.18
采用所有车端悬挂方案	5.94	50.90

图 7-22 和图 7-23 是优化前后车辆横向平稳性时域及其功率谱图对比. 可以看到,采用车端悬挂,在高干扰高速谱激扰时,车辆的平稳性可以获得较大的改善.

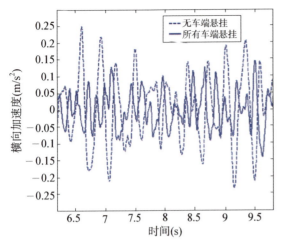
图7-22 优化前后车辆横向加速度时域图

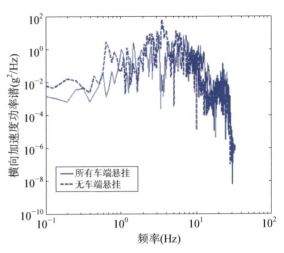
图7-23 优化前后车辆横向加速度功率谱图

§7.3 铰接式高速列车运行平稳性研究

§7.2研究表明,加装车端悬挂装置,由于加强了车辆间的耦合,使列车运行平稳性有了较大改善.实现车端悬挂的一种方式是在现有连挂运行的四轴车辆间加入阻尼及刚度元件,另外一种形式是采用全新的设计理念——车辆间铰接、相邻两车共用一个转向架,如图7-24所示,构成铰接列车模式.由于采用铰接方式,进一步增强了车辆间的耦合,而且还减少了转向架的个数.这种结构的主要优点如下[61]:

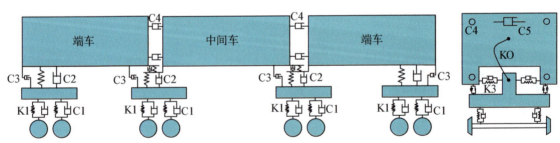
图7-24 三车铰接的动力学模型图

(1) 列车中转向架数目大为减少,单位列车长度的自重减轻.
(2) 转向架运行造成的空气阻力和环境噪声也因转向架数量减少而降低.
(3) 车辆重心降低,二系悬挂支承面升高,有利于提高横向动力性能.
(4) 由于轮对减少,从而减少了轨道不平顺对整列车的激振输入.
(5) 车辆间由铰接装置和多个纵、横向减振器相连,减少了纵向冲击,增强了整个列车的运行平稳性、稳定性和安全性.

车辆间采用铰接,由于不便摘挂,也对检修及发生事故后的抢修带来不便.对于大型部件更换,如转向架、轮对、牵引电动机和空调机组等,可以考虑修建专用车间,采用同时提升设备、同时提升整个铰接车组,或者采用地沟里的千斤顶进行同时提升,在进行这种作业时不能进行其他作业. 在发生脱轨事故时,就只能摘挂,采用专用吊装设备对铰接车辆进行单个吊装. 同时,车辆铰接使得车体的支撑点外移,远离车体垂向弯曲模态节点位置,从而导致车体弹性振动加剧,也对舒适性有影响.

7.3.1 铰接式高速列车的垂向及横向动力学模型

为了合理设计铰接处的悬挂系统,需要建立铰接列车动力学模型. 建模时,轮对、构架、车体均假设为刚体,也不考虑轨道的弹性[18],这样,3辆车铰接的车组动力学模型中垂向模型包含14个自由度,横向模型包含37个自由度. 在横向动力学模型中,同样采用线性轮轨模型,模型中考虑抗蛇行减振器和车端减振器的饱和特性,饱和输出力分别为11kN和12kN. 采用面向对象的建模方法建立的铰接列车垂向、横向动力学模型,如图7-25、图7-26所示.

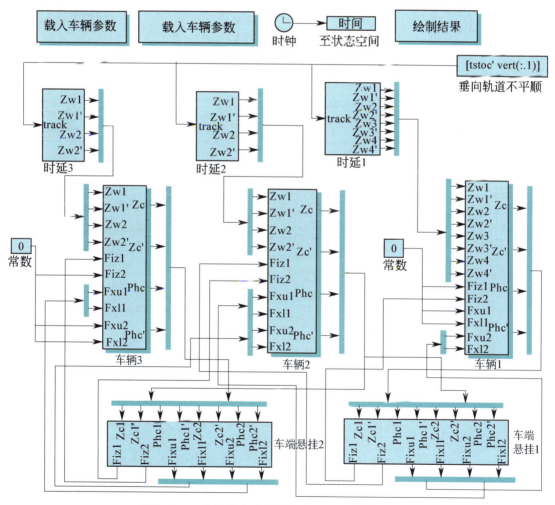

图7-25 3车铰接的垂向动力学 Simulink® 系统框图

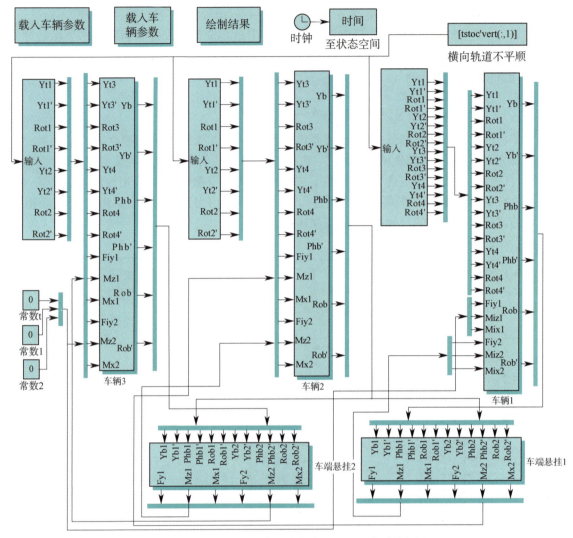

图 7-26 3 车铰接的横向动力学 Simulink® 系统框图

7.3.2 铰接式高速列车的平稳性及其车端参数优化

为了比较单车、3 车连挂和 3 车铰接这 3 种模式的列车的运行平稳性,对所建模型在进行相应的线性化处理后,绘制出单车及车组中的中间车辆 PSD 图,其输入为高速高干扰谱,车辆运行速度为 95 m/s. 为了确保该对比有意义,采用相同的计算参数,结果可见图 7-27 至图 7-30.

分析以上各图可知,铰接方式对中间车摇头的抑制作用最强,对点头振动的抑制作用要略小于车辆连挂方式,同时,对浮沉及横移振动也有较强的抑制作用,其减振效果比车辆连挂方式要好. 其他各速度下的功率谱图与此类似.

采用频域分析方法,对所建模型中的各车辆在各速度下的综合加速度也进行了计算. 计算结果如图 7-31 和图 7-32 所示. 可以看到,在各速度下铰接车组中的中间车辆均可获得最佳

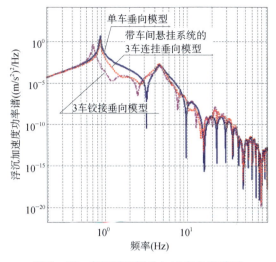

图 7-27　车辆浮沉振动加速度功率谱图

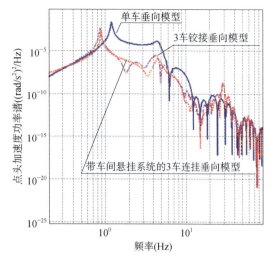

图 7-28　车辆点头振动加速度功率谱图

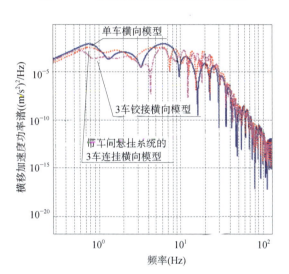

图 7-29　车辆横移加速度功率谱图

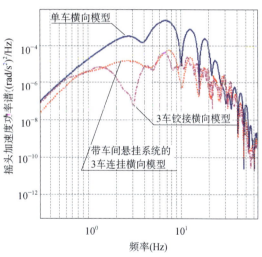

图 7-30　车辆摇头加速度功率谱图

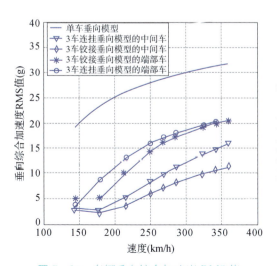

图 7-31　车辆垂向综合加速度 RMS 值

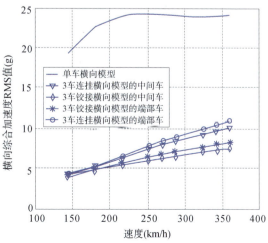

图 7-32　车辆横向综合加速度 RMS 值

的减振效果.仅采用3车铰接或连挂方式就能取得良好的减振效果,良好设计的端部悬挂系统,在垂向及横向可以减轻列车在高速运行时近75%的振动.

下面采用与第6章§6.2相同的方法分析车端悬挂参数对铰接列车平稳性的影响.运行速度为95 m/s,计算结果如图7-33至图7-36所示.(图中所示的其他参数保持为原型车设计参数,仅变动图中两个设计参数的计算结果.)

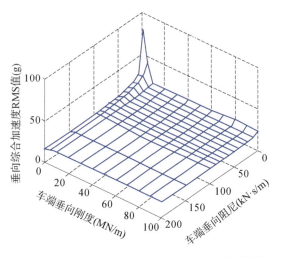

图7-33　车端垂向刚度和垂向阻尼对垂向平稳性的影响　　图7-34　车端垂向刚度和纵向阻尼对垂向平稳性的影响

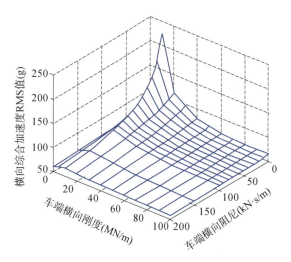
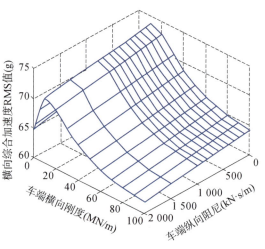

图7-35　车端横向刚度和横向阻尼对横向平稳性的影响　　图7-36　车端横向刚度和纵向阻尼对横向平稳性的影响

从图7-33可以看到,当设置了较大的车端垂向刚度时,垂向阻尼对列车平稳性的影响不大,或者可以设置较大的垂向车端阻尼,而若不设置车端垂向连接刚度,则这两个参数对列车垂向平稳性的影响相当.从图7-34可以看到,如果垂向刚度设置不当,反而会使列车的垂向运行平稳性恶化,车端纵向减振器对列车垂向振动能起到明显的抑制作用,但需设置较大的数值.分析图 7-35 可知,车端的横向刚度至少要在 60 MN/m 以上时,才能起到明显的抑制车组横向振动的作用,否则,需设置较大的车端横向阻尼.从图 7-36 中可以看到,车端纵向阻尼对列车的横向平稳性影响不大,如要起到预期的作用,需要设置较大的数值.

经过理论分析可知,我国自行研制的试验型铰接式高速列车车组的车端悬挂参数选择如下:车端纵向和横向刚度为 100 MN/m,车端垂向刚度为 102 MN/m,车端纵向阻尼系数为 4.62 MN·s/m,车端横向阻尼系数为 74kN·s/m.

7.3.3 铰接式高速列车车辆参数对平稳性影响

本节将介绍运用线性化处理后的模型,采用频域分析法,分析车辆中各悬挂参数对平稳性的影响.计算参数仍为原型车设计参数,输入为高速高干扰谱.主要计算结果如图 7-37 至图 7-50 所示.(图中所示的是其他参数保持为原型车设计参数,仅变动一个设计参数和运行速度的车组中中间车辆计算结果.)

可以看到,随着速度的增加,车辆运行平稳性总的趋势是逐步变坏的,但是,悬挂系统的各参数随速度增加,对平稳性影响的形态各不相同.从图 7-37 和图 7-38 中可以看到,在图示的设计范围内,提高一系和二系的垂向阻尼,可以提高车辆的垂向运行平稳性.从图 7-39 和图 7-40 可知,当一系阻尼增加时,垂向平稳性的提高主要得益于 1.3 Hz 左右的浮沉和点头共振峰的抑制,而且当一系和二系的垂向阻尼增加时,一系和二系悬挂的垂向相对位移也随之减小,如图 7-41 至图 7-44 所示,由此可知增加一系和二系的垂向阻尼,有助于提高列车的运行平稳性,且能减小一系和二系垂向相对位移量.从图 7-45 可以看到,对于铰接车组而言,二系横向阻尼有最优值,各速度级下略有不同,约为 25 kN·s/m,二系横向阻尼对横移和摇头加速度功率谱的影响如图 7-47 和图 7-48 所示,从图中还可以看到在横向阻尼为 25 kN·s/m 时,对摇头角加速度有较大的抑制作用.二系阻尼的增加有益于减小二系横向偏移,如图 7-49 所示.从图 7-50 可以看到,其主要原因在于减小了 0.55 Hz 的共振峰值.另外,从图 7-46 可以看到,二系横向刚度越小,车辆的横向振动越小,当然二系的横向偏移也随之增加.

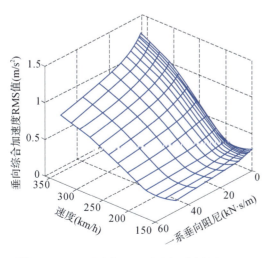
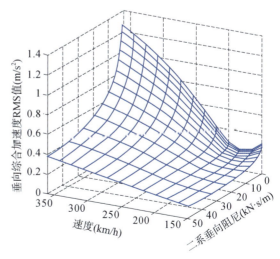

图 7-37 一系垂向阻尼对垂向平稳性的影响　　图 7-38 二系垂向阻尼对垂向平稳性的影响

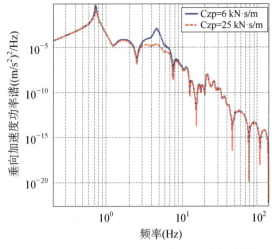

图 7-39　一系垂向阻尼对浮沉加速度功率谱影响

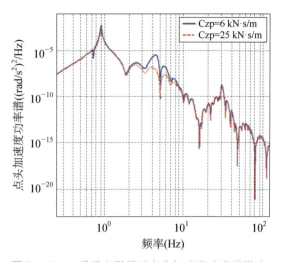

图 7-40　一系垂向阻尼对点头加速度功率谱影响

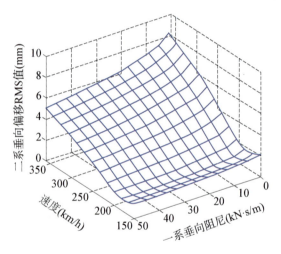

图 7-41　一系垂向阻尼对二系垂向偏移的影响

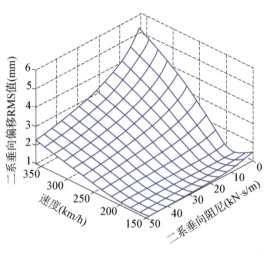

图 7-42　二系垂向阻尼对二系垂向偏移的影响

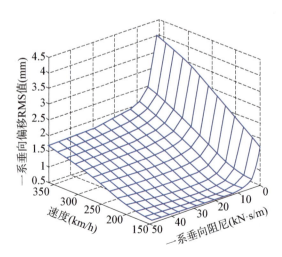

图 7-43　一系垂向阻尼对一系垂向偏移的影响

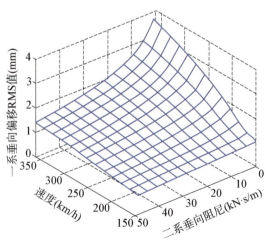

图 7-44　二系垂向阻尼对一系垂向偏移的影响

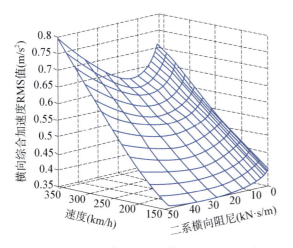

图7-45 二系横向阻尼对横向平稳性的影响

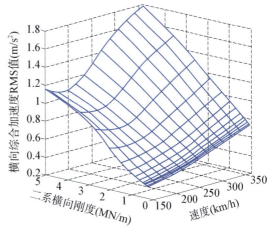

图7-46 二系横向刚度对横向平稳性的影响

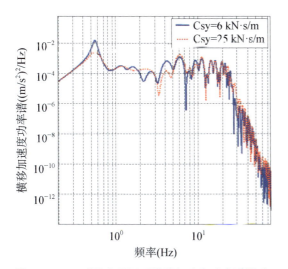

图7-47 二系横向阻尼对横移加速度功率谱影响

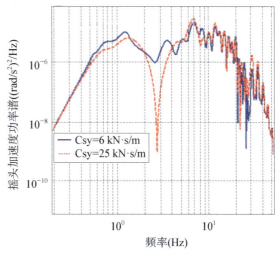

图7-48 二系横向阻尼对摇头加速度功率谱影响

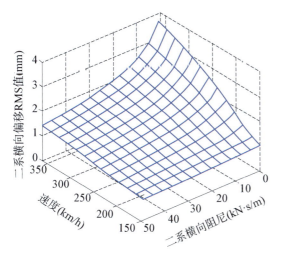

图7-49 二系横向阻尼对二系横向偏移的影响

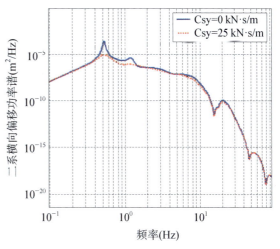

图7-50 二系横向阻尼对二系横向偏移PSD影响

从以上分析可知,车端悬挂装置可有效提高列车运行平稳性,降低车辆振动. 但车端连挂刚度设置不当,有可能使列车平稳性变坏,因此,需要进行详细分析.

参 考 文 献

[1] Castillo J. M., Pintado P., Benitez F. G.. Optimization for vehicle suspension II: frequency domain [J]. *Vehicle System Dynamics*, 1990, 19: 331 – 352.

[2] Hac A.. Suspension optimization of a 2-dof vehicle model using a stochastic optimal technique [J]. *Journal of Sound and Vibration*, 1985, 100(3): 343 – 357.

[3] Pintado P., Benitez F. G.. Optimization for vehicle suspension I: time domain [J]. *Vehicle System Dynamics*, 1990, 19: 273 – 288.

[4] 翟婉明. 车辆-轨道耦合动力学(第二版)[M]. 北京:中国铁道出版社,2002.

[5] 严隽耄. 机车车辆运行平稳性指数的估测方法[J]. 西南交通大学学报,1992,86(4): 1 – 7.

[6] 周劲松. 高速列车平稳性及其控制研究[D]. 上海:上海交通大学,2003.

[7] Zhou J., Shen G., Zhang H., Ren, L.. Application of modal parameters on ride quality improvement of railway vehicles [J]. *Vehicle System Dynamics*, 2008, 46(1): 629 – 641.

[8] Zhou J., Goodall R., Ren L., Zhang H.. Influences of car body vertical flexibility on ride quality of passenger railway vehicles [J]. *Journal of Rail and Rapid Transit*, Part F, 2009, 223(5): 461 – 471.

[9] 王福天. 车辆系统动力学[M]. 北京:中国铁道出版社,1994.

[10] 张定贤. 轮轨系统动力学[M]. 北京:中国铁道出版社,1989.

[11] Garg V. K., Dukkipati Rao V.. *Dyanmics of Railway Vehicle Systems* [M]. New York: Academic Press, 1984.

[12] Pratt I.. Active Suspension Applied to Railway Trains [D]. Loughborough: Loughborough University, 1996.

[13] 周劲松,孙文静,宫岛. 铁道车辆几何滤波现象及弹性车体共振分析[J]. 同济大学学报(自然科学版),2009, 39(12): 1653 – 1657.

[14] 周劲松,赵洪伦,王福天. 铁道车辆蛇行运动稳定性最优化研究[J]. 铁道车辆,1995,33(1): 3 – 9.

[15] 周劲松,赵洪伦,王福天. 铁道车辆稳定性及曲线通过性能折衷最优化研究[J]. 铁道学报,1998, 20(3): 39 – 45.

[16] Goldberg D. E.. *Genetic Algorithms in Search, Optimization and Machine Learning*, Reading [M]. Boston: Addison-Wisely Longman Publishing Co., 1989.

[17] 甘屹,齐从谦,陈亚洲. 基于遗传算法的曲线曲面光顺[J]. 同济大学学报,2002,30(3): 40 – 55.

[18] 王福天,杨国桢. 铰接式高速客车转向架的设计与研究[J]. 铁道学报,1997, 19: 1 – 8.

第 8 章
高速磁浮车辆运行平稳性与模态参数

本章基于第 4 章建立的高速磁浮车辆的垂向和横向振动模型,采用基于模态参数的车辆动力学性能综合研究方法(SPAMP 法),对高速磁浮的平稳性、敏感波长、模态参数与平稳性的关系进行研究.

§8.1 磁浮车辆运行平稳性分析

这里将采用虚拟激励法、前面导出的平稳性分析方法、所建立的磁浮动力学模型,计算出磁浮车辆的振动功率谱、振动响应的幅值谱和 Sperling 平稳性指标[1, 2].

8.1.1 垂向平稳性分析

1. 功率谱计算

设磁浮车辆的运行速度为 400 km/h,并将第 1 章中磁浮轨道谱作为输入激励.以车体的沉浮、点头以及车体端部的第 1 块悬浮框上方的车体地板面的运动作为考察对象,可以利用虚拟激励法得到其位移功率谱,分析结果如图 8-1 所示. 又因为位移功率谱和加速功率谱存在下面的关系[3]:

$$S_{\ddot{y}\ddot{y}} = \omega^4 S_{yy} \quad (8-1)$$

在得到位移功率谱后,可方便地得到加速度功率谱,分析结果如图 8-2 所示.

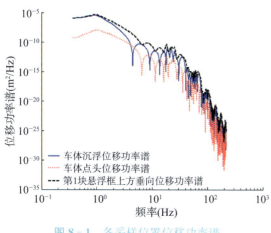

图 8-1 各采样位置位移功率谱

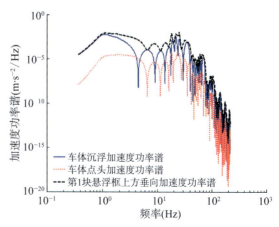

图 8-2 各采样位置加速度功率谱

2. 平稳性指数与 RMS 值计算

根据求得的功率谱、§5.5 中的平稳性算法，可以求得第 1 块悬浮框上方的车体地板面处平稳性指标 $W = 1.88$、位移振动的 RMS 值 $\psi = 1.75$ mm、加速度振动的 RMS 值 $\psi = 0.2678$ m/s²。

以车辆运行速度为变量，还可以进一步求得运行平稳性指数 W、振动位移和加速度 RMS 值随车辆运行速度变化的曲线，分别如图 8-3、图 8-4 和图 8-5 所示。由图 8-3 可以看出，车辆的平稳性指数始终小于 2.2，车辆平稳性为优。

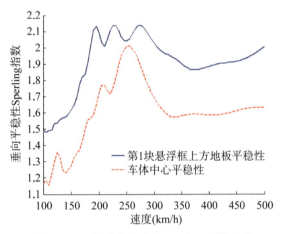

图 8-3　运行速度与垂向 Sperling 指数关系

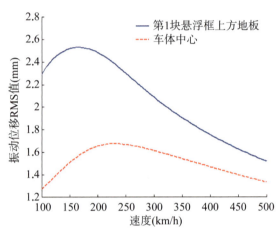

图 8-4　运行速度与振动位移 RMS 值关系

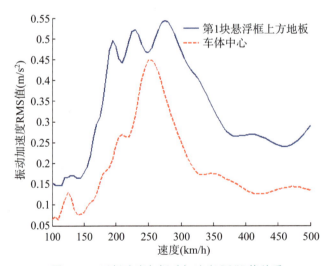

图 8-5　运行速度与振动加速度 RMS 值关系

3. 振动时域信号的反演

同样，运用第 1 章 §1.5 的 1.5.1 中的谱反演技术[4]，可以将利用虚拟功率谱求得的功率谱进行反演，得到位移和加速度响应的时域信号，以及它们的幅值谱。

图 8-6 和图 8-7 分别是车辆垂向振动的位移功率谱和加速度功率谱反演得到的垂向振动位移时域信号和加速度时域信号。

图 8-8 和图 8-9 分别是车辆垂向振动的位移幅值谱和加速度幅值谱.

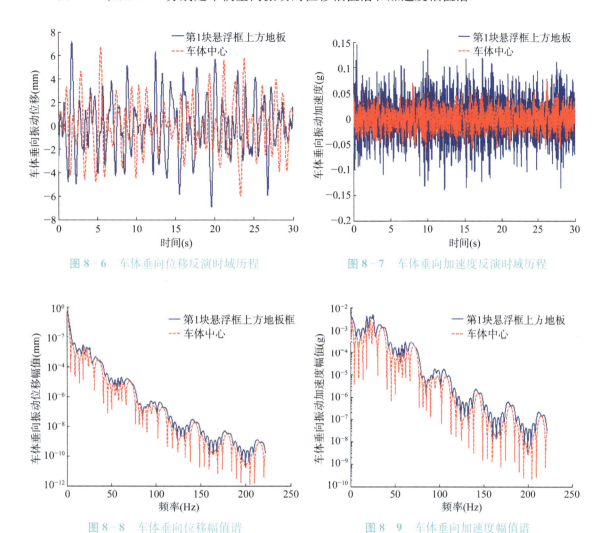

图 8-6 车体垂向位移反演时域历程　　图 8-7 车体垂向加速度反演时域历程

图 8-8 车体垂向位移幅值谱　　图 8-9 车体垂向加速度幅值谱

8.1.2 横向平稳性分析

1. 功率谱计算

与垂向分析方法相同,设磁浮车辆的运行速度为 400 km/h,并将第 3 章中所拟合的磁浮轨道谱作为输入激励.以车体的横移、摇头、侧滚以及车体端部的第 1 块悬浮框上方中央向侧向离开 1 m 处地板面(相当轮轨车辆心盘处侧向 1 m 处,为了表述方便,以下称作"心盘侧 1 m 处")的运动作为考察对象,计算得到的位移功率谱和加速度功率谱分别如图 8-10、图 8-11 所示.

2. 平稳性指数与 RMS 值计算

与垂向相同,根据上面计算得到的功率谱,可以求得心盘侧 1 m 处车体地板面处平稳性指标 $W=1.95$,位移振动的 RMS 值 $\psi=0.28$ mm,加速度振动的 RMS 值 $\psi=0.393\,0$ m/s². 由表 5-1 可知,磁浮车辆的横向平稳性指数为优.

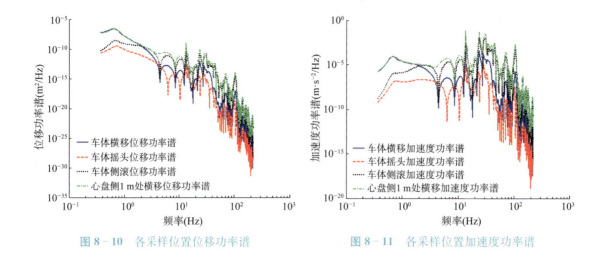

图 8-10 各采样位置位移功率谱　　　　图 8-11 各采样位置加速度功率谱

以车辆运行速度为变量,运行平稳性指数 W、振动位移和加速度 RMS 值随车辆运行速度变化的曲线,分别如图 8-12 至图 8-14 所示.由图 8-12 可以看出,车辆的平稳性指数始终

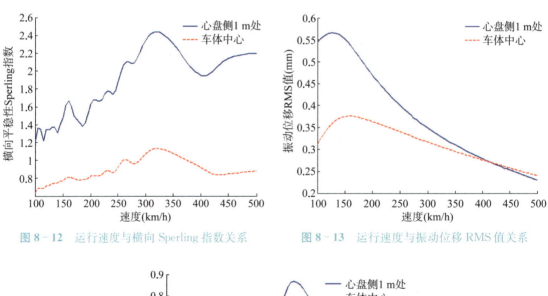

图 8-12 运行速度与横向 Sperling 指数关系　　　图 8-13 运行速度与振动位移 RMS 值关系

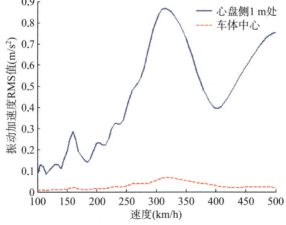

图 8-14 运行速度与振动加速度 RMS 值关系

小于 2.5,车辆平稳性为优.

3. 振动时域信号的反演

图 8-15 和图 8-16 分别是车辆横向振动的位移功率谱和加速度功率谱反演得到的横向振动位移时域信号和加速度时域信号.

图 8-17 和图 8-18 分别是车辆横向振动的位移幅值谱和加速度幅值谱.

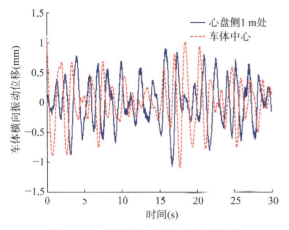

图 8-15 车体横向位移反演时域历程

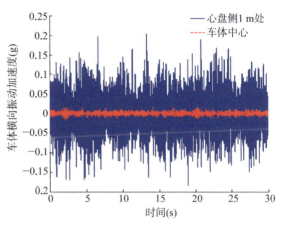

图 8-16 车体横向加速度反演时域历程

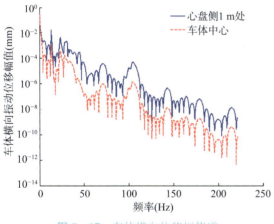

图 8-17 车体横向位移幅值谱

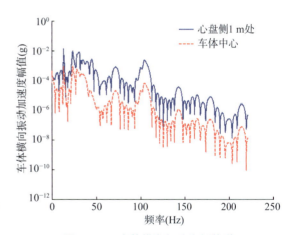

图 8-18 车体横向加速度幅值谱

§8.2 磁浮车辆运行平稳性优化

运行平稳性是轨道车辆动力学性能的重要评价指标之一,与其运营品质直接相关. 良好的运营品质是运营商及车辆制造者不懈追求的目标[5,6]. 这里将以运行平稳性为目标,进行悬挂系统的优化. 悬挂系统结构复杂,涉及的参数众多[7-9]. 在一般情况下,车辆的二系悬挂对车辆的平稳性贡献最大,起着决定性的作用. 因此,这里的优化研究以二系悬挂的参数为自变量.

8.2.1 垂向平稳性优化

采用本章所述的基于虚拟激励法[3]和谱反演技术的平稳性算法,对车辆的垂向平稳性进行计算. 图 8-19 为二系垂向刚度变化后,垂向 Sperling 平稳性指数随二系垂向刚度变化的情况. 可以看到,随着二系垂向刚度的增加,平稳性指数随之上升,表明平稳性恶化,即:仅对平稳性而言,悬挂刚度越小越好,悬挂越"软"越好. 但是,对于实际车辆结构而言,留给悬挂的挠度空间有限,受整个车辆结构布置的制约. 对于悬挂系统的优化,除了机构与刚度的权衡外,另一个主要的解决方案就是主动悬挂的研究. 主动悬挂能够根据车辆运行状况进行悬挂参数的改变,以便在各种运行工况给出最优解.

图 8-20 和图 8-21 是垂向振动位移和加速度的 RMS 值. 可以看出,垂向振动位移和加速度的 RMS 值都随二系垂向刚度的增加而变大. 这从一定角度表明,随二系垂向刚度的增加,垂向振动幅值增大,振动的能量增大,振动加剧.

图 8-22 为二系垂向阻尼变化后,垂向 Sperling 平稳性指数随二系垂向阻尼变化的情况. 可以看到,随着二系垂向阻尼在 6 000 N·s/m 左右时,平稳性指数有最小值.

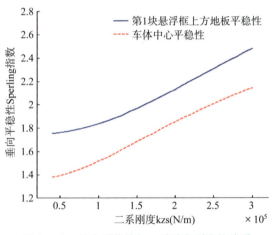

图 8-19 垂向平稳性与二系垂向刚度的关系

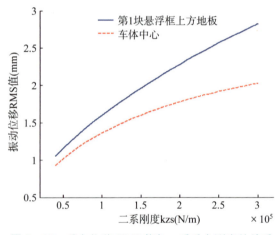

图 8-20 垂向位移 RMS 值与二系垂向刚度的关系

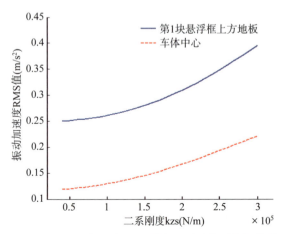

图 8-21 垂向加速度 RMS 值与二系垂向刚度的关系

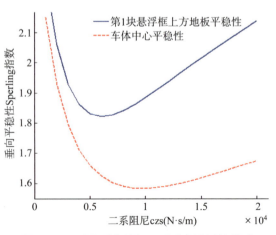

图 8-22 垂向平稳性与二系垂向阻尼的关系

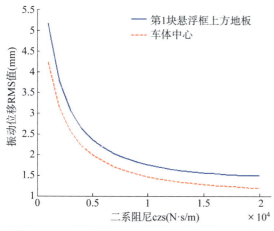 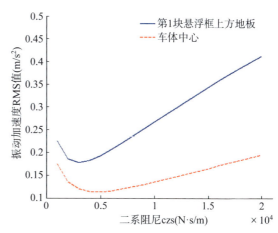

图 8-23　垂向位移 RMS 值与二系垂向阻尼关系　　图 8-24　垂向加速度 RMS 值与二系垂向阻尼关系

图 8-23 和图 8-24 是垂向振动位移和加速度的 RMS 值. 可以看出,垂向位移的 RMS 值一直递减,这表明随着二系阻尼的增加,垂向振动位移的幅值是减小的. 但是,垂向振动加速度 RMS 值并不是递减曲线,它在 3 000 N·s/m 有最小值. 这表明尽管振动的位移幅值随阻尼的增加逐渐减小,但是,振动加速度并未一直减小. 这可理解为振动频率的影响,因为在振动频率加大的情况下,即使振动位移幅值减小,但是振动加速度仍可能增加.

在产品设计阶段,一般都是依据经验或虚拟样机的分析计算,给出车辆悬挂的物理参数,如悬挂的刚度、阻尼等. 然而车辆在实际生产制造时,由于部件性能、生产工艺、车辆运营状态及应用环境不同,运营车辆的运行品质往往与其设计性能有一定差异,车辆与车辆之间也存在差异,在个别情况下,这种差异甚至相当明显. 模态参数是铁路客车的固有参数,代表振动系统的固有动态特性,产品一旦生产完工,其动力学性能就基本确定. 作为一个线性或工作点附近具有良好线性的系统,其模态参数与输入无关,是各悬挂元件、惯性元件及其相对位置共同作用的结果. 模态参数一个很重要的优点是可以通过试验测试手段比较方便地辨识出来,模态参数的辨识是比较成熟的技术[10-15]. 而物理参数的辨识相对比较困难.

因此,这里给出平稳性与模态参数(模态频率和阻尼比)的关系曲线,分别如图 8-25、图 8-26 所示. 可以看出,最佳阻尼比为 17%～20%,对应于此的模态频率在 1 Hz 左右. 系统阻尼比较低,将不能有效地抑制共振峰值频率处的振动;阻尼比较高,高频率传递率将增加,从而使平稳性恶化.

优化出最佳阻尼比后,可以供真实车辆实验分析使用,即: 可以对比真实样机和虚拟样机的异同,特别是当真实样机没有达到设计标准时,模态参数的对比是故障诊断的一个重要分析方法,文献[16]中提供了成功利用模态参数分析治理装有 SW160 转向架客车平稳性不佳的案例.

8.2.2　横向平稳性优化

与垂向模型相同,这里对二系悬挂的横向刚度和阻尼进行优化. 图 8-27 为二系横向刚度变化后,横向 Sperling 平稳性指数随二系横向刚度变化的情况. 可以看到,随着二系横向刚度的增加,平稳性指数随之上升,表明平稳性恶化. 这与垂向模型中的结论相同. 但是,横向 Sperling 平稳性指数随二系横向刚度增加而增大的幅度较小,曲线较平稳.

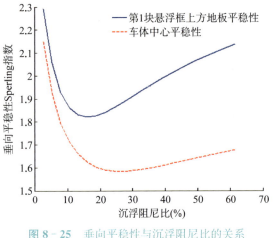
图 8-25 垂向平稳性与沉浮阻尼比的关系

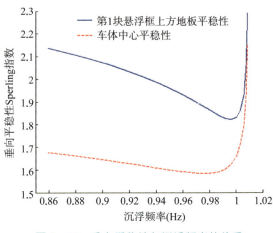
图 8-26 垂向平稳性与沉浮频率的关系

图 8-27 和图 8-28 是横向振动位移和加速度的 RMS 值. 可以看出,横向振动位移和加速度的 RMS 值都随二系横向刚度的增加而变大. 这也从一定角度表明,随二系横向刚度的增加,横向振动位移幅值增大,加速度增大,振动的能量增大,振动加剧,如图 8-29 所示.

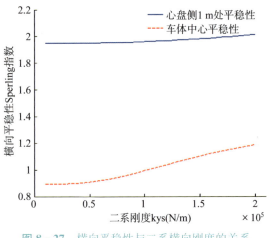
图 8-27 横向平稳性与二系横向刚度的关系

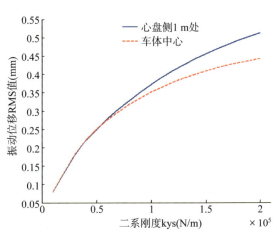
图 8-28 横向位移 RMS 值与二系横向刚度的关系

图 8-30 为二系横向阻尼变化后,横向 Sperling 平稳性指数随二系横向阻尼变化的情况. 可以看到,随着二系横向阻尼在 2 000 N·s/m 左右时,平稳性指数有最小值.

图 8-31 和图 8-32 是横向振动位移和加速度的 RMS 值. 与垂向模型的情况相同,可以看出,横向位移的 RMS 值一直递减,这表明随着二系横向阻尼的增加,横摆振动位移的幅值是减小的. 但是,横向振动加速度 RMS 值并不是递减曲线,它在 2 500 N·s/m 处有最小值. 这表明尽管振动的位移幅值随二系横向阻尼的增加逐渐减小,但是,振动加速度并未一直减小. 这可理解为振动频率的影响,因为在振动频率加大的情况下,即使振动位移幅值减小,振动加速度仍可能增加.

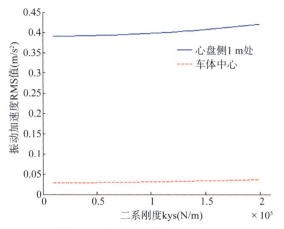

图 8-29 横向加速度 RMS 值与二系横向刚度的关系

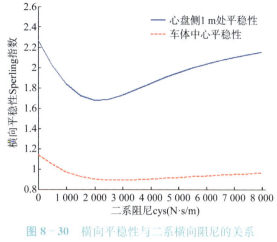

图 8-30 横向平稳性与二系横向阻尼的关系

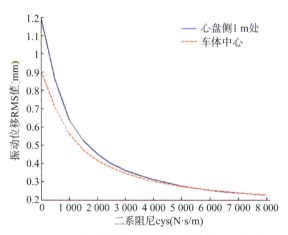

图 8-31 横向位移 RMS 与二系横向阻尼关系

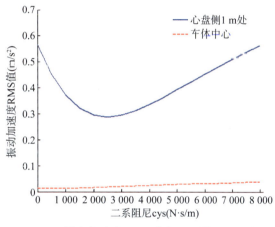

图 8-32 横向加速度 RMS 值与二系横向阻尼关系

横向轨道谱激励只有方向不平顺,没有轨距不平顺和水平不平顺,车体侧滚运动对车体振动的贡献相对较小.另外,由第 4 章的模态分析可知,侧滚运动的阻尼比很大(为过阻尼),因此,不会出现单纯的侧滚运动.这里只给出平稳性与横摆和摇头模态的模态参数(模态频率和阻尼比)关系曲线,分别如图 8-33 和 8-34 所示.可以看出,横摆和摇头的最佳阻尼比均为 5%～10%,对应于此的横摆模态频率在 0.66 Hz 左右,摇头模态频率在 0.71 左右,如图 8-35 和图 8-36 所示.系统阻尼比较低,将不能有效地抑制共振峰值频率处的振动;阻尼比较高,高频率传递率将增加,从而使平稳性恶化.

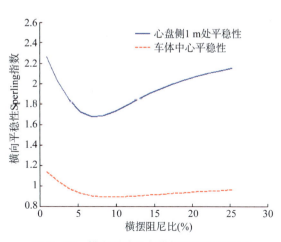

图 8-33 横向平稳性与横摆阻尼比的关系

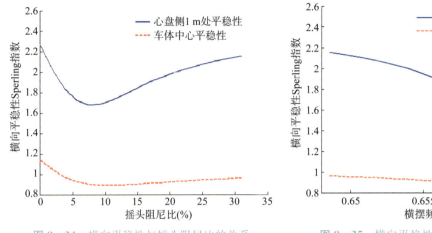
图 8-34 横向平稳性与摇头阻尼比的关系

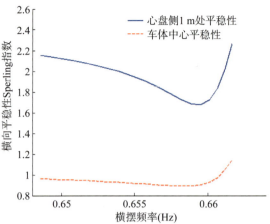
图 8-35 横向平稳性与横摆频率的关系

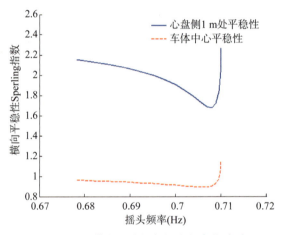
图 8-36 横向平稳性与摇头频率的关系

§8.3 轨道谱波长与车辆运行平稳性关系

8.3.1 垂向模型分析结果

选取第 1 个悬浮框上方地板处的振动为考察点. 图 8-37 是垂向模型在轨道垂向不平顺单一波长激励下的 Sperling 平稳性指标曲线,图 8-38 是根据行车速度将波长换算为单一频率激励下 Sperling 平稳性指标曲线.

需要说明的是,在 GB5599-85《铁道车辆动力学性能评定和试验鉴定规范》[17]中,计算 Sperling 平稳性指标不计及 0.5 Hz 以下的振动,因此,图 8-37 中曲线具有一段零值.

图 8-38 显示在不同行车速度下,垂向模型均在 1 Hz 左右和 20~25 Hz 激励下 Sperling 指标出现峰值. 图 8-37 中的曲线峰值在该行车速度下是与约 1 Hz 和 20 Hz 的不平顺波长相对应的.

由(5-74)式所示的 Sperling 指标计算公式可知,决定 Sperling 指标大小的参数为振幅和频率.如果 Sperling 指标较大,其因素要么是振动剧烈(振幅大),要么是振动发生在敏感频率,频率权重大,如图 8-39 所示.1 Hz 和 20 Hz 的 Sperling 频率权重不大,如图 8-40 所示,因此,造成 1 Hz 和 20 Hz 左右的 Sperling 指标较大的原因应该是振动较大.

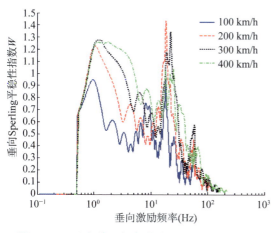

图 8-37 垂向单一频率激励下的 Sperling 指标

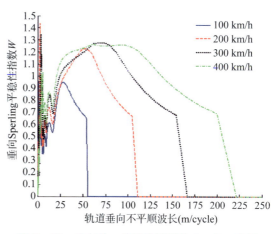

图 8-38 垂向单一波长激励下的 Sperling 指标

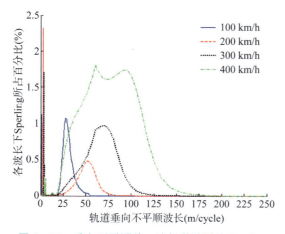

图 8-39 垂向不平顺单一波长激励下的 Sperling 指标对总平稳性的比重

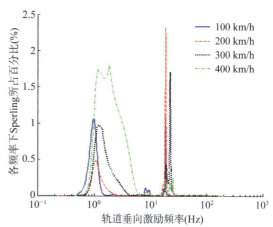

图 8-40 垂向不平顺单一频率激励下的 Sperling 指标对总平稳性的比重

8.3.2 横向模型分析结果

选取第 1 个悬浮框上方距车体中心线侧 1 m 地板处的振动为考察点.图 8-41 是横向模型在轨道垂向不平顺单一波长激励下的 Sperling 平稳性指标曲线,图 8-42 是根据行车速度将波长换算为单一频率激励下的 Sperling 平稳性指标曲线.

横向动力学模型比较复杂,在横向分析结果中,各速度下的敏感激励频率不如垂向那样清晰一致.但是,将计算结果与第 4 章横向模型的模态结果对比可以发现,各 Sperling 峰值发生频率基本与横向各模态频率一致,主要为车体和悬浮框的横摆和摇头模态频率,如图 8-43 和

图 8-44 所示,发生频率主要约为 0.7 Hz,13.6 Hz,23.8 Hz,28.5 Hz 和 31 Hz.

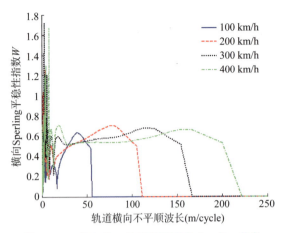

图 8-41 横向单一波长激励下的 Sperling 指数

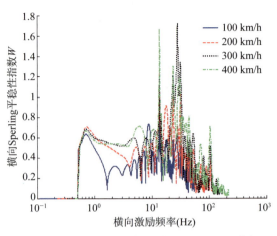

图 8-42 横向单一频率激励下的 Sperling 指标

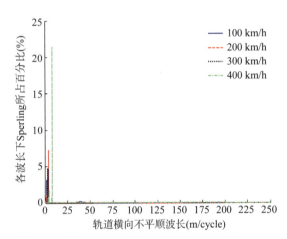

图 8-43 横向不平顺单一波长激励下的 Sperling 指标对总平稳性的比重

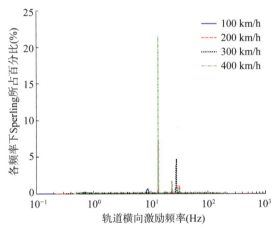

图 8-44 横向不平顺单一频率激励下的 Sperling 指标对总平稳性的比重

可以将垂向与横向各速度下的敏感波长汇总在表 8-1 中.

表 8-1 各运行速度下平稳性敏感激励波长

垂 向		横 向	
速度(km/h)	垂向不平顺敏感波长(m)	速度(km/h)	方向不平顺敏感波长(m)
100	1.4～1.5,24～34	100	1～3
200	2.8～3.4,45～60	200	1.7～4.1
300	3.4～4.6,55～85	300	2.6～2.9
400	4.2～6.4,52～106	400	3.6～4.7,8.2

参 考 文 献

[1] 詹斐生.平稳性指标的历史回顾(上)[J].铁道机车车辆,1994,4:43-52.
[2] 詹斐生.平稳性指标的历史回顾(下)[J].铁道机车车辆,1995,2:19-21,62.
[3] 林家浩,张亚辉.随机振动的虚拟激励法[M].北京:科学出版社,2004.
[4] 刘寅华,李芾,黄运华.轨道不平顺数值模拟方法[J].交通运输工程学报,2006,6(1):29-33.
[5] 周劲松,赵洪伦,王福天.铁道车辆蛇行运动稳定性最优化研究[J].铁道车辆,1995,33(1):3-9.
[6] 周劲松,赵洪伦,王福天.铁道车辆稳定性及曲线通过性能折衷最优化研究[J].铁道学报,1998,20(3):39-45.
[7] Crews J. H., Mattson M. G., Buckner G. D.. Multi-objective control optimizationfor semi-active vehicle suspensions [J]. *Journal of Sound and Vibration*, 2011(330): 5502-5516.
[8] Lucente G., Rossi C.. Multi-objective control of semi-active suspension systems [C]. IEEE International Symposium on Industrial Electronics, 2005(1): 399-404.
[9] Ahmad A., Guido K., Enrico P., et al.. Multi-objective preview control of active vehiclesuspensions: Experimental results [C]. 2nd IEEE International Conference on Advanced Computer Control, 2010(3): 497-502.
[10] 周传荣,赵淳生.机械振动参数识别及其应用[M].北京:科学出版社,1989.
[11] 傅志方.振动模态分析与参数辨识[M].北京:机械工业出版社,1990.
[12] 胡用生.机车车辆振动系统的模态参数识别与随机减量技术[J].铁道车辆,1990,2:1-7.
[13] 张洪,周劲松,杨国桢.铁路客车试验模态参数应用分析[J].铁道车辆,2007,45(1):1-4.
[14] 金新灿,孙守光,邢鸿麟.环境随机激励下高速客车的工作模态分析[J].铁道学报,2003,25(5):24-28.
[15] 吴燕.客车车体的试验模态分析[J].铁道学报,1994,4:7-14.
[16] 张洪.基于运行模态识别的铁路客车动力学特性研究[D].上海:同济大学,2005.
[17] 铁道车辆动力学性能评定和试验鉴定规程.中华人民共和国国家标准 GB5599-85,1985.

第 9 章

列车平稳性主动控制研究

单个车辆是组成列车的基本单元,在研究列车的平稳性主动控制之前,需要研究单车的主动控制规律.本章首先介绍单个车辆的一般控制方法,并将这些控制规律运用到四轴铁道车辆的垂向动力学模型中,比较各种控制器算法的性能.然后,针对车组动力学这一研究对象,加装车端作动器,根据这一全新的作动器设置方案设计相应的控制算法.

§9.1 单车控制算法研究

近年来,许多专家和学者对主动控制进行了理论和试验研究,取得了大量的研究成果[1-7].但是,对机车车辆这种多轴、多自由度、连挂运行的整车模型则研究较少,多数研究主要针对单个车辆的简化模型来研究控制规律.这种简化为理论分析和试验研究带来便利,但是,模型不精确对分析带来的影响是不言而喻的.例如,采用两自由度模型来分析响应,就无法得出"几何滤波"现象,也不能找出"空"响应频率点;在控制规律设计时往往采用白噪声轨道谱输入,也没有考虑轮对对输入不平顺信号的相关性,即没有考虑轮对的时延.在本节首先介绍轮对间存在时延动力学模型的控制规律,然后,针对单车垂向整车的控制,采用所研究的方法设计控制器.

9.1.1 白噪声不平顺信号输入时的全状态反馈最优控制

这种控制器的设计与研究在诸多文献中均有描述,总结其一般形式如下所述.

对于车辆动力学模型而言,经线性化后,可以由以下公式描述[7-9]:

$$\dot{X} = AX + BU + B_2 Z_w \qquad (9-1)$$

X 为状态向量, U 为控制向量, Z_w 为轨道不平顺激扰向量. 就本节讨论问题而言, Z_w 为零均值白噪声信号,其协方差矩阵为 Z_{ww},所有的矩阵均为常数阵,并具有相应的维数. 上式与(5-1)式的不同之处在于控制输入项.

其统一的评价指标形式为

$$J = \lim_{T \to \infty} \frac{1}{T} \mathrm{E} \left\{ \int_0^T \begin{bmatrix} X^T(t) & U^T(t) \end{bmatrix} \begin{bmatrix} Q & N \\ N^T & R \end{bmatrix} \begin{bmatrix} X(t) \\ U(t) \end{bmatrix} \mathrm{d}t \right\} \qquad (9-2)$$

其中, Q 和 R 为对称阵, Q 为非负定矩阵, R 为正定矩阵.

当输出为

$$Y(t) = CX(t) + DU(t) \qquad (9-3)$$

采用如下评价指标

$$J_1 = \lim_{T \to \infty} \frac{1}{T} E\left\{\int_0^\infty (Y^T(t)Q_1 Y(t) + U^T(t)R_1 U(t))\right\} dt \qquad (9-4)$$

其中,Q_1 和 R_1 为对称阵,Q_1 为非负定矩阵,R_1 为正定矩阵. 令

$$Q = C^T Q_1 C, \quad R = D^T Q_1 D + R_1, \quad N = C^T Q_1 D \qquad (9-5)$$

则可以转化到(9-2)式的标准评价指标形式.

该问题可以描述如下:对于给定的受(9-1)式约束的动力系统,寻找控制向量 U,使得评价指标 J 为最小.

在该假设下,控制规律由下式给出:

$$U(t) = -KX(t) \qquad (9-6)$$

其中,控制量中的增益矩阵 K 为常量,即

$$K = R^{-1}(N^T + B^T P) \qquad (9-7)$$

P 为代数 Riccati 方程对称正定的解:

$$P(A - BR^{-1}N^T) + (A - BR^{-1}N^T)^T P + PBR^{-1}B^T P - (Q - NR^{-1}N^T) = 0 \qquad (9-8)$$

最优控制系统状态向量的协方差矩阵为

$$X_{xx}(t) = E[X(t)X^T(t)] \qquad (9-9)$$

该矩阵为稳态值,为下式 Liapunov 方程的解,

$$(A - BK)X_{xx} + X_{xx}(A - BK)^T + B_2 Z_{ww} B_2^T = 0 \qquad (9-10)$$

最优控制系统的评价指标可由下式求得:

$$J = \text{trace}(PB_2 Z_{ww} B_2^T) \qquad (9-11)$$

输出变量的协方差矩阵为

$$Y_{yy} = E[Y(t)Y^T(t)] = (C - DK)X_{xx}(C - DK)^T \qquad (9-12)$$

控制力的协方差矩阵定义为

$$U_{uu} = KX_{xx}K^T \qquad (9-13)$$

9.1.2 轨道不平顺输入模型

在 §5.1 中曾经介绍过,对于客车动力学系统而言,轨道不平顺输入为有色噪声,而且轮轴之间的输入由于存在时延,是互相关的. 在被动悬挂设计、动力学仿真计算、实车滚动振动试验中,均采用轨道谱进行分析计算和试验. 为了设计出性能良好的控制器,需要建立轨道有色噪声输入及包含轮轴时延的轨道不平顺模型. 与汽车动力学模型不同的是,机车车辆一系悬挂

中均设置有一系阻尼,而轨道不平顺的功率谱为位移不平顺的功率谱,为了准确设计控制器,需要考虑轨道不平顺速度输入的影响.

在控制器设计时,如视各轮对间激励互不相关,仅为轨道有色谱激励,此时可以采用(5-13)式作为轨道不平顺输入模型.事实上,轮对之间的输入是互相关的,而不是相互独立的,其后各轮对的输入是第1轮对输入的简单时延.考虑时延在内的轨道不平顺模型,无疑更为精确地描述了车辆动力学行为,提高了轨道不平顺输入的真实性.由于可以依据前轮对的轨道不平顺输入来预测后轮对的不平顺激励,这样既可以节省传感器的用量,又可以提高对后构架作动器控制的质量,从而方便地实现轴间预瞄控制.如果需要像平稳性分析那样考虑轮轴时延,在主动控制中,由于时延是非线性项,需要对时延进行线性化处理.

设时延为 D,N 阶 Pade 近似的传递函数为[9,10]

$$\frac{w_2(s)}{w_1(s)} = e^{-Ds} = \frac{a_0 - a_1 s + a_2 s^2 - a_3 s^3 + \cdots + a_N s^N}{a_0 + a_1 s + a_2 s^2 + a_3 s^3 + \cdots + a_N s^N} \tag{9-14}$$

采用两阶近似时,

$$a_0 = 12/D^2, \quad a_1 = 6/D, \quad a_2 = 1 \tag{9-15}$$

将上述传递函数用状态方程表达:

$$\dot{\tilde{\eta}} = \tilde{A}_\eta \eta(t) + \tilde{B}_\eta w_1(t) \tag{9-16}$$

$$w_2 = w_1(t - D) = \tilde{C}_\eta \eta(t) + w_1(t) \tag{9-17}$$

$$\tilde{A}_\eta = \begin{bmatrix} 0 & 1 \\ -a_0 & -a_1 \end{bmatrix}, \quad \tilde{B}_\eta = \begin{bmatrix} -2a_1 \\ 6a_0 \end{bmatrix}, \quad \tilde{C}_\eta = \begin{bmatrix} 1 & 0 \end{bmatrix} \tag{9-18}$$

依据(5-21)式、(9-16)式和(9-17)式可得

$$\dot{\boldsymbol{\eta}}(t) = \boldsymbol{A}_\eta \boldsymbol{\eta}(t) + \boldsymbol{B}_\eta \boldsymbol{w}(t) \tag{9-19}$$

$$\boldsymbol{W} = \boldsymbol{C}_\eta \boldsymbol{\eta}(t) + \boldsymbol{B}_v \boldsymbol{w}(t) \tag{9-20}$$

对于四轴车辆而言,

$$\boldsymbol{\eta} = \begin{bmatrix} \eta_1 \\ \eta_2 \\ \eta_3 \end{bmatrix}, \quad \boldsymbol{A}_\eta = \begin{bmatrix} A_{\eta 1} & 0_{2\times 2} & 0_{2\times 2} \\ 0_{2\times 2} & A_{\eta 2} & 0_{2\times 2} \\ 0_{2\times 2} & 0_{2\times 2} & A_{\eta 3} \end{bmatrix}, \quad \boldsymbol{B}_\eta = \begin{bmatrix} B_{\eta 1} \\ B_{\eta 2} \\ B_{\eta 3} \end{bmatrix} \tag{9-21}$$

$$\boldsymbol{W} = \begin{bmatrix} w_1 \\ w_2 \\ w_3 \\ w_4 \end{bmatrix}, \quad \boldsymbol{C}_\eta = \begin{bmatrix} 0_{1\times 2} & 0_{1\times 2} & 0_{1\times 2} \\ C_{\eta 1} & 0_{1\times 2} & 0_{1\times 2} \\ 0_{1\times 2} & C_{\eta 2} & 0_{2\times 1} \\ 0_{1\times 2} & 0_{1\times 2} & C_{\eta 3} \end{bmatrix}, \quad \boldsymbol{B}_v = \begin{bmatrix} 1 \\ 1 \\ 1 \\ 1 \end{bmatrix} \tag{9-22}$$

在(9-21)和(9-22)式中,A_{η_i},B_{η_i},C_{η_i} 为依据(5-21)式中时延数值,并采用式(9-15)式和(9-18)式计算获得的时延表示矩阵.

将(9-20)式代入(5-13)式可得

$$\dot{\boldsymbol{Z}}_w(t) = \boldsymbol{F}_{w1} \boldsymbol{Z}_w(t) + \boldsymbol{I}_f \boldsymbol{C}_\eta \boldsymbol{\eta}(t) + \boldsymbol{I}_f \boldsymbol{B}_v \boldsymbol{w}(t) \tag{9-23}$$

合并方程(9-23)和(9-19)可得

$$\begin{bmatrix} \dot{Z}_w(t) \\ \dot{\eta}(t) \end{bmatrix} = \begin{bmatrix} F_{w1} & I_f C_\eta \\ 0 & A_\eta \end{bmatrix} \begin{bmatrix} Z_w(t) \\ \eta(t) \end{bmatrix} + \begin{bmatrix} I_f B_v \\ B_\eta \end{bmatrix} w(t) \quad (9-24)$$

(9-24)式即为轨道谱输入且包含时延的轨道不平顺模型. 使用高阶 Pade 近似时延的处理方法与此相同.

9.1.3 轨道谱输入时的全状态反馈最优控制

综合方程(9-1)及(5-13)式,有

$$\dot{X}_a = A_1 X_a + B_1 U_a + B_w w \quad (9-25)$$

其中,

$$X_a = \begin{bmatrix} X_{n\times 1} \\ Z_{w\,8\times 1} \end{bmatrix}, \quad A_1 = \begin{bmatrix} A_{n\times n} & B_{2\,n\times 8} \\ 0_{8\times n} & F_{w1\,8\times 8} \end{bmatrix}, \quad B_1 = \begin{bmatrix} B_{n\times 2} \\ 0_{8\times 2} \end{bmatrix}, \quad B_w = \begin{bmatrix} 0_{n\times 1} \\ I'_{f\,8\times 1} \end{bmatrix} \quad (9-26)$$

上式中,n 为状态变量的维数.

定义输出为

$$Y_a(t) = C_a X_a(t) + D_a U_a(t) \quad (9-27)$$

则评价指标同样增广为

$$J_a = \lim_{T\to\infty} \frac{1}{T} E\left\{ \int_0^T [X_a^T(t) \quad U_a^T(t)] \begin{bmatrix} Q_a & N_a \\ N_a^T & R_a \end{bmatrix} \begin{bmatrix} X_a(t) \\ U_a(t) \end{bmatrix} dt \right\} \quad (9-28)$$

同样,Q_a,R_a 为对称阵,Q_a 为非负定矩阵,R_a 为正定矩阵.

通过以上的转换,(9-25)式变换为包含轨道不平顺谱的白噪声输入模型,而且自动包含轨道速度不平顺输入的状态方程,这样就可以用 9.1.2 的方法求解控制器.

由于矩阵的增广,状态变量中包含不可控的轨道不平顺分量,在解(9-8)式的 Ricaati 方程时,为了避免算法的发散和不稳定,多数算法均要求完全可控. 为了处理该问题,可以作如下处理:

$$Q_a = \begin{bmatrix} Q_{xx} & Q_{xw} \\ Q_{xw}^T & Q_{ww} \end{bmatrix}, \quad P_a = \begin{bmatrix} P_{xx} & P_{xw} \\ P_{xw}^T & P_{ww} \end{bmatrix} \quad (9-29)$$

其中,Q_{xx} 为 $n\times n$ 的方阵,其中 n 为车辆状态变量的维数;Q_{ww} 为 $nw\times nw$ 的方阵,nw 为增广的路面不平顺状态变量的维数,此处用到了 Q_a 和 P_a 矩阵的对称性. 其他矩阵的维数表示形式相同.

变换矩阵 N_a 的形式为

$$N_a = \begin{bmatrix} N_x \\ 0_w \end{bmatrix} \quad (9-30)$$

将以上各式代入到(9-8)式,可得

$$-P_{xx}(A-BR^{-1}N_x^{\mathrm{T}})-(A-BR^{-1}N_x^{\mathrm{T}})^{\mathrm{T}}P_{xx}+P_{xx}BR^{-1}B^{\mathrm{T}}P_{xx}-(Q_{xx}-N_xR^{-1}N_x^{\mathrm{T}})=0 \tag{9-31}$$

$$-P_{xw}F_{w1}-[(A-BR^{-1}N_x^{\mathrm{T}})^{\mathrm{T}}-P_{xx}BR^{-1}B^{\mathrm{T}}]P_{xw}-P_{xx}B_2-Q_{xw}=0 \tag{9-32}$$

解上述矩阵,则有

$$K_a=R^{-1}[N_x^{\mathrm{T}}+B^{\mathrm{T}}P_{xx} \quad B^{\mathrm{T}}P_{xw}] \tag{9-33}$$

控制向量为

$$U_a(t)=-K_aX_a(t) \tag{9-34}$$

依据同样的方法处理,解下列 3 个方程,可以求出方程(9-10)状态变量的协方差矩阵:

$$F_{w1}X_{ww}+X_{ww}F_{w1}^{\mathrm{T}}+I_fW_1I_f'^{\mathrm{T}}=0 \tag{9-35}$$

由于采用成型滤波器生成轨道不平顺的随机激励,此时 $W_1=1$. 有

$$(A-BK_x)X_{xw}+X_{xw}F_{w1}^{\mathrm{T}}+(B_2-BK_w)X_{ww}=0 \tag{9-36}$$

$$(A-BK_x)X_{xx}+X_{xx}(A-BK_x)^{\mathrm{T}}+(B_2-BK_w)X_{xw}^{\mathrm{T}}+X_{xw}(B_2-BK_w)^{\mathrm{T}}=0 \tag{9-37}$$

其中,

$$X_{aa}=\begin{bmatrix}X_{xx} & X_{xw}\\X_{xw}^{\mathrm{T}} & X_{ww}\end{bmatrix},\ K_a=[K_x \quad K_w] \tag{9-38}$$

在上式中,维数的定义与(9-29)式和(9-30)式相同,评价指标可以将(9-38)式代入(9-28)式得到.

9.1.4 轨道谱输入时的轴间预瞄控制

依据同样的方法,将矩阵增广,综合(9-1)式、(9-24)式可得

$$\dot{X}_f(t)=A_fX_f(t)+B_fU_f(t)+B_bw(t) \tag{9-39}$$

其中,

$$X_f=\begin{bmatrix}X\\Z_w\\\eta\end{bmatrix},\ B_f=\begin{bmatrix}B\\0_{8\times 2}\\0_{6\times 2}\end{bmatrix},\ B_b=\begin{bmatrix}0_{n\times 1}\\I_fB_v\\B_\eta\end{bmatrix} \tag{9-40}$$

$$A_f=\begin{bmatrix}A & B_2 & 0_{n\times 6}\\0_{8\times n} & F_{w1} & I_fC_\eta\\0_{6\times n} & 0_{6\times 8} & B_\eta\end{bmatrix} \tag{9-41}$$

上式中,n 为(9-1)式所描述的动力学系统状态变量的维数.

输出定义为

$$Y_f(t)=C_fX_f(t)+D_fU_f(t) \tag{9-42}$$

则评价指标同样需增广变换为

$$J_f = \lim_{T \to \infty} \frac{1}{T} \mathrm{E} \left\{ \int_0^T [\boldsymbol{X}_f^\mathrm{T}(t) \quad \boldsymbol{U}_f^\mathrm{T}(t)] \begin{bmatrix} \boldsymbol{Q}_f & \boldsymbol{N}_f \\ \boldsymbol{N}_f^\mathrm{T} & \boldsymbol{R}_f \end{bmatrix} \begin{bmatrix} \boldsymbol{X}_f(t) \\ \boldsymbol{U}_f(t) \end{bmatrix} \right\} \mathrm{d}t \tag{9-43}$$

同样,$\boldsymbol{Q}_f$ 和 $\boldsymbol{R}_f$ 为对称阵,$\boldsymbol{Q}_f$ 为非负定矩阵,$\boldsymbol{R}_f$ 为正定矩阵.

为了求出反馈增益矩阵,作如下处理:

$$\boldsymbol{P}_{ff} = \begin{bmatrix} \boldsymbol{P}_{fxx} & \boldsymbol{P}_{fxw} & \boldsymbol{P}_{fx\eta} \\ \boldsymbol{P}_{fwx} & \boldsymbol{P}_{fww} & \boldsymbol{P}_{fw\eta} \\ \boldsymbol{P}_{f\eta x} & \boldsymbol{P}_{f\eta w} & \boldsymbol{P}_{f\eta\eta} \end{bmatrix}, \quad \boldsymbol{Q}_f = \begin{bmatrix} \boldsymbol{Q}_{fxx} & \boldsymbol{Q}_{fxw} & \boldsymbol{Q}_{fx\eta} \\ \boldsymbol{Q}_{fwx} & \boldsymbol{Q}_{fww} & \boldsymbol{Q}_{fw\eta} \\ \boldsymbol{Q}_{f\eta x} & \boldsymbol{Q}_{f\eta w} & \boldsymbol{Q}_{f\eta\eta} \end{bmatrix}, \quad \boldsymbol{N}_f = \begin{bmatrix} \boldsymbol{N}_{fx} \\ \boldsymbol{N}_{fw} \\ \boldsymbol{N}_{f\eta} \end{bmatrix} \tag{9-44}$$

将以上各式代入(9-8)式可得

$$-\boldsymbol{P}_{fxx}(\boldsymbol{A} - \boldsymbol{B}\boldsymbol{R}^{-1}\boldsymbol{N}_{fx}^\mathrm{T}) - (\boldsymbol{A} - \boldsymbol{B}\boldsymbol{R}^{-1}\boldsymbol{N}_{fx}^\mathrm{T})^\mathrm{T}\boldsymbol{P}_{fxx} + \\ \boldsymbol{P}_{fxx}\boldsymbol{B}\boldsymbol{R}^{-1}\boldsymbol{B}^\mathrm{T}\boldsymbol{P}_{fxx} - \cdots (\boldsymbol{Q}_{fxx} - \boldsymbol{N}_{fx}\boldsymbol{R}^{-1}\boldsymbol{N}_{fx}^\mathrm{T}) = 0 \tag{9-45}$$

$$\boldsymbol{P}_{fxx}(\boldsymbol{B}_2 - \boldsymbol{B}\boldsymbol{R}^{-1}\boldsymbol{N}_{fw}^\mathrm{T}) + \boldsymbol{P}_{fxw}\boldsymbol{F}_{w1} + (\boldsymbol{A} - \boldsymbol{B}\boldsymbol{R}^{-1}\boldsymbol{N}_{fx}^\mathrm{T})^\mathrm{T}\boldsymbol{P}_{fxw} - \\ \boldsymbol{P}_{fxx}\boldsymbol{B}\boldsymbol{R}^{-1}\boldsymbol{B}^\mathrm{T}\boldsymbol{P}_{fxw} + \cdots (\boldsymbol{Q}_{fxw} - \boldsymbol{N}_{fx}\boldsymbol{R}^{-1}\boldsymbol{N}_{fw}^\mathrm{T}) = 0 \tag{9-46}$$

$$-\boldsymbol{P}_{fxx}\boldsymbol{B}\boldsymbol{R}^{-1}\boldsymbol{N}_\eta^\mathrm{T} + \boldsymbol{P}_{xw}\boldsymbol{I}_f\boldsymbol{C}_\eta + \boldsymbol{P}_{fx\eta}\boldsymbol{A}_\eta + (\boldsymbol{A} - \boldsymbol{B}\boldsymbol{R}^{-1}\boldsymbol{N}_{fx}^\mathrm{T})^\mathrm{T}\boldsymbol{P}_{fx\eta} - \\ \boldsymbol{P}_{xx}\boldsymbol{B}\boldsymbol{R}^{-1}\boldsymbol{B}^\mathrm{T}\boldsymbol{P}_{x\eta} + \cdots (\boldsymbol{Q}_{x\eta} - \boldsymbol{N}_{fx}\boldsymbol{R}^{-1}\boldsymbol{N}_{f\eta}^\mathrm{T}) = 0 \tag{9-47}$$

$$\boldsymbol{P}_{fxw}^\mathrm{T}(\boldsymbol{B}_2 - \boldsymbol{B}\boldsymbol{R}^{-1}\boldsymbol{N}_{fw}^\mathrm{T}) + \boldsymbol{P}_{fww}\boldsymbol{F}_{w1} + (\boldsymbol{B}_2 - \boldsymbol{B}\boldsymbol{R}^{-1}\boldsymbol{N}_{fw}^\mathrm{T})^\mathrm{T}\boldsymbol{P}_{fxw} + \\ \boldsymbol{F}_{w1}^\mathrm{T}\boldsymbol{P}_{fww} - \cdots \boldsymbol{P}_{fxw}^\mathrm{T}\boldsymbol{B}\boldsymbol{R}^{-1}\boldsymbol{B}^\mathrm{T}\boldsymbol{P}_{fxw} + (\boldsymbol{Q}_{fww} - \boldsymbol{N}_{fw}\boldsymbol{R}^{-1}\boldsymbol{N}_{fw}^\mathrm{T}) = 0 \tag{9-48}$$

$$-\boldsymbol{P}_{fwx}\boldsymbol{B}\boldsymbol{R}^{-1}\boldsymbol{N}_\eta^\mathrm{T} + \boldsymbol{P}_{fww}\boldsymbol{I}_f\boldsymbol{C}_\eta + \boldsymbol{P}_{fw\eta}\boldsymbol{A}_\eta + (\boldsymbol{B}_2 - \boldsymbol{B}\boldsymbol{R}^{-1}\boldsymbol{N}_{fw}^\mathrm{T})^\mathrm{T}\boldsymbol{P}_{fx\eta} + \\ \boldsymbol{F}_{w1}^\mathrm{T}\boldsymbol{P}_{fw\eta} - \cdots \boldsymbol{P}_{fxw}^\mathrm{T}\boldsymbol{B}\boldsymbol{R}^{-1}\boldsymbol{B}\boldsymbol{P}_{fx\eta} + (\boldsymbol{Q}_{fw\alpha} - \boldsymbol{N}_{fw}\boldsymbol{R}^{-1}\boldsymbol{N}_{f\eta}^\mathrm{T}) = 0 \tag{9-49}$$

$$-\boldsymbol{P}_{fx\eta}^\mathrm{T}\boldsymbol{B}\boldsymbol{R}^{-1}\boldsymbol{N}_{f\eta}^\mathrm{T} + \boldsymbol{P}_{fw\eta}^\mathrm{T}\boldsymbol{I}_f\boldsymbol{C}_\eta + \boldsymbol{P}_{f\eta\eta}\boldsymbol{A}_\eta - (\boldsymbol{B}\boldsymbol{R}^{-1}\boldsymbol{N}_{f\eta}^\mathrm{T})^\mathrm{T}\boldsymbol{P}_{fx\eta} + \\ (\boldsymbol{I}_f\boldsymbol{C}_\eta)^\mathrm{T}\boldsymbol{P}_{fw\eta} + \cdots \boldsymbol{A}_\eta^\mathrm{T}\boldsymbol{P}_{f\eta\eta} - \boldsymbol{P}_{fx\eta}^\mathrm{T}\boldsymbol{B}\boldsymbol{R}^{-1}\boldsymbol{B}^\mathrm{T}\boldsymbol{P}_{fx\eta} + (\boldsymbol{Q}_{f\eta\eta} - \boldsymbol{N}_{f\eta}\boldsymbol{R}^{-1}\boldsymbol{N}_{f\eta}^\mathrm{T}) = 0 \tag{9-50}$$

依次解以上 6 个方程,可以求得 $\boldsymbol{P}_{ff}$. 则有

$$\boldsymbol{K}_f = \boldsymbol{R}^{-1}[\boldsymbol{N}_x^\mathrm{T} + \boldsymbol{B}^\mathrm{T}\boldsymbol{P}_{fxx} \quad \boldsymbol{B}^\mathrm{T}\boldsymbol{P}_{fxw} \quad \boldsymbol{B}^\mathrm{T}\boldsymbol{P}_{fx\eta}] \tag{9-51}$$

控制向量为

$$\boldsymbol{U}_f(t) = -\boldsymbol{K}_f\boldsymbol{X}_f(t) \tag{9-52}$$

为了求出性能指标值,需解出 $\boldsymbol{X}_f$ 的协方差矩阵,依照以上的处理方法,有

$$\boldsymbol{X}_{ff} = \begin{bmatrix} \boldsymbol{X}_{fxx} & \boldsymbol{X}_{fxw} & \boldsymbol{X}_{fx\eta} \\ \boldsymbol{X}_{fwx} & \boldsymbol{X}_{fww} & \boldsymbol{X}_{fw\eta} \\ \boldsymbol{X}_{f\eta x} & \boldsymbol{X}_{f\eta w} & \boldsymbol{X}_{f\eta\eta} \end{bmatrix}, \quad \boldsymbol{K}_f = [\boldsymbol{K}_{fx} \quad \boldsymbol{K}_{fw} \quad \boldsymbol{K}_{f\eta}] \tag{9-53}$$

将上式代入(9-10)式,可得

$$\boldsymbol{A}_\eta \boldsymbol{X}_{f\eta\eta} + \boldsymbol{X}_{f\eta\eta}\boldsymbol{A}_\eta^\mathrm{T} + \boldsymbol{B}_\eta \boldsymbol{B}_\eta^\mathrm{T} = 0 \tag{9-54}$$

$$\boldsymbol{A}_\eta \boldsymbol{X}_{f\eta w} + \boldsymbol{X}_{f\eta w}\boldsymbol{F}_{w1}^\mathrm{T} + \boldsymbol{X}_{f\eta\eta}(\boldsymbol{I}_f\boldsymbol{C}_\eta)^\mathrm{T} + \boldsymbol{B}_\eta(\boldsymbol{I}_f\boldsymbol{B}_v)^\mathrm{T} = 0 \tag{9-55}$$

$$A_\eta X_{f\eta x} + X_{f\eta x}(A - BK_{fx})^{\mathrm{T}} + X_{f\eta w}(B_2 - BK_{fw})^{\mathrm{T}} - X_{f\eta \eta}(BK_{f\eta})^{\mathrm{T}} = 0 \quad (9-56)$$

$$F_{w1} X_{fww} + I_f C_\eta X_{f\eta w} + X_{fuw} F_{w1}^{\mathrm{T}} + X_{f\eta w}^{\mathrm{T}}(I_f C_\eta)^{\mathrm{T}} + I_f B_v (I_f B_v)^{\mathrm{T}} = 0 \quad (9-57)$$

$$F_{w1} X_{fwx} + I_f C_\eta X_{f\eta x} + X_{fwx}(A - BK_{fx})^{\mathrm{T}} + X_{fww}(B_2 - BK_{fw})^{\mathrm{T}} - X_{f\eta w}^{\mathrm{T}}(BK_{f\eta})^{\mathrm{T}} = 0 \quad (9-58)$$

$$(A - BK_{fx}) X_{fxx} + (B_2 - BK_{fw}) X_{fwx} - BK_{f\eta} X_{f\eta x} + X_{fxx}(A - BK_{fx})^{\mathrm{T}} + X_{fwx}^{\mathrm{T}}(B_2 - BK_{fw})^{\mathrm{T}} - X_{fx\eta}(BK_{f\eta})^{\mathrm{T}} = 0 \quad (9-59)$$

依次解上述方程,可得 X_f 的协方差矩阵,代入(9-43)式,可以得到相应的评价指标.

以上的控制算法均为所有状态变量完全可测时得出的控制规律,事实上所有量测信号均有噪声,这使得控制性能变坏,此时可以采用 Kalman 滤波器对状态进行最优估计.对于本节的模型,滤波器设计如下:

输出为

$$Y_e(t) = C_f X_e(t) + D_f U_f(t) + v_f(t) \quad (9-60)$$

其中,v_f 为量测噪声,其中 X_e 是状态变量 X_f 的最优估计,并假设为白噪声过程,其协方差矩阵为

$$\mathrm{E}[v_f^{\mathrm{T}} v_f] = V_f \delta(t - \tau) \quad (9-61)$$

当量测噪音与轨道不平顺噪音不相关时,注意到系统为白噪声信号输入,则(9-39)式所描述的系统最优滤波算法如下所示:

$$\dot{X}_e(t) = A_f X_e(t) + B_f U_f(t) + L(Y_f(t) - C_f X_e(t) - D_f U_f(t)) \quad (9-62)$$

X_e 为状态 X_f 的估计值,L 为滤波器增益,由下式给出:

$$L = P_0 C_f^{\mathrm{T}} V_f^{-1} \quad (9-63)$$

上式中,P_0 为滤波误差协方差矩阵,是下式 Riccati 方程的解:

$$A_f P_0 + P_0 A_f^{\mathrm{T}} - P_0 C_f^{\mathrm{T}} V_f^{-1} C_f P_0 + B_b B_b^{\mathrm{T}} = 0 \quad (9-64)$$

这样控制向量可由下式给出:

$$U_f(t) = -K_f X_e(t) \quad (9-65)$$

9.1.5 轨道谱输入及包含时延的次优控制

全状态反馈控制器是依据全局状态信息而决策设计的控制器,能保证闭环系统渐近稳定,且具有最优的性能指标,其代价也是显而易见的,就是要在所有状态向量均能测定的情况下,才可以设计出相应的控制器.当已经测得部分状态变量时,一个方法是设计 Kalman 滤波器,依据已测信息对未知状态进行最优估计,对所估计的状态进行增益反馈得到控制向量,但该方法使系统维数增加、结构复杂.另一个方法采用可以量测的状态,采用优化方法直接对评价指标进行最小化寻优构成次优控制器,方法直观简单.该方法首先由文献[7]给出,采用简化的车辆模型,而且没有考虑轮对输入互相关的影响.本节将该方法推广至上面所述的模型,即包含轨道谱及考虑轮对间时延输入的模型,本节的方法更具普遍性.

对于(9-25)式及(9-39)式所描述的动力学模型,评价指标往往采用如下形式:

$$J_0 = \lim_{T \to \infty} \frac{1}{T} E\left\{\int_0^\infty (Y_f^T(t)Q_1 Y_f(t) + U_f^T(t)R_1 U_f(t))\right\} dt \quad (9-66)$$

令控制向量为

$$U_f = -K_H H X_f = -K_H H [X \quad Z_w \quad \eta]^T \quad (9-67)$$

此处 H 为选择矩阵,用于定义状态变量中的量测量. 例如,如果状态变量中所有与车辆状态相关的矩阵均可量测,则

$$H = [I_{x \times x} \quad 0_{x \times w} \quad 0_{x \times \eta}] \quad (9-68)$$

下标的含义同上. 则 K_H 可以通过以下步骤求得:

(1) 初始化 K_H,好的初值有益于搜索,一般采用(9-51)式作为 K_H 的初值.

(2) 解(9-54)式至(9-59)式,可以求出 X_f 的协方差矩阵,代入以下两式:

$$Y_{ff} = E[Y_f(t)Y_f^T(t)] = (C_f - D_f K_f) X_{ff} (C_f - D_f K_f)^T \quad (9-69)$$

$$U_{ff} = K_f X_{ff} K_f^T \quad (9-70)$$

(3) 计算性能指标. 将(9-69)式和(9-70)式的计算结果代入(9-66)式,当 Q_1 和 R_1 为对角阵时,有

$$J_0 = \text{trace}(Q_1 Y_{ff}) + \text{trace}(R_1 U_{ff}) \quad (9-71)$$

(4) 采用梯度法搜索 K_H,迭代算法精度要求为

$$|J_{K+1} - J_K| < \varepsilon \quad (9-72)$$

K 为迭代次数,ε 为设定的精度值. 返回到第二步,直到条件满足. 本方法可以运用于任何车辆的线性模型.

9.1.6 天棚减振器及补偿滤波器控制

主动控制中的天棚减振器控制,自 Karnopp 在 1973 年提出[8]以来,不断得到改进和完善[9,13-15]. 该算法直接对绝对速度进行反馈,提供了较大的模态阻尼,而且没有提高高频传递率. 简单地采用"纯"天棚减振器,在工程中会有诸多问题,会妨碍其使用. 对于铁道车辆而言,悬挂系统主要起着支持车体、隔振和导向的作用. 隔振是滤去轨道传来的高频振动信号,导向是引导车体沿着低频的方向信号前进. 而"纯"天棚减振器对于转向架传来的振动信号,无论高频、低频均施加反馈力作用,在车辆导向时,如曲线通过、爬坡及过道岔时,会造成无法恢复的悬挂位移,给行车安全带来极大隐患. 同时,由于"纯"天棚减振器需对速度进行增益反馈,而速度信号无法直接获得,往往要从加速度信号积分或从位移信号求导得出. 从加速度信号积分得到速度信号会产生漂移现象而无法实用,因此,有多种改进算法提出. 经比较分析,补偿滤波控制器能实现良好的控制性能[11].

补偿滤波器控制算法见图 9-1,$HP(s)$ 表示高通滤波器,$LP(s)$ 表示低通滤波器,两者之间有下式成立[15]:

$$LP(s) = 1 - HP(s) \quad (9-73)$$

从图 9-1 中可以看到,高通滤波器插入天棚减振器和积分器之间,这样既可以消除加速度积分的漂移,也可以减少因线路导向信号(或称确定偏移信号)而产生的悬挂系统的偏移. 在实际使用中,往往将积分器与滤波器合并使用. 表 9-1 给出其综合传递函数,其中 ω_i 为截止频率,ξ_i 为 0.7.

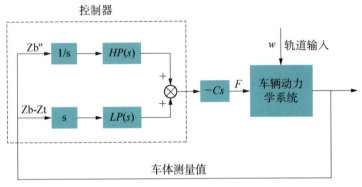

图 9-1 补偿滤波器控制

表 9-1 高通滤波器传递函数

$1/s \times HP(s)$	
一阶滤波器	$H_1 = \dfrac{1/\omega_i}{1+s/\omega_i}$
二阶滤波器	$H_2 = \dfrac{s/\omega_i^2}{1+2\xi_i/\omega_i \cdot s + s^2/\omega_i^2}$
三阶滤波器	$H_3 = \dfrac{s^2/\omega_i^3}{1+2s/\omega_i+2s^2/\omega_i^2+s^3/\omega_i^3}$

注意到算法中对悬挂系统的相对速度进行了低通滤波,可见该算法对于高频信号采用天棚减振器(即绝对阻尼),对低频信号采用了相对阻尼,这样使得转向架的悬挂系统既可以跟随线路低频的确定性方向信号,又能衰减高频随机激励而产生的振动,达到满意的效果. 依据 (9-73) 式,可以得到低通滤波器的综合传递函数,如表 9-2 所示.

表 9-2 低通滤波器传递函数

$s \times LP(s)$	
一阶滤波器	$H_1 = \dfrac{s}{1+s/\omega_i}$
二阶滤波器	$H_2 = \dfrac{s+2\xi_i/\omega_i \cdot s^2}{1+2\xi_i/\omega_i \cdot s + s^2/\omega_i^2}$
三阶滤波器	$H_3 = \dfrac{s+2s^2/\omega_i+2s^3/\omega_i^2}{1+2s/\omega_i+2s^2/\omega_i^2+s^3/\omega_i^3}$

§9.2 铁道车辆单车垂向主动控制研究

9.2.1 控制模型

为了验证比较本章研究出的基于轨道有色谱和轮轴时延的控制器性能,在(2-18)式所建立的车辆垂向动力学模型上,运用研究的控制算法,设计了相应的控制器,车辆参数采用表 2-1 的参数.

1. 白噪声不平顺信号输入时的全状态反馈最优控制模型

当轨道输入视为白噪声时,对(2-18)式可以直接采用(9-4)式至(9-13)式的解法求出控制器. 对于铁道车辆而言,由于车身较长,各点的加速度不均匀,平稳性的评价指标主要依据车体浮沉加速度及点头加速度综合做出,当然二系悬挂动挠度也是一个重要的指标,所以,在输出中至少应包含浮沉加速度、点头加速度以及前后二系悬挂的相对挠度.

定义输出如下:

$$Y = \begin{bmatrix} \ddot{z}_b & \ddot{\theta}_b & z_b - l_b\theta_b - z_{t1} & z_b + l_b\theta_b - z_{t1} \end{bmatrix} \quad (9-74)$$

输出分别为车体的浮沉、点头加速度,以及前、后二系悬挂的动挠度. 为了避免与系统阻尼矩阵 C 重名,定义

$$Y(t) = C_y X(t) + D_y U(t) \quad (9-75)$$

依据(2-1)式及(2-2)式,有

$$C_y = \begin{bmatrix} -\dfrac{2k_s}{m_b} & 0 & \dfrac{k_s}{m_b} & 0 & \dfrac{k_s}{m_b} & 0 & -\dfrac{2c_s}{m_b} & 0 & \dfrac{c_s}{m_b} & 0 & \dfrac{c_s}{m_b} & 0 \\ 0 & -\dfrac{2k_s l_b^2}{J_b} & -\dfrac{k_s l_b}{J_b} & 0 & \dfrac{k_s l_b}{J_b} & 0 & 0 & -\dfrac{2c_s l_b^2}{J_b} & -\dfrac{c_s}{m_b} & 0 & \dfrac{c_s}{m_b} & 0 \\ 1 & -l_b & -1 & 0 & 0 & 0 & 0 & 0 & 0 & 0 & 0 & 0 \\ 1 & l_b & 0 & 0 & -1 & 0 & 0 & 0 & 0 & 0 & 0 & 0 \end{bmatrix}$$

$$(9-76)$$

$$D_y = \begin{bmatrix} -\dfrac{1}{m_b} & -\dfrac{1}{m_b} \\ \dfrac{l_b}{J_b} & \dfrac{l_b}{J_b} \\ 0 & 0 \\ 0 & 0 \end{bmatrix} \quad (9-77)$$

评价指标采用(9-4)式.

2. 轨道谱输入时的全状态反馈最优控制模型

将(2-10)式至(2-14)式代入(9-25)式和(9-26)式,有

$$\boldsymbol{X}_a = \begin{bmatrix} \boldsymbol{X}_{12\times 1} \\ \boldsymbol{Z}_{w\ 8\times 1} \end{bmatrix}, \quad \boldsymbol{A}_1 = \begin{bmatrix} \boldsymbol{A}_{12\times 12} & \boldsymbol{B}_{2\ 12\times 8} \\ \boldsymbol{0}_{8\times 12} & \boldsymbol{F}_{w1\ 8\times 8} \end{bmatrix}, \quad \boldsymbol{B}_1 = \begin{bmatrix} \boldsymbol{B}_{12\times 2} \\ \boldsymbol{0}_{8\times 2} \end{bmatrix}, \quad \boldsymbol{B}_w = \begin{bmatrix} \boldsymbol{0}_{12\times 1} \\ \boldsymbol{I}'_{f\ 8\times 1} \end{bmatrix} \quad (9-78)$$

输出定义为(9-27)式,其中

$$\boldsymbol{Y}_a = \begin{bmatrix} \ddot{z}_b & \ddot{\theta}_b & z_b - l_b\theta_b - z_{t1} & z_b + l_b\theta_b - z_{t1} & z_{t1} - z_{w1} & z_{t2} - z_{w1} \end{bmatrix} \quad (9-79)$$

$$\boldsymbol{C}_a = \begin{bmatrix} \boldsymbol{C}_y & \boldsymbol{0}_{4\times 8} \\ 0 & 0 & 1 & 0 & 0 & \boldsymbol{0}_{1\times 7} & -\frac{1}{2} & 0 & -\frac{1}{2} & 0 & 0 & 0 & 0 \\ 0 & 0 & 0 & 0 & 1 & \boldsymbol{0}_{1\times 7} & 0 & 0 & 0 & 0 & -\frac{1}{2} & 0 & -\frac{1}{2} & 0 \end{bmatrix} \quad (9-80)$$

$$\boldsymbol{D}_a = \begin{bmatrix} \boldsymbol{D}_y \\ \boldsymbol{0}_{2\times 2} \end{bmatrix} \quad (9-81)$$

评价指标同样采用(9-4)式,但需对加权矩阵 $\boldsymbol{Q}_1$ 和 $\boldsymbol{R}_1$ 做相应的增广处理.

3. 轨道谱输入时的轴间预瞄控制模型

与前面的处理方法相同,将(2-10)式至(2-14)式代入(9-39)式至(9-41)式,其中,

$$\boldsymbol{X}_f = \begin{bmatrix} \boldsymbol{X}_{12\times 1} \\ \boldsymbol{Z}_{w8\times 1} \\ \boldsymbol{\eta}_{6\times 1} \end{bmatrix}, \quad \boldsymbol{B}_f = \begin{bmatrix} \boldsymbol{B}_{12\times 2} \\ \boldsymbol{0}_{8\times 2} \\ \boldsymbol{0}_{6\times 2} \end{bmatrix}, \quad \boldsymbol{B}_b = \begin{bmatrix} \boldsymbol{0}_{12\times 1} \\ \boldsymbol{I}_f \boldsymbol{B}_v \\ \boldsymbol{B}_\eta \end{bmatrix} \quad (9-82)$$

$$\boldsymbol{A}_f = \begin{bmatrix} \boldsymbol{A} & \boldsymbol{B}_2 & \boldsymbol{0}_{12\times 6} \\ \boldsymbol{0}_{8\times 12} & \boldsymbol{F}_{w1} & \boldsymbol{I}_f \boldsymbol{C}_\eta \\ \boldsymbol{0}_{6\times 12} & \boldsymbol{0}_{6\times 8} & \boldsymbol{B}_\eta \end{bmatrix} \quad (9-83)$$

输出采用(9-42)式,其中,

$$\boldsymbol{C}_f = \begin{bmatrix} \boldsymbol{C}_a & \boldsymbol{0}_{6\times 6} \end{bmatrix} \quad (9-84)$$

$$\boldsymbol{D}_f = \boldsymbol{D}_a \quad (9-85)$$

评价指标采用(9-4)式,同样需对加权矩阵 $\boldsymbol{Q}_1$ 和 $\boldsymbol{R}_1$ 做相应的增广处理.

4. 次优状态反馈控制模型

次优状态控制器是依据轨道谱输入时的轴间预瞄控制模型(即(9-39)式)而设计,事实上该方法适用于以上的诸多控制模型,但是,依据越精确的动力学模型设计的次优控制器,其控制性能越好.

9.2.2 单车垂向平稳性最优及次优控制仿真结果与分析

依据以上分析,下面针对铁道车辆垂向单车平稳性进行主动控制仿真研究.分别设计白噪声输入的全状态反馈控制器、轨道谱输入的全状态反馈控制器、轴间预瞄全状态反馈控制器,以及基于包含轮轴时延和轨道谱输入模型设计的次优反馈控制器,并在包含轮轴时延的轨道谱输入模型(即(9-39)式)所描述的动力学模型上进行对比分析,同样定义车辆平稳性指标为

综合加速度 RMS 值.

图 9-2 至图 9-5 是优化权值对车体综合加速度的比值、车体综合加速度、两个作动器输出力总和及二系动挠度的影响. 其中,为了得出主动控制相对被动系统所占的比值,定义主动控制后车体综合加速度相对于被动系统综合加速度的比为综合加速度的比值. 次优控制是针对 (9-28) 式的动力学系统模型而优化设计的,优化权值为 $Q_1 = \mathrm{diag}([1.0\mathrm{e}9 \ \ 1.0\mathrm{e}9 \ \ 0 \ \ 0 \ \ 0 \ \ 0])$,运行速度为 55 m/s,即在本节研究中没有根据权值或速度的变化重新优化次优反馈增益,所以,在图 9-2 至图 9-5 中该工况保持不变.

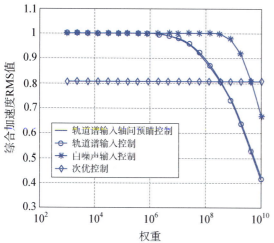

图 9-2 权值对车体综合加速度比值的影响

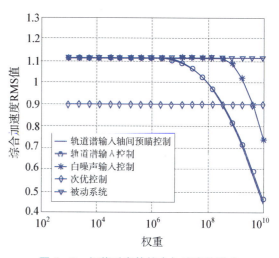

图 9-3 权值对车体综合加速度的影响

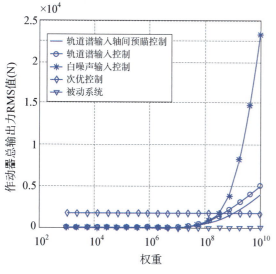

图 9-4 权值对作动器输出力的影响

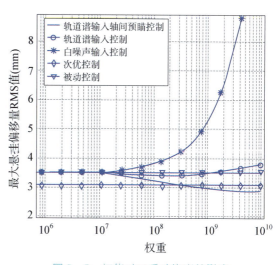

图 9-5 权值对二系动挠度的影响

在图 9-2 至图 9-5 所做的权值分析中,对浮沉及点头的权值是相同的,同时,由于大部分算法对二系的动挠度影响不大,在分析中,对二系动挠度的权值取为 0. 从图 9-2 和图 9-3

可以看到,权值在 1.0e8 以上,主动控制才起明显的作用. 这是由于评价指标中除了包含对车体加速度和二系挠度的评价外,还包括对输出力的评价,权值具有对两种不同性质、不同量纲的评价量起到规范化的作用. 从图 9-4 和图 9-5 可以看出,依据白噪声模型设计的控制器,当权值增大时,控制力的均方根值及二系悬挂的均方根值急剧加大,与依据包含轮轴时延的动力学模型而设计的轴间预瞄控制系统相比,车辆的平稳性没有提高,却大大提高了作动器的能源需求及二系悬挂的动挠度. 依据以上分析,根据作动器的输出力、二系动挠度的限制,可以初步确定权值的范围.

当权值 $Q_1 = \mathrm{diag}([5.0\mathrm{e}8 \quad 250.0\mathrm{e}8 \quad 0 \quad 0 \quad 0 \quad 0])$ 和 $R_1 = \mathrm{diag}([1 \quad 1])$ 时,比较了速度对各项性能指标的影响. 这样选择权值的主要原因在于浮沉的均方根值往往是点头振动均方根值的 50 倍左右,而且由于铁道车辆车体较长,点头振动的抑制能大幅提高车辆运行的平稳性. 其计算结果见图 9-6 至图 9-11.

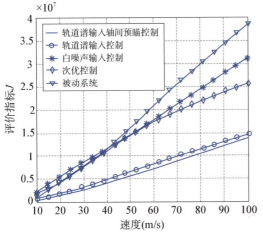

图 9-6 速度对评价指标的影响

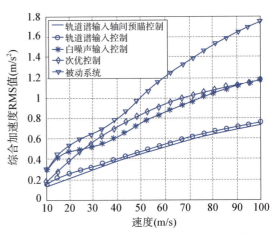

图 9-7 速度对车体综合加速度的影响

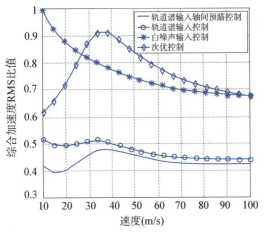

图 9-8 速度对综合加速度比值的影响

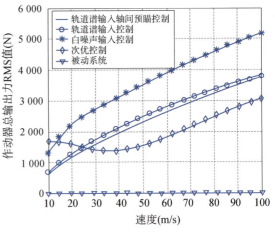

图 9-9 速度对作动器输出力的影响

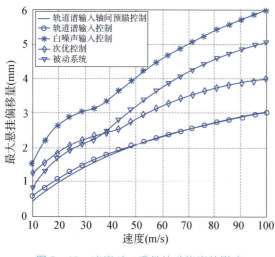

图 9-10 速度对二系悬挂动挠度的影响

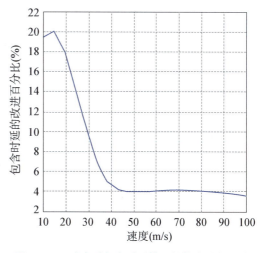

图 9-11 速度对包含时延模型性能改进的影响

当采用上述权值设计控制器时,从以上各图可以看到,在各速度下,控制算法考虑了轨道高速谱及轮轨时延的轴间预瞄控制算法均能达到良好的控制性能.

次优控制器的设计同样针对固定运行速度(40 m/s)、固定优化权值而设计,这样做的原因在于,在权值优化搜索时,往往需要花费较长的时间,在实际工程运用中不大可能实时进行搜索,同时可以对比固定次优控制器的性能.从图 9-6 可以看到,在车辆运行速度超过 50 m/s以后,次优控制的性能指标是优于基于白噪声输入控制模型的,从图 9-9 和图 9-10 也可以看到,它对二系动挠度的影响较小,作动器输出力的要求也不高.从仿真结果可以看到,性能最为优越的是基于轨道谱输入模型的轴间预瞄控制算法,它对作动器输出力的要求不高,对二系动挠度甚至有减小的作用.从图 9-11 可以看到,随着运行速度的提高,轴间预瞄控制所能获得的收益急剧减小,在运行速度超过 40 m/s 时,相对轨道谱动力学控制模型而言,其收益仅在

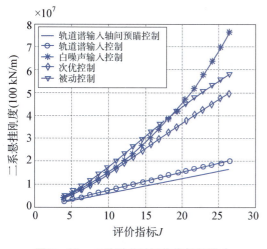

图 9-12 二系刚度对评价指标的影响

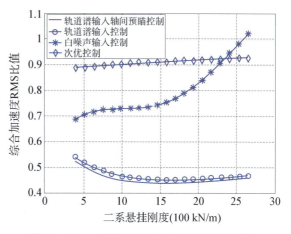

图 9-13 二系刚度对车体综合加速度的影响

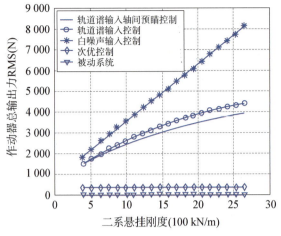

图 9-14 二系刚度对作动器输出力的影响

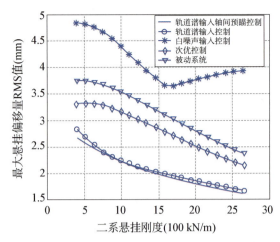

图 9-15 二系刚度对二系悬挂动挠度的影响

4%左右.从以上各图的分析结果可以看到,如果将轨道视为白噪声不平顺激励输入时,虽然其平稳性指标的收益随速度的增加而增加,但与依据轨道模型而设计的控制系统相比,性能大为逊色,在评价指标上甚至不如基于时延模型而设计的次优控制器,因此,在控制系统设计时包含轨道谱模型至关重要.

图 9-12 至图 9-15 是当系统的刚度参数发生变化时,对各项指标的影响.从图 9-12 和图 9-14 可以看到,随着刚度的增加,各控制算法的最优控制评价指标及主动器的输出力均逐步增加.从图 9-13 可以看到,随刚度的增加,轴间预瞄控制和轨道谱输入控制方法中车体综合加速度有所减小.从图 9-15 可知,除了白噪声控制方法在刚度大于 1.5 MN/m 后挠度略有增加,各算法中二系动挠度均随刚度的增加而有所减小.从以上分析可知,刚度首先应依据被动系统而设计,这样当作动器失效后仍能保持安全、稳定地运行,其次,在此基础上考虑作动器的输出功率及二系挠度空间的限制,应综合考虑而定.

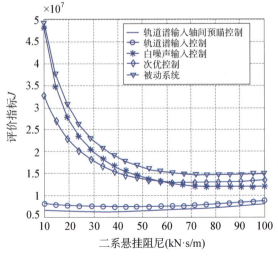

图 9-16 二系阻尼对评价指标的影响

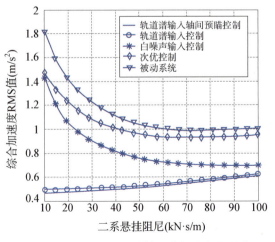

图 9-17 二系阻尼对车体综合加速度的影响

图 9-16 至图 9-19 是系统参数中阻尼参数对模型各项指标的影响.从图 9-16 可以看到,随着阻尼的增加,轴间预瞄控制及轨道谱输入控制模型的评价指标变化不大,但其他各控制系统及被动系统的评价指标均随之减小,说明系统的性能得到提升.从图 9-17 可见,随着阻尼的增加,在轴间预瞄控制及轨道谱输入控制系统中,车体综合加速度呈缓慢上升趋势,而其他各系统车体综合加速度是逐步下降的.从图 9-18 可以看出,总体上除了白噪声控制模型外,阻尼参数对系统的控制力 RMS 值影响不大.在各个控制系统中相同的是,随着二系悬挂阻尼的增加,二系动挠度均呈下降趋势,如图 9-19 所示.由于阻尼参数对作动器输出力影响不大,可以考虑主要依据被动系统设计原则选择其参数.

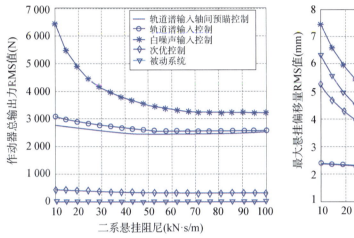

图 9-18 二系阻尼对作动器输出力的影响

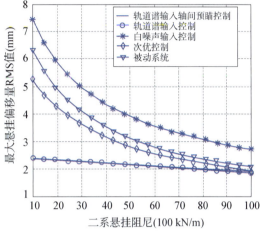

图 9-19 二系阻尼对二系动挠度的影响

9.2.3 单车垂向平稳性天棚减振器及补偿滤波器控制仿真分析

本节研究是基于§2.1 中 Matlab/Simlink ® 的单车垂向模型,采用§9.1 中天棚减振器或者补偿滤波控制器进行的,其模型框图如图 9-20 所示.

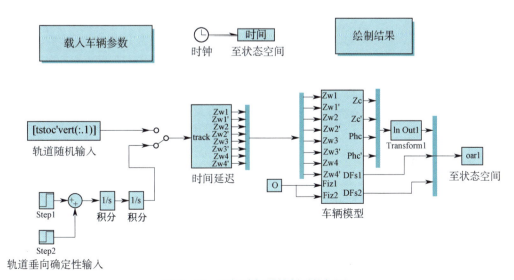

图 9-20 天棚减振器控制系统框图

与被动系统框图不同的是,系统中引入了轨道确定性不平顺信号输入,即轨道的方向导向信号. 对于垂向模型而言,铁路典型的坡度为 1‰,所施加的最高加速度限制为 0.5 m/s^2 (0.05 g)[12],对于运行速度为 55 m/s 的车辆而言,这对应着 1.1 s 的运行时间. 同时,从图 9-20 可以看到,与被动系统相比,输出了二系悬挂的动挠度. 图 9-20 的控制模型中采用的是二阶补偿滤波控制器,如图 9-21 所示. 由于基于 Matlab/Simlink ® 建立车辆模型,可以方便地进行滤波器设计及时域仿真.

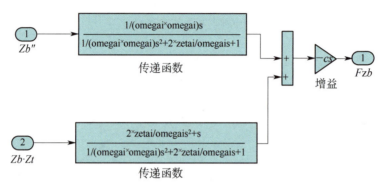

图 9-21 补偿滤波控制器 Matlab/Simlink ® 系统框图

当速度为 55 m/s、c_s 为 50 kN·s/m 时,采用表 2-1 的参数,输入确定性轨道不平顺的仿真计算结果,如图 9-22 所示. 从图 9-22 中可以看到,天棚减振器控制算法的瞬态二系悬挂偏移量较大,而且产生了不能恢复的悬挂偏移量.

图 9-23 和图 9-24 是当滤波器截止频率变化时,采用垂向随机不平顺输入时,对补偿滤波控制器折衷优化分析所画出的曲线. 从图 9-23 可知,所能运用的悬挂空间越小,平稳性就越差. 在有限的悬挂空间里,提高平稳性的做法是加入主动力. 从图 9-24 可以看到,要满足的悬挂空间越小,所需的主动力就越大. 从对图 9-25 的分析可以看到,相对于被动系统而言,补

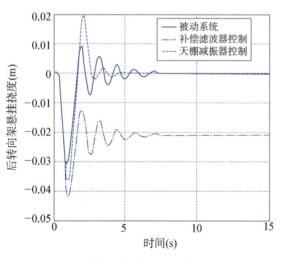

图 9-22 确定性轨道不平顺时的二系挠度

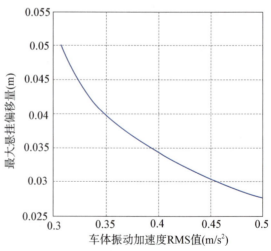

图 9-23 补偿滤波器控制折衷分析 I

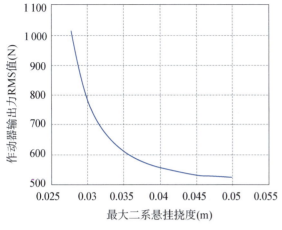

图 9-24　补偿滤波器控制折衷分析 II　　　图 9-25　控制算法对平稳性控制性能的对比

偿滤波器控制对平稳性有了很大的改进,单从平稳性考察,补偿滤波器控制要逊色于天棚减振器控制,但正如前面分析中所指出的,对于铁道车辆而言,"纯"天棚减振器是无法使用的.

9.2.4　半主动控制

1. 半主动控制的基本原理

虽然全主动悬挂系统隔振性能很好,但由于作动器需要额外能源输入来产生输出力,特别是当采用最优控制时,作动器输出力与系统的全部状态变量相关,这就需要配备很重的能源装置来提供作动器所需的能量,而且需要安装测量传感装置来测量系统的某些状态,依据相应的控制算法来产生作动器输出力,这使悬挂系统的复杂程度大大增加[13].

由于被动悬挂系统中的阻尼器对车体有时做正功,有时做负功,针对这个特点,半主动悬挂采用可调阻尼器来替换常阻尼系数的被动减振器,如图 9-26 所示. 可调阻尼器控制策略的基本出发点就是模拟天棚阻尼悬挂系统. 天棚阻尼悬挂系统的基本结构如图 9-27 所示[14]. 为了更具有代表性,本系统中还包括一个被动的液压减振器 c_m.

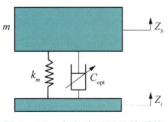　　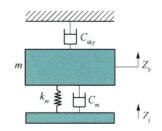

图 9-26　半主动阻尼悬挂系统　　　图 9-27　天棚阻尼悬挂系统

半主动悬挂系统几乎不消耗外部能量,仅采用可变阻尼减振器系统,对目前既有车型的结构影响很小,对现有的列车走行部的改进也很容易,因此,半主动悬挂系统有很大优势. 资料表明,列车采用半主动悬挂方式的控制效果与全主动悬挂方式的控制效果是比较接近的.

除具有外部能耗低、控制机构简单等优势之外,半主动悬挂系统的另一优势在于其具有良好的失效安全性,即:在控制系统失效的情况下,半主动悬挂系统能迅速且方便地转化为被动悬挂系统,能在满足列车运行稳定性基本指标的条件下,确保列车运行的安全性.

因此,半主动悬挂旨在以接近被动悬挂的造价和复杂程度来提供接近主动悬挂的性能,不但具有良好的性价比,而且能在失效状态下导向安全,是一种实用的现代悬挂形式.

从图 9-27 可以看到,天棚阻尼悬挂系统所产生的力为

$$F_d = -c_{sky}\dot{z}_b - c_m(\dot{z}_b - \dot{z}_t) \tag{9-86}$$

在图 9-26 中半主动悬挂系统所产生的力为

$$F_{optimal} = -c_{opt}(\dot{z}_b - \dot{z}_t) \tag{9-87}$$

令半主动悬挂系统产生的力等于理想的天棚阻尼悬挂系统所产生的力,于是有

$$c_{opt} = \frac{c_{sky}\dot{z}_b}{(\dot{z}_b - \dot{z}_t)} + c_m \tag{9-88}$$

上式中,c_{opt} 既可能为正值,也可能为负值. 如果图 9-26 中的可调阻尼器为作动器,那么,当 c_{opt} 为负值时,该作动器输出能量;当 c_{opt} 为正值时,该作动器消耗能量. 对于半主动悬挂系统而言,c_{opt} 只能在某正值范围内变化.

依据采用的可调阻尼器的性能不同,半主动悬挂的控制策略有所不同.

(1) 开关型半主动悬挂.

系统使用开关型可调减振器,该减振器与弹簧并联构成悬挂系统. 依据(9-88)式,考虑可调阻尼器阻尼系数只能取正值,并令式中 c_m 为 0,于是,开关型半主动悬挂的控制策略为

$$c_{on/off} = \begin{cases} c_{min}, & c_{opt} < 0 \\ c_{max}, & c_{opt} > 0 \end{cases} \tag{9-89}$$

依据(9-77)式和(9-78)式,可知可调阻尼器(或者称主动减振器)作用在簧载质量上的力为

$$F_{ad} = \begin{cases} -c_{min}(\dot{z}_b - \dot{z}_t), & \dot{z}_b(\dot{z}_b - \dot{z}_t) < 0 \\ -c_{max}(\dot{z}_b - \dot{z}_t), & \dot{z}_b(\dot{z}_b - \dot{z}_t) > 0 \end{cases} \tag{9-90}$$

从上式可知,天棚减振器的作用力为 $-c_{sky}\dot{z}_b$,而主动减振器的输出力为 $-c_{opt}(\dot{z}_b - \dot{z}_t)$. 用主动减振器来模拟天棚减振器的作用,当主动减振器作用力的方向与天棚减振器的作用力方向相同时,有 $\dot{z}_b(\dot{z}_b - \dot{z}_t) > 0$,此时,主动减振器起到消耗能量的作用,将阻尼值设为最大(c_{max}).

当 $\dot{z}_b(\dot{z}_b - \dot{z}_t) < 0$ 时,此时可以分两种情况讨论:

情况 1 当簧载质量向上运动时,$\dot{z}_b(\dot{z}_b - \dot{z}_t) < 0$,意味着 $\dot{z}_t > \dot{z}_b$,即:激扰输入的速度大于簧载质量的运动速度. 如果仍然采用被动减振器,那么,它作用在簧载质量上的阻尼力为 $-c_m(\dot{z}_b - \dot{z}_t)$,方向向上,与簧载质量的运动方向相同,阻尼器为压缩行程,此时将加剧簧载质量的振动. 由于主动减振器与作动器不同,其阻尼系数只能取正值,因此,为了减小 z_t 传递

给 z_b 的振动,将阻尼参数设为最小(c_{min}),其作用力为 $F_{ad}=-c_{min}(\dot{z}_b-\dot{z}_t)$.

情况 2 当簧载质量向下运动时,$\dot{z}_b(\dot{z}_b-\dot{z}_t)<0$,此时有 $\dot{z}_b>\dot{z}_t$,即:簧载质量的运动速度大于激扰输入的运动速度. 由于运动方向向下,与图 9-26 中定义的方向相反,这说明簧载质量的运动速率要小于激扰输入的运动速率. 与以上分析相同,如果仍然采用被动减振器,此时阻尼器为拉伸行程,其作用力同样为 $-c_m(\dot{z}_b-\dot{z}_t)$,但方向向下,与簧载质量的运动方向相同,也加剧了簧载质量的振动. 处理方法与上面相同,同样将阻尼参数设为最小 c_{min},其作用力为 $F_{ad}=-c_{min}(\dot{z}_b-\dot{z}_t)$.

开关型半主动悬挂控制原理简单,对可调阻尼减振器的要求不高,比较容易实现.

(2) 3 段可切换型半主动悬挂.

该系统不仅考虑主动减振器产生力的方向,还考虑其输出力的取值. 与开关型主动减振器的最大区别在于,其阻尼系数在"软"和"硬"间又增设了一档,如(9-91)式所示.

$$c_{switchable}=\begin{cases} c_{min}, & c_{opt} \leqslant c_{min} \\ \dfrac{c_{min}+c_{max}}{2}, & c_{min} < c_{opt} < c_{max} \\ c_{max}, & c_{opt} \geqslant c_{max} \end{cases} \quad (9-91)$$

开关型及 3 段可调的半主动悬挂控制算法要进行频繁的开关控制,由于阻尼力不连续,会产生冲动和系统噪声,还会导致系统颤振.

(3) 连续可调型半主动悬挂.

与以上两种半主动悬挂相同,可调阻尼系数的主动减振器与被动弹簧并联构成悬挂系统,所不同的是其主动减振器的阻尼系数可以在设定范围内连续变化. 阻尼系数的连续变化可通过安装电磁节流阀或者采用智能流体材料(磁流变液体、电流变液体)的减振器来实现. 其控制规律如下:

$$c_{continuous}=\begin{cases} c_{min}, & c_{opt} \leqslant c_{min} \\ c_{opt}, & c_{min} \leqslant c_{opt} \leqslant c_{min} \\ c_{max}, & c_{opt} > c_{max} \end{cases} \quad (9-92)$$

连续可调型半主动悬挂能够比上述两种悬挂系统实现更好的隔振效果. 虽然该系统仍然存在噪声和冲动,但是,由于阻尼力连续可调,由阻尼力不连续而导致的噪声和冲动得到明显改善.

2. 半主动控制的数值算例

控制车辆的垂向振动的半主动悬挂系统的力学模型如图 9-28 所示. 由于半主动悬挂本质上还是非线性系统,为了研究半主动悬挂的控制性能,运用前面相应章节中研究补偿滤波控制主动悬挂所建立的 Simulink 模型,来分析半主动悬挂的性能. 图 9-29 为开关型二系半主动悬挂的系统框图,其中可调阻尼器采用 S-function 来实现.

当运行速度为 55 m/s 时,采用轨道不平顺高速谱,运用§1.4 中的方法反演出轨道不平顺输入,并作为输入对半主动和被动悬挂的单车垂向动力学模型进行仿真,其仿真结果如图 9-30 至图 9-34 所示.

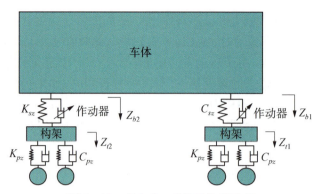

图 9-28 半主动二系悬挂物理模型

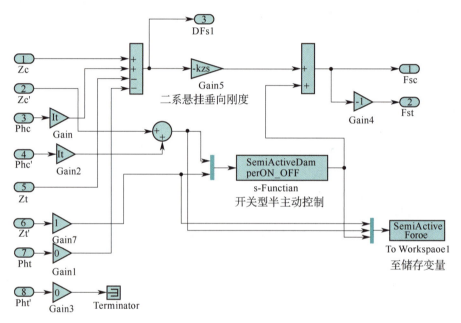

图 9-29 开关型半主动二系悬挂 Simulink 框图

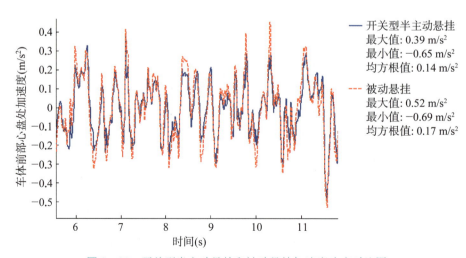

图 9-30 开关型半主动悬挂和被动悬挂加速度响应对比图

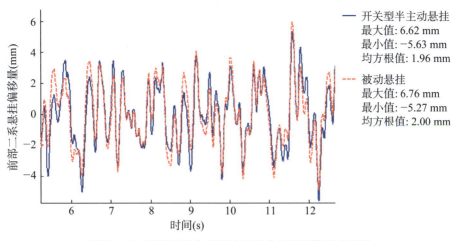

图 9-31 开关型半主动悬挂和被动悬挂偏移量对比图

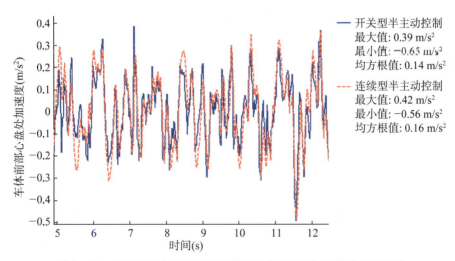

图 9-32 开关型半主动悬挂和连续型半主动悬挂加速度响应对比图

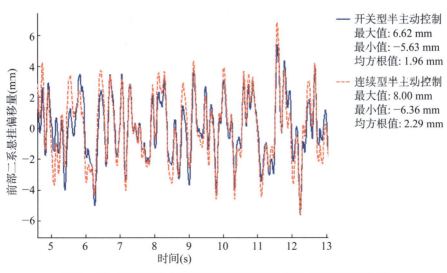

图 9-33 开关型半主动悬挂和连续型半主动悬挂偏移量对比图

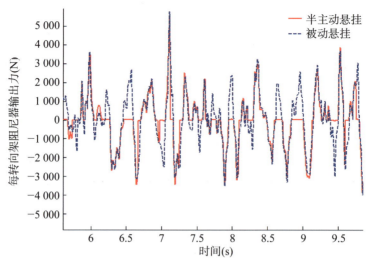

图 9-34 开关型半主动悬挂和被动悬挂阻尼器输出力对比图

被动悬挂、半主动悬挂和天棚阻尼悬挂的二系悬挂位移、心盘处垂向加速度和以心盘加速度计算的 Sperling 指标见表 9-3. 从表 9-3 的分析结果可以看到,开关型半主动悬挂的性能接近天棚阻尼悬挂,车体心盘处的加速度均方根值都为 0.14 m/s², 平稳性指标也比较接近,而且其二系悬挂的最大偏移量要小于天棚阻尼悬挂. 仿真分析还表明,开关型半主动悬挂可以实现比连续型半主动悬挂更佳的性能,但其在一定激励频率、系统的刚度和阻尼下,有可能产生颤振. 发生颤振时,阻尼器以较高的频率进行开关自激振动. 一旦发生颤振,对悬挂系统的减振性能、阻尼器本身的寿命甚至系统的安全性都不利,因此要设法避免,其中采用连续可调阻尼是避免半主动悬挂系统颤振的方法之一[13,14].

表 9-3 几种悬挂性能对比

悬挂类型	二系悬挂位移			车体心盘处加速度			垂向 Sperling 指标
	最小 (mm)	最大 (mm)	均方根值 (mm)	最小 (m/s²)	最大 (m/s²)	均方根值 (m/s²)	
被动悬挂	−5.27	6.76	2.0	−0.69	0.52	0.17	2.02
开关型半主动悬挂	−5.62	6.62	1.96	−0.65	0.39	0.14	1.91
3 段可切换半主动悬挂	−6.40	7.52	2.18	−0.52	0.43	0.15	1.93
连续型半主动悬挂	−6.36	8.00	2.29	−0.56	0.42	0.16	1.95
天棚阻尼悬挂	−5.88	7.39	2.16	−0.50	0.37	0.14	1.89

9.2.5 主动悬挂的运用

随着车辆运行速度的提高和结构的轻量化,以及来自其他交通工具的竞争压力,使得改善乘坐舒适性和提高行车安全成为轨道车辆发展的必然趋势. 主动悬挂为传统的悬挂系统开辟了新的研究领域,使得进一步提高列车的舒适性和运行安全性成为可能.一些国家率先将机械、微电子和自动控制技术集成于列车悬挂系统,特别是近十几年来,随着材料科学、控制技术、微电子和计算机技术等的发展,国外已在主动悬挂研究和工业运用上取得相当大的成就,而且近年来的研究非常积极.

下面介绍投入实际运用的半主动悬挂和主动悬挂系统[16-18].

1. 半主动悬挂系统

该半主动悬挂系统用一个变系数阻尼器代替车体与转向架间的横向液压减振器,系统的具体配置如图 9-35 所示.通过对车体横向加速度积分,可以得到其横向速度,根据此速度改变减振器的阻尼系数,可以实现天棚减振器悬挂系统.

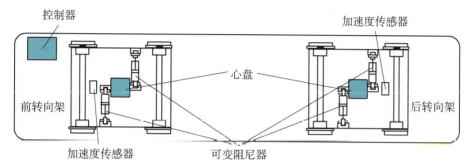

图 9-35 半主动悬挂系统

图 9-36 给出变系数阻尼器的组成.在阻尼器油缸的外表面设置 3 个不同直径的节流阀,这些节流阀相互串联和并联.通过控制高速阀动作,将流量旁路,以实现阻尼系数的改变.阻尼器活塞速度由磁性比例尺来测量,阻尼系数根据所测量的活塞速度及所采用的控制规律来设定.

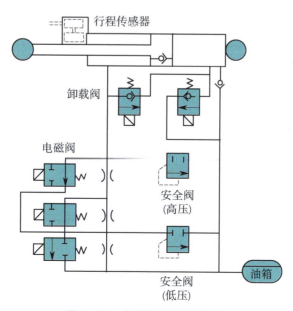

图 9-36 变系数阻尼器的构成

根据半主动的开关控制原理,在减振器两端的卸荷阀依据车体运行速度的方向而动作,防止非必须的阻尼力产生.变系数阻尼器还安装了高压和低压安全阀,当其出现故障不能正常工作时,可以保证它的阻尼系数与普通横向阻尼器相同,从而可以防止产生超过支撑座强度的过大作用力.图 9-37 给出该控制系统的结构图.

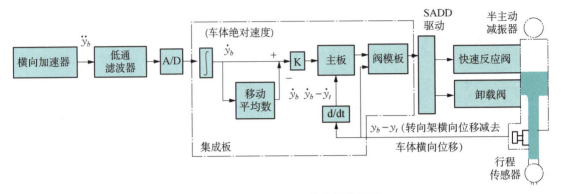

图 9-37 半主动控制系统的结构框图

与主动悬挂系统相比,半主动悬挂系统不需要液压、气压力或其他能源,构造简单,成本较低,无须进行大规模的改动就可以安装在现有车辆上.

上面所介绍的半主动悬挂系统首先安装在日本 WIN350 试验列车上进行运行试验,证明其性能良好,如图 9-38 所示.其后,日本 500 系新干线车辆的头车、尾车以及提供特殊服务的车辆(即"绿色车厢")上都安装了该系统.随后,700 系车型的头车、尾车、安装受电弓的车辆以及提供特殊服务的车辆和多辆 E2 系车辆,也都采用该悬挂系统.

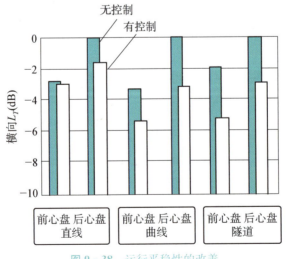

图 9-38 运行平稳性的改善

为了在其他车辆上广泛采用这种悬挂系统,相关研发机构正在继续研究,如何在保证其性能可靠的同时降低成本.研究方向包括采用可变式安全阀以减少零件数目、简化液压回路、简化并减小控制单元等.

2. 全主动悬挂系统

为了提高不利位置车辆客室的乘坐舒适性,日本 E2 系列车辆的头车、尾车和提供特殊服务的车辆进一步安装了先进的全主动悬挂系统,其他车仍安装半主动悬挂系统.

该全主动悬挂系统由安装在车体和转向架之间传统横向减振器位置处的气动作动器、空气压缩机、风压伺服阀和横向加速度传感器组成,如图 9-39 所示. 为控制悬挂系统以获得良好的动力性能,采用了 H_∞ 控制理论. 在运行试验中,在线路平直地段,安装该控制系统的车辆与没有安装这种系统的车辆相比,乘坐舒适度可提高 5~9 dB,但是,在隧道内乘坐舒适度只能提高 2 dB 左右.

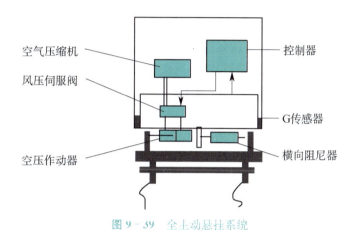

图 9-39　全主动悬挂系统

经过研究发现,在隧道内和线路敞开地段,车体的横向振动频率不同,车体在隧道内的振动主要约为 2 Hz,所以,要提高隧道内车辆的运行平稳性,相应的振动权函数就要有所变化. 经过调整控制规律,经重新试验后表明,在隧道内采用不同的振动权函数,车辆的横向加速度可以减少约 5 dB,而 2 Hz 左右的主振动也会相应减少,试验结果如图 9-40 所示.

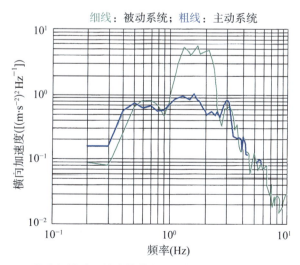

图 9-40　主动与被动悬挂车体横向振动加速度(隧道内)功率谱对比

§9.3 列车平稳性主动控制研究

主动控制技术突破悬挂空间的限制,通过设置相应的主动控制元件,并依据控制元件的不同,采用与之相匹配的控制规律,可以实现被动系统所无法实现的运行平稳性.如今主动控制技术得到深入而广泛的研究,但是,多数主动控制规律都针对单车而且是垂向模型设计,控制规律也主要针对放置在二系悬挂的作动器这种配置方案来设计.在安置作动器时,考虑工程运用冗余原则,往往与二系并联,构成对被动悬挂补偿的格局.在本节中,将作动器放置在车端,并基于此设置方案,设计控制规律.事实上,设置车端作动器是车端被动悬挂的自然延伸.正如现在所研究及部分工程实用的机车车辆主动控制作动器的放置概念,由于所研究的控制系统总是不完全可控的,于是选择所关心的状态或性能指标,将作动器并联入与这些状态或性能指标相关的悬挂系统即可,并依据此结构设计相应的控制规律.从第4章的研究可知,适当设置的车端悬挂系统可大幅提高高速列车的运行平稳性,但是,与位于该机车车辆系统其他位置的被动悬挂系统一样,有其自身与生俱来的优缺点.与二系悬挂系统相同,也可以通过并入作动器来改善其性能.由于作动器放置在车端,不再受到转向架与车体间窄小空间的限制,这样就可以依据设计要求,安放较大的作动器以获得更大的输出力.同时,由于作动器安放在车端,工作环境大大改善,工作频带宽度的要求也大为减小,提高了作动器的可靠性与安全性.对构架而言,由于没有了二系悬挂作动器的力输入,其结构强度及疲劳寿命可以得到更好的保证.更重要的是,由于采用了车端悬挂,作动器的数量可以大为减少,也提高了系统的可靠性.

9.3.1 列车控制模型及轨道输入

用于列车垂向平稳性主动控制研究的3车控制模型见图9-41.从图9-41中可以看到,该3车连挂列车的动力学基本模型是与第2章建立的用于被动悬挂分析的垂向列车动力学模型基本相同.但是,在车端悬挂系统中加入主动力输出元件,在仿真分析中该元件视为理想元件.与列车平稳性被动分析不同的是,列车主动控制模型中没有采用车端纵向减振器,保留了车端连接刚度.因为刚度元件首先要起到牵引、制动及支撑车体重量的作用,其次提供安全冗余度,起到提高整个系统可靠性的作用,所以,必须要设置刚度元件.除了在车辆间设置作动器外,在端部车体的外侧,二系悬挂内也设置了与二系悬挂并联的作动器,如图9-41所示[19],这样为进一步提高整车的运行平稳性提供了更多的作动器配置方案及控制算法研究的机会.

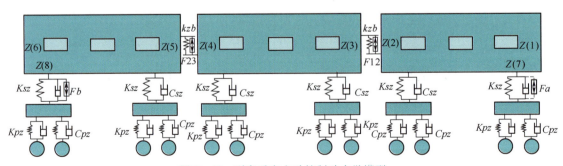

图9-41 列车垂向主动控制动力学模型

与列车垂向平稳性主动控制研究类似,列车横向平稳性的提高,也可以通过采用车端主动悬挂的方案来实现. 在本章横向平稳性主动控制的研究中,车端主动悬挂的配置方案如图 9 - 42 和图 9 - 43 所示. 仅用作动器代替列车连挂系统中车端的横向减振器,就构成车端主动悬挂配置的方案.

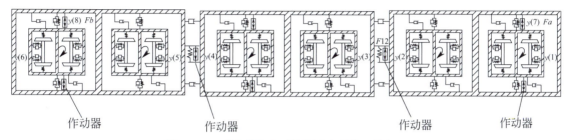

图 9 - 42　列车横向主动控制动力学模型俯视图

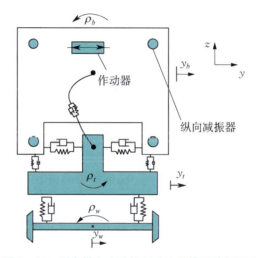

图 9 - 43　列车横向主动控制动力学模型端部视图

在本节的研究中,同样采用高速高干扰轨道谱. 确定性轨道不平顺采用本章§9.2 所描述的模型.

9.3.2　列车主动控制策略

采用最优控制算法设计控制器的优点是显而易见的,无论是从理论分析手段及工程运用方面均很成熟,鲁棒控制在机车车辆的运用与研究也逐步开展[13]. 这些算法也有许多不足之处,正如文献[19-21]所指出的,某些算法主要采用二次型性能指标. 对于车辆主动悬挂而言,它是在一定悬挂空间的约束下使平稳性指标最优,而不是要最小化悬挂系统的动挠度,即利用有限的悬挂空间吸收轨道高频振动,防止其传递到车体,同时,要注意到悬挂系统的基本功能是支撑车体的重量;其次,最优控制的算法是针对随机输入的,无法对随机和确定性不平顺输入进行折衷优化,在隔振同时又能满足悬挂的导向功能,使车体跟随确定性方向不平顺信号运动.

对于如图 9 - 41 和图 9 - 42 所示的列车模型而言,由于 3 个车辆连接在一起,状态变量众多,如果采用最优控制算法,控制器的阶数会非常高. 对于上述最优控制的缺点,本节将依据次优控制器的设计方法,采用遗传算法设计新型的控制器. 在本节的控制算法中,扩展了次优控制算法,可以定义任意的性能指标及约束函数,优化部分状态的反馈增益值,使在该约束下定义的性能指标为最优. 控制算法的基本结构如图 9 – 44 所示. 本章针对如图 9 – 41 和图 9 – 42 所示的整车动力学模型重新设计算法,并采用频域与时域相结合的算法来分析设计控制器,悬挂空间约束采用时域方法计算分析,权值优化采用频域方法.

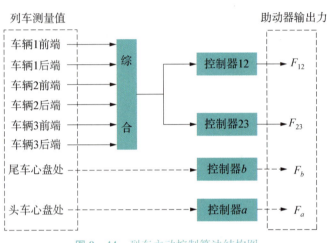

图 9 – 44 列车主动控制算法结构图

对照图 9 – 41 和图 9 – 42,定义读者右手端的第 1 辆车为头车(或称车辆 1),则最后 1 辆车为尾车(或称车辆 3). 在这两个列车模型中,每个模型共设有 8 个测量值,分别为车辆 1 前端、车辆 1 后端、车辆 2 前端、车辆 2 后端、车辆 3 前端、车辆 3 后端和头车、尾车的心盘处. F_{12} 为车辆 1 和车辆 2 间作动器输出的力,F_{23} 为车辆 2 和车辆 3 间作动器输出的力. 依据控制算法的不同,这些测量值经加权反馈综合后构成作动器力的输出信号,控制算法如下所述.

列车平稳性主动控制算法主要是依据次优控制算法演化而来的,同时,融入天棚减振器及其改进算法的概念,如加入滤波器等. 本章依据反馈状态变量的选择、滤波器和二系悬挂约束等几个方面的考虑,构造了以下算法.

与第 4 章相同,定义全列车的平稳性评价指标为车组中所有车辆的综合加速度均方根值之和. 在以下算法中,均采用列车综合加速度均方根值为目标函数. 以列车垂向平稳性控制为例,列举算法如下.

1. **算法 1(A1)**

在算法 1 中,没有考虑二系悬挂的偏移量,采用列车中每辆车前端及后端的速度作为计算控制力的反馈状态. 该算法主要研究在没有约束的情况下所能达到的性能. 在算法 1 中没有考虑端部车体的端部天棚作动器的力,即 F_a 和 F_b,此时共有权值 12 个.

$$F_{12} = \sum_{i=1}^{6} G_{12}(i) \dot{z}(i) \qquad (9-93)$$

$$F_{23} = \sum_{i=1}^{6} G_{23}(i) \dot{z}(i) \qquad (9-94)$$

2. 算法 2(A2)

从天棚减振器控制算法的构成可以看出，离作动器距离较远的部件，其状态变量速度的反馈可以忽略，所以，在算法 2 中对算法 1 做了调整，仅考虑与作动器相邻的两个车体的状态变量，

$$F_{12} = \sum_{i=1}^{4} G_{12}(i)\dot{z}(i) \tag{9-95}$$

$$F_{23} = \sum_{i=3}^{6} G_{23}(i)\dot{z}(i) \tag{9-96}$$

可以看到权值为 8 个。

3. 算法 3(A3)

从被动系统的研究可以发现，加入车端悬挂系统后，端部车辆由于只有一端受到约束，性能总是没有中间车辆的性能好，对于主动控制系统也是如此，此时可以加入天棚作动器，抑制端部车辆的点头或摇头运动来提高平稳性。在算法 3 中，车端作动器与算法 1 和 2 构成类似，不过在端部车体的端部二系悬挂中加入"纯"天棚作动器，此时遗传算法用于对 14 或 10 个权值进行寻优。其中，端部天棚作动器控制力的形式为

$$F_a = G_a \dot{z}(7) \tag{9-97}$$

$$F_b = G_b \dot{z}(8) \tag{9-98}$$

4. 算法 4(A4)

如 §9.1 所述，对于"纯"天棚作动器，往往需要加入确定性位移约束。所以，对算法 3 加入二系悬挂的位移约束后，即构成算法 4。

$$\max[abs(z_s(i))] \leqslant d_{\lim}, \ i=1,2,\cdots,6 \tag{9-99}$$

上式中，z_s 为列车中二系悬挂的动挠度，$d_{\lim}$ 为悬挂空间约束上限。

5. 算法 5(A5)

从 §9.1 中的补偿滤波器控制可以看到，该控制器的设计思路是让作动器响应高频振动信号，而让被动悬挂系统跟随低频的轨道方向信号，这样就不会产生较大的位移偏移量。研究表明，补偿滤波器算法在列车平稳性主动控制中过于复杂，相对高通滤波器而言，收益并不大，可以仅采用高通滤波器。这样，在算法 1 加入高通滤波器，就构成算法 5。

$$F_{12} = \frac{s}{s+2\pi f_{c1}} \frac{1}{s} \sum_{i=1}^{6} G_{12}(i)\ddot{z}(i) \tag{9-100}$$

$$F_{23} = \frac{s}{s+2\pi f_{c2}} \frac{1}{s} \sum_{i=1}^{6} G_{23}(i)\ddot{z}(i) \tag{9-101}$$

在算法 5 中，高通滤波频率也为优化参数，这样优化的参数就为 14 个，其中 12 个为权值，2 个为高通滤波器的截止频率值。

6. 算法 6(A6)

在算法 2 加入高通滤波器，则构成算法 6，

$$F_{12} = \frac{s}{s+2\pi f_{c1}} \frac{1}{s} \sum_{i=1}^{4} G_{12}(i)\ddot{z}(i) \qquad (9-102)$$

$$F_{23} = \frac{s}{s+2\pi f_{c2}} \frac{1}{s} \sum_{i=3}^{6} G_{23}(i)\ddot{z}(i) \qquad (9-103)$$

此时优化的参数为 10 个,其中 8 个为权值,2 个为截止频率值.

7. 算法 7(A7)

在工程运用中,车体上的加速度信号可以方便地测出,经积分运算可以得出测量点处的绝对速度信号,但是,积分得出的绝对速度信号中往往带有低频的漂游信号.同时,车辆运行中也存在低频的确定性方向不平顺信号输入,如顺坡、曲线通过、过道岔等.从 §9.2 的分析可知,作动器不需要响应这些低频信号,否则会产生不可恢复的悬挂位移,给运行安全带来隐患,所以,需要对测量点处的加速度积分信号进行高通滤波,方可构成实用算法.将算法 2 和算法 3 相融合,采用对加速度信号积分的方法,并加入一阶高通滤波器,就构成算法 7.

$$F_{12} = \frac{s}{s+2\pi f_{c1}} \frac{1}{s} \sum_{i=1}^{4} G_{12}(i)\ddot{z}(i) \qquad (9-104)$$

$$F_{23} = \frac{s}{s+2\pi f_{c2}} \frac{1}{s} \sum_{i=3}^{6} G_{23}(i)\ddot{z}(i) \qquad (9-105)$$

$$F_a = \frac{s}{s+2\pi f_e} \frac{1}{s} G_a \ddot{z}(7) \qquad (9-106)$$

$$F_b = \frac{s}{s+2\pi f_e} \frac{1}{s} G_b \ddot{z}(8) \qquad (9-107)$$

9.3.3 列车垂向及横向主动控制仿真研究结果及分析

采用以上算法,对图 9-28 和图 9-29 所示动力学模型进行仿真研究.在计算车辆综合加速度时采用的是频域方法,当然也可以采用时域和协方差矩阵分析的方法.采用时域分析方法的优点是可以分析包含非线性环节的系统,便于处理时延,但是,时域仿真时间较长,数值变换、统计的环节较多,影响线性系统的分析精度.协方差矩阵分析的方法对于线性系统白噪声输入而言,可以直接获得输出的协方差矩阵,计算最为便捷,但是,对于有色轨道谱输入且轮轴间输入互相关的情形,由于采用 Pade 近似来描述时延不能获得精确解.采用第 5 章所述的频域分析方法,就可以精确处理时延及有色轨道谱输入的工况.同时,采用频域分析的方法,在本节的列车主动控制研究中,进行权值搜索时可以方便地判定系统是否稳定,这给分析带来便利.

当采用遗传算法进行反馈权值优化设计时,采用轮盘赌方法进行代间复制,交叉概率为 0.4,变异为 0.005,种群数为 50,最大运行代数为 200 代,权值的优化范围是 $[-5.0e5, 5.0e5]$ N·s/m. 计算结果可见表 9-4 至表 9-7.

表 9-4 和表 9-5 是列车垂向主动控制的综合加速度和挠度计算结果,图 9-45、图 9-46 是依据表 9-4 及表 9-5 所绘制的.从表 9-3 和图 9-45 可以看到,对于列车垂向平稳性主动控制而言,算法 1 和算法 2 的效果相差不大,采用车端主动控制后,对于垂向模型,头车的性能最好,而后各车性能依次变差,最后一辆车的性能甚至比被动系统的性能还差.从算法 3 和算法 7 的列车综合加速度数值可以看到,加入端部天棚减振器后,列车运行平稳性的整体性能大

幅提高,主要得益于端部车体的振动得到较强的抑制.当没有设置高通滤波器时,列车的垂向运行平稳性提高 22.56%,加入高通滤波器后可提高 20.84%,在算法 2 中加入高通滤波器构成的算法 6 与算法 2 性能基本一致.

在仿真计算时没有采用算法 4,这是因为在仿真分析中发现,可以通过优化高通滤波器的截止频率来限制二系悬挂的静挠度,这一方法更为直接有效.与算法 1 与算法 2 的关系相类似,算法 5 与算法 6 差别不大,故只保留算法 6 的计算结果.

表 9-4 列车及车辆的垂向综合加速度值(m/s^2)

	被动悬挂	主动悬挂				
		算法 1	算法 2	算法 3	算法 6	算法 7
车辆 1 综合加速度	0.703 9	0.631 5	0.631 9	0.414 2	0.625 2	0.425 1
车辆 2 综合加速度	0.703 9	0.673 9	0.673 3	0.680 0	0.682 2	0.685 5
车辆 3 综合加速度	0.703 9	0.779 1	0.779 6	0.540 7	0.776 8	0.560 8
列车综合加速度	2.111 7	2.084 5	2.084 8	1.635 3	2.084 2	1.671 4

从表 9-5 可以看到,当轨道输入为随机不平顺时,各控制算法垂向的最大挠度是基本一致的.当输入为确定性方向不平顺时,端部车体的端部转向架中加入天棚减振器后,采用算法 3 端部车体的端部转向架的二系动挠度非常大,最大可达 81.1 mm,这就超过悬挂空间的限制,使性能变坏.加入高通滤波器后,算法 7 相对于"纯"天棚减振器控制而言,二系悬挂的动挠度大幅减小.其他算法的二系动挠度基本相同,但都比被动系统略大些.

表 9-5 车辆二系悬挂的最大动挠度(mm)

			被动系统	主动悬挂				
				算法 1	算法 2	算法 3	算法 6	算法 7
随机不平顺输入	车辆 1	前端	4.8	5.8	5.8	6.0	4.6	7.2
		后端	5.1	5.1	5.0	5.5	4.9	5.9
	车辆 2	前端	4.8	5.1	5.1	5.2	4.6	5.4
		后端	5.1	5.3	5.5	5.4	5.1	5.3
	车辆 3	前端	4.8	5.3	5.3	5.2	4.8	5.7
		后端	5.1	5.9	5.9	6.1	5.3	8.5
定性方向不平顺输入	车辆 1	前端	24.6	28.6	28.5	81.1	28.5	43.5
		后端	26.7	29.7	30.7	32.3	30.6	31.5
	车辆 2	前端	24.6	29.3	28.7	26.2	28.4	28.3
		后端	26.7	32.4	29.4	29.5	31.7	29.3
	车辆 3	前端	24.6	26.8	30.4	30.8	28.0	29.9
		后端	26.7	32.6	31.7	65.0	32.2	41.7

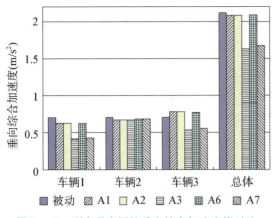

图9-45 列车及车辆的垂向综合加速度值对比

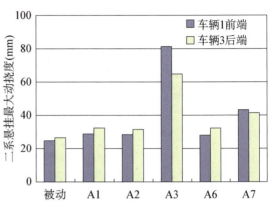

图9-46 列车及车辆的垂向二系动挠度对比

表9-6和表9-7是列车横向平稳性主动控制的计算结果,图9-47是依据表9-6绘制的. 从列车垂向平稳性控制分析可以看出,相邻车的状态反馈对列车性能改进最为重要,所以仅采用算法2. 基于相同的原因,也没有采用算法4和算法5. 与列车垂向主动控制有所区别的是,采用列车车端横向主动悬挂后,中间车的平稳性最好,最差的是最后一辆车. 采用车端主动悬挂及算法2,可提高列车运行平稳性37.22%. 采用算法6,加入高通滤波器后,其性能变化不大. 当端部车体加入天棚减振器,采用算法3,列车运行性能大幅提升56.66%;当加入高通滤波器、采用算法7后,性能提高幅度为49.24%. 从表9-7可以看到,当输入为随机不平顺时,各种算法的最大动挠度基本一致. 对于车辆横向确定性方向不平顺,涉及非线性轮轨关系和非线性车辆模型的建立,本书没有分析. 从垂向分析结果可知,由于加入高通滤波器有限制悬挂偏移的功能,可使车辆横向跟随曲线不打击或少打击横向档,从而具有更加良好的运行品质. 表9-8列举的是在列车垂向模型中优化后各测量值的增益反馈值和高通滤波频率.

表9-6 列车及车辆的横向综合加速度值(m/s²)

	被动悬挂	主动悬挂			
		算法2	算法3	算法6	算法7
车辆1综合加速度	0.581 1	0.342 8	0.216 7	0.353 0	0.262 2
车辆2综合加速度	0.581 1	0.311 3	0.314 8	0.311 2	0.309 3
车辆3综合加速度	0.581 1	0.440 2	0.224 0	0.431 6	0.313 4
列车综合加速度	1.743 3	1.094 4	0.755 5	1.095 8	0.884 9

表9-7 车辆二系悬挂的横向最大动挠度(mm)

			被动悬挂	主动悬挂			
				算法2	算法3	算法6	算法7
随机不平顺输入	车辆1	前端	5.4	5.4	5.4	3.3	2.85
		后端	5.1	4.8	4.8	4.8	4.8

续 表

		被动悬挂	主动悬挂			
			算法2	算法3	算法6	算法7
车辆2	前端	5.4	5.4	5.4	5.4	5.4
	后端	5.1	4.8	4.5	4.8	4.5
车辆3	前端	5.4	5.1	5.1	5.4	4.8
	后端	5.1	5.1	5.1	2.67	3.9

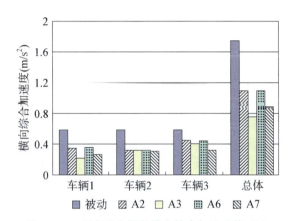

图 9-47 列车及车辆的横向综合加速度值对比

表 9-8 列车垂向模型算法 7 的控制参数(增益单位:1.0×10^5 N·s/m 频率单位:Hz)

	G12(1)	G12(2)	G12(3)	G12(4)	Ga	Fc1	Fe
垂向	1.041	4.90	4.74	−1.37	−3.47	16.37	2.03
横向	2.39	1.67	0.88	3.87	−4.37	23.10	2.11
	G23(1)	G23(2)	G23(3)	G23(4)	Gb	Fc2	—
垂向	1.82	−1.93	4.53	−0.84	−1.82	17.84	—
横向	2.27	2.73	−2.13	4.70	1.99	23.5	

参 考 文 献

[1] Qazizadeh A., Stichel S., Feyzmahdavian H. R.. Wheelset curving guidance using H∞ control [J]. *Vehicle System Dynamics*, 2018, 56(3): 461-484.

[2] Molatefi H., Hecht M., Bokaeian V.. Stability and safety analysis of an active steering bogie according to EN 14 363 standard [J]. *Journal of the Brazilian Society of Mechanical Sciences and Engineering*, 2017, 39(8): 2947-2956.

[3] Yao Y., Wu G., Sardahi Y., et al.. Hunting stability analysis of high-speed train bogie under the frame lateral vibration active control [J]. *Vehicle System Dynamics*, 2018, 56(2): 297-318.

[4] Abdel Hard M. B. A., Crolla D. A.. Active suspension control algorithms for a four-wheel vehicle model [J]. *Int. J. of Vehicle Design*, 1992,13(2): 144-158.

[5] Hac A.. Suspension optimization of a 2-dof vehicle model using a stochastic optimal technique [J]. *Journal of Sound and Vibration*, 1985,100(3): 343-357.

[6] Zhou J., Shen G., Zhang H., Ren L.. Application of modal parameters on ride quality improvement of railway vehicles [J]. *Vehicle System Dynamics*, 2008, Suppl, 46(1): 629-641.

[7] Wilson D. A., Sharp R. S., Hassan S. A.. The application of linear optimal theory to the design of active automotive suspensions [J]. *Vehicle System Dynamics*, 1986,15: 105-118.

[8] Karnopp D. C.. Active and Passive Isolation of Random Vibration. In Isolation of Mechanical Vibration Impact and Noise(Eds J. C. Snowdon and E. E. Ungar)1973, ASME Monograph, AMD 1: 357-366.

[9] Pratt I.. Active Suspension Applied to Railway Trains [D]. Loughborough: Loughborough University, 1996.

[10] 周劲松,张洪,沈钢,任利惠. 基于轨道谱的铁道车辆主动悬挂轴间预瞄控制[J]. 同济大学学报(自然科学版),2006,2: 239-243.

[11] Foo E.. Active suspension control of flexible-bodied railway vehicles using electro-hydraulic and electro-magnetic actuators [J]. *Control Engineering Practice*, 2000,8: 507-518.

[12] Li H., Goodall R. M.. Linear and non-linear skyhook damping control laws for active railway suspensions [J]. *Control Engineering Practice*, 1999,7: 843-850.

[13] 戴焕云. 车辆主动悬挂的鲁棒控制研究[D]. 成都:西南交通大学,1999.

[14] 胡用生. 现代轨道车辆动力学[M]. 北京:中国铁道出版社,2009.

[15] 王月明. 高速客车半主动悬挂控制技术研究[D]. 成都:西南交通大学,2002.

[16] Kasuya Tanifuji, Satoshi Koizumi, Ryo-hei Shimamune. Mechatronics in Japanese rail vehicles: active and semi-active suspensions [J]. *Control Engineering Pratice*, 2002,10: 999-1004.

[17] Masayuki Miyamoto, Yoshihiro Suda. Recent research and development on advanced technologies of high-speed railway in Japan [J]. *Vehicle System Dynamics*, 2003,40(1-3): 55-99.

[18] Goodall R. M., Kortum W.. Mechatronic development for railway vehicles of the future [J]. *Control Engineering Practice*, 2002,10: 887-898.

[19] Mei T. X., Goodall R. M.. Use of multi-objective genetic algorithms to optimize inter-vehicle active suspension [J]. *Proc. Instn Mech Engrs*, Part F, 2002,216: 53-63.

[20] Mei T. X., Foo T. H. E., Goodall R. M.. Genetic algorithms for optimising active controls in railway vehicles [C]//IET, 1998.

[21] Tsao Y. J., Chen R.. The design of an active suspension force controller using genetic algorithms with maximum stroke constraints [J]. *Proc. Instn Mech. Engrs*, Part D, 2001,215: 317-327.

第 10 章

弹性车体的振动及其控制

随着设计和制造技术的进步,铝合金型材和不锈钢等材料的使用,在满足强度要求的条件下,车体承载结构的轻量化已经不再是难以企及的目标. 但是,过分追求结构的轻量化,会导致车体刚度不足,致使车辆运行平稳性不佳[1-5]. 因此,采用刚柔耦合的线性和非线性模型,研究车体弹性对车辆运行品质的影响是目前的一个热点.

本章首先介绍建立刚柔耦合动力学模型的原理和方法. 随后,结合模型阐述铁道车辆几何滤波现象,并分析其与弹性车体共振频率的关系. 最后,介绍如何降低车体的弹性振动.

§ 10.1 铁道客车车体弹性对运行平稳性的影响

研究表明[6-9],过低的车体一阶垂向弯曲频率会使客车垂向平稳性迅速恶化,采用主动控制技术有助于控制车体的弹性和刚体振动[10-14],提高车辆的运行平稳性. 由于主动控制技术的使用和维护都相对复杂,对应车辆制造者而言,有必要了解当车体弹性低至何种程度时,需要引入主动控制;当车体弹性达到多大时,可以忽略其对平稳性的影响. 针对这个问题,本节将介绍如何运用包括结构阻尼的刚柔耦合垂向振动模型,分析车体弹性与运行平稳性的关系.

10.1.1 铁道客车刚柔耦合动力学模型

为了分析车体弹性对运行平稳性的影响,采用的刚柔耦合垂向动力学模型如图 10-1 所示. 假设车体为均质等截面欧拉梁,定义其垂向振动位移 $z(x,t)$ 向上为正,其中 x 为车体上距离其最左端的位置坐标,t 为时间变量,车体前进的方向为 x 坐标正向;θ_b 为车体点头位移,z_{t1}, z_{t1} 和 θ_{t1}, θ_{t2} 分别为转向架 1 和转向架 2 的垂向位移及点头位移;$z_{w1}, z_{w2}, z_{w3}, z_{w4}$ 为第 1 至第 4 轮对轨道不平顺垂向激励. 据此,整个模型的坐标方向定义如图 10-1 所示. 其他符号的意义和初始参数见附录.

将车体视为弹性均质欧拉梁时,假设车体单位长度的质量为 ρ,弹性模量为 E,截面惯性矩为 I,其内滞阻尼系数为 μ,运用梁的弹性振动理论[10],考虑车体的刚体振动后,车体的振动偏微分方程为

$$EI\frac{\partial^4 z(x,t)}{\partial x^4}+\mu I\frac{\partial^5 z(x,t)}{\partial t \partial x^4}+\rho\frac{\partial^2 z(x,t)}{\partial t^2}=P_1\delta(x-l_1)+P_2\delta(x-l_2)$$

(10-1)

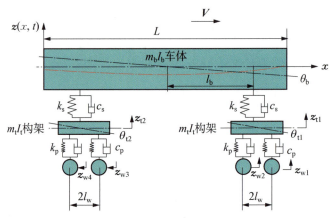

图 10-1 铁道客车刚柔耦合垂向力学模型

上式中,P_1 为第 1 个转向架(右手边)二系悬挂作用在弹性车体上的力,P_2 第 2 个转向架(左手边)二系悬挂作用在弹性车体上的力。函数 $\delta(x-l_1)$ 和 $\delta(x-l_2)$ 为 P_1 和 P_2 作用力的位置函数,l_1 和 l_2 为第 1 转向架和第 2 转向架的二系悬挂支持点距离车体端部的距离.

$$\begin{cases} P_1 = -k_s(z(l_1,t)-z_{t1}) - c_s(\dot{z}(l_1,t)-\dot{z}_{t1}) \\ P_2 = -k_s(z(l_2,t)-z_{t2}) - c_s(\dot{z}(l_2,t)-\dot{z}_{t2}) \end{cases} \tag{10-2}$$

为了求解(10-1)式的车体振动偏微分方程,假设第 i 阶的振型函数为 $Y_i(x)$,模态坐标为 $q_i(t)$. 当包括刚体振动时,取车体的第 1 阶振型为刚体浮沉,振型函数 $Y_1(x)$ 为 $1(x)$,车体的 2 阶振型为刚体点头振动,按照图 10-1 定义的坐标方向,其振型函数 $Y_2(x)$ 为 $L/2-x$,取前 n 阶模态来表示车体的振动[1,15],有

$$z(x,t) = z_b(t) + \left(\frac{L}{2}-x\right)\theta_b(t) + \sum_{i=3}^{n} Y_i(x)q_i(t) \tag{10-3}$$

当 $i>2$ 时,取振型函数为

$$Y_i(x) = \mathrm{ch}\beta_i x + \cos\beta_i x - \frac{\mathrm{ch}\lambda_i - \cos\lambda_i}{\mathrm{sh}\lambda_i - \sin\lambda_i}(\mathrm{sh}\beta_i x + \sin\beta_i x) \tag{10-4}$$

上式中,

$$1 - \mathrm{ch}\lambda_i \cos\lambda_i = 0, \quad \beta_i = \frac{\lambda_i}{L} \tag{10-5}$$

将(10-3)式代入(10-1)式,并将等式两边沿车长积分,利用振型函数的正交性,可得车体的振动方程为

$$m_b \ddot{z}_b(t) = P_1 + P_2 \tag{10-6}$$

$$I_b \ddot{\theta}_b(t) = P_1\left(\frac{L}{2}-l_1\right) + P_2\left(\frac{L}{2}-l_2\right) \tag{10-7}$$

$$\ddot{q}_i(t)+\frac{\mu I\beta_i^4}{\rho}\dot{q}_i(t)+\frac{EI\beta_i^4}{\rho}q_i(t)=\frac{Y_i(l_1)}{A_i}P_1+\frac{Y_i(l_2)}{A_i}P_2,\quad i=3,4,\cdots,n \tag{10-8}$$

上式中，$A_i=\rho\int_0^L Y_i(x)Y_i(x)\mathrm{d}x$，可以验证 $A_i=m_b$. 令

$$\frac{EI\beta_i^4}{\rho}=\omega_i^2,\quad \frac{\mu I\beta_i^4}{\rho}=2\xi_i\omega_i \tag{10-9}$$

则(10-8)式为

$$\ddot{q}_i(t)+2\xi_i\omega_i\dot{q}_i(t)+\omega_i^2 q_i(t)=\frac{Y_i(l_1)}{m_b}P_1+\frac{Y_i(l_2)}{m_b}P_2,\quad i=3,4,\cdots,n \tag{10-10}$$

将(10-3)式代入(10-2)式，上式中 P_1 和 P_2 分别为

$$\begin{aligned}P_1=&-k_s[z_b(t)+(\frac{L}{2}-l_1)\theta(t)+\sum_{m=3}^4 Y_m(l_1)q_m(t)-z_{t1}]\\&-c_s[\dot{z}_b(t)+(\frac{L}{2}-l_1)\dot{\theta}(t)+\sum_{m=3}^4 Y_m(l_1)\dot{q}_m(t)-\dot{z}_{t1}]\end{aligned} \tag{10-11}$$

$$\begin{aligned}P_2=&-k_s[z_b(t)+(\frac{L}{2}-l_1)\theta(t)+\sum_{m=3}^4 Y_m(l_1)q_m(t)-z_{t1}]\\&-c_s[\dot{z}_b(t)+(\frac{L}{2}-l_1)\dot{\theta}(t)+\sum_{m=3}^4 Y_m(l_1)\dot{q}_m(t)-\dot{z}_{t1}]\end{aligned} \tag{10-12}$$

在车辆系统中，构架的振动方程为

$$\begin{aligned}m_t\ddot{z}_{t1}=&-k_s[z_{t1}-z(l_1,t)]-c_s[\dot{z}_{t1}-\dot{z}(l_1,t)]\\&-k_p(z_{t1}-l_w\theta_{t1}-z_{w1})+\cdots-c_p(\dot{z}_{t1}-l_w\dot{\theta}_{t1}-\dot{z}_{w1})\\&-k_p(z_{t1}+l_w\theta_{t1}-z_{w2})-c_p(\dot{z}_{t1}+l_w\dot{\theta}_{t1}-\dot{z}_{w2})\end{aligned} \tag{10-13}$$

$$\begin{aligned}I_t\ddot{\theta}_{t1}=&l_wk_p(z_{t1}-l_w\theta_{t1}-z_{w1})+l_wc_p(\dot{z}_{t1}-l_w\dot{\theta}_{t1}-\dot{z}_{w1})\\&-l_wk_p(z_{t1}+l_w\theta_{t1}-z_{w2})+\cdots-l_wc_p(\dot{z}_{t1}+l_w\dot{\theta}_{t1}-\dot{z}_{w2})\end{aligned} \tag{10-14}$$

$$\begin{aligned}m_t\ddot{z}_{t2}=&-k_s[z_{t2}-z(l_2,t)]-c_s[\dot{z}_{t2}-\dot{z}(l_2,t)]\\&-k_p(z_{t2}-l_w\theta_{t2}-z_{w3})+\cdots-c_p(\dot{z}_{t2}-l_w\dot{\theta}_{t2}-\dot{z}_{w3})\\&-k_p(z_{t1}+l_w\theta_{t1}-z_{w4})-c_p(\dot{z}_{t1}+l_w\dot{\theta}_{t1}-\dot{z}_{w4})\end{aligned} \tag{10-15}$$

$$\begin{aligned}I_t\ddot{\theta}_{t2}=&l_wk_p(z_{t2}-l_w\theta_{t2}-z_{w3})+l_wc_p(\dot{z}_{t2}-l_w\dot{\theta}_{t2}-\dot{z}_{w3})\\&-l_wk_p(z_{t2}+l_w\theta_{t2}-z_{w4})+\cdots-l_wc_p(\dot{z}_{t2}+l_w\dot{\theta}_{t2}-\dot{z}_{w4})\end{aligned} \tag{10-16}$$

上式中，z_{w1}，z_{w2}，z_{w3}，z_{w4} 为 4 个轮对的垂向不平顺输入.

由于有阻尼自振频率对分析系统共振具有重要意义，构架浮沉、点头同向与反向振型的模

态频率和阻尼比基本一致. 为了简化起见,该车辆主要模态参数见表 10-1.

表 10-1 原始参数下客车的模态参数

振型	阻尼自振频率(Hz)	阻尼比
车体浮沉	0.81	0.256
车体点头	0.99	0.322
构架浮沉	6.34	0.440
构架点头	10.29	0.454

10.1.2 客车车体弹性对运行平稳性的影响分析

良好的车辆运行平稳性是车辆制造业和运营商不懈追求的目标,因此,平稳性的优化与分析一直是车辆动力学分析的重要内容. 由于铁道车辆自由度数众多,而且往往涉及多种工况,这使得平稳性分析的计算工作量很大. 本节将分析垂向刚柔耦合模型的运行平稳性. 采用附录 B 中典型高速客车参数作为原始计算参数,以第 1 章中高速高干扰轨道谱为轨道垂向不平顺输入,刚柔耦合模型中仅考虑车体的前 2 阶弹性振动模态,当车辆运行速度为 200 km/h 时,车体中部与转向架上方车体的加速度响应功率谱如图 10-2、图 10-3 所示. 从功率谱的分析可以看到,一阶垂向弯曲的弹性频率在车体的振动中占有相当高的能量成分.

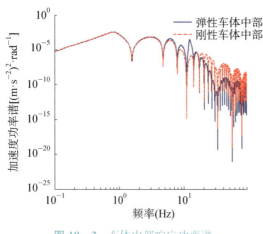

图 10-2 车体中部响应功率谱

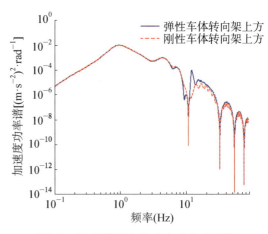

图 10-3 车体转向架上方响应功率谱

在分析车体弹性对车辆运行平稳性影响时,采用协方差方法计算车辆的运行平稳. 图 10-4 为车辆运行速度对运行平稳性的影响分析. 从图 10-4 可以看到,随着运行速度的提高,无论是弹性车体还是刚性车体,其平稳性指标均随速度的提高而增加,而且趋势基本相同. 从图 10-4 还可以看到,弹性车体与刚性车体在车体中部的平稳性差值要远大于车体端部的平稳性差值,由于车体垂向第 2 阶的振型函数在车体的中部为 0,因此,可知导致车体中部平稳性变差的主要原因是车体的垂向一阶弹性振动.

由于车体一阶垂向弯曲频率对车辆的垂向平稳性影响最大,为了分析车体弹性及其阻尼比对车辆运行平稳性的影响,采用不同的垂向弹性一阶弯曲频率和阻尼比,其他参数仍为表 10-1 中的原始参数,当运行速度为 200 km/h 时,分析结果见图 10-5 和图 10-6. 从图 10-5 和图 10-6 可以看到,在车体弹性低至 7 Hz 以下时,车体即可产生剧烈的振动,并且有共振峰出现. 图 10-5 和图 10-6 的共振峰出现在 6.2 Hz 附近,与构架的有阻尼浮沉自振频率非常接近. 车体弹性振动的阻尼比越高,对共振峰的抑制能力越高,当阻尼比从 1.5% 提高到 5% 时,车体中部和端部的平稳性指标能够改善 16% 左右. 从目前的实测结果来看[16],整备状态下结构阻尼比一般在 1.5% 左右,要提高结构振动的阻尼比,需要研究新的工艺和设计方案.

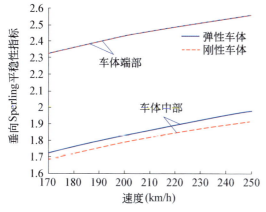

图 10-4 弹性和刚性车体平稳性与速度的关系

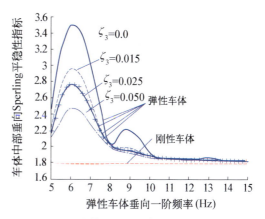

图 10-5 车体弹性对车体中部振动的影响

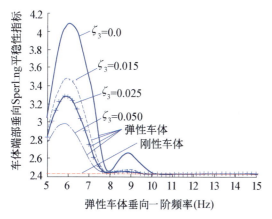

图 10-6 车体弹性对车体端部振动的影响

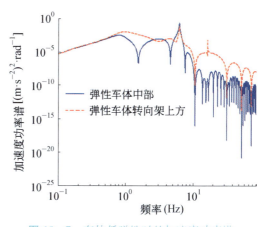

图 10-7 车体低弹性时的加速度功率谱

要降低车体的弹性振动,一个显而易见的方法就是提高车体的垂向弹性弯曲振动频率,从图 10-5 和图 10-6 可以看到,将车体垂向一阶弯曲频率提高到 10 Hz 以上后,车体端部的平稳性与刚性车体基本一致,车体中部的平稳性也趋于一个稳定的数值. 虽然该数值不像车体端部那样与刚性车体的平稳性指标基本相同,但该数值优于刚性车体端部的平稳性,且其 Sperling 指标低于 2.5,这表明车体的弹性对运行平稳性已经影响不大. 当然,提高车体弹性频率的代价,往往是车体结构重量的增加. 图 10-7 为车体弹性低至 6.5 Hz、一阶和二阶垂向弯曲的阻尼比为0时,车体中部和转向架上方的加速度响应功率谱,与图10-2和图10-3相比,车体弹性振动所占的能量成分大大增加,导致平稳性指标急剧上升.从图10-5和图10-6还可以得知,对于本书所分析的高速客车而言,当整备状态车体垂向一阶弯曲频率低于7.5 Hz以下时,车体端部的平稳性已经超标,此时可以考虑引入主动控制等技术来提高车辆的运行平稳性.

图10-8和图10-9是采用原始计算参数,变化车辆运行速度,反映车体弹性与车体中部、车体端部运行平稳性的关系.与图10-5和图10-6相似的是,当车体频率提高到一定数值后,车体弹性对平稳性的影响趋于稳定.但是,可以看到运行速度越快,共振峰的车体频率越高,说明车辆运行速度越快,对车体的刚性要求越高.图10-8还表明共振峰可能不止1处.共振峰频率的变化与速度相关,说明它是由轮对不平顺输入的时延所导致.就表10-1中参数所描述的高速客车而言,当车体的垂向一阶弯曲频率大于10 Hz,可以认为车体弹性对平稳性的影响不大.

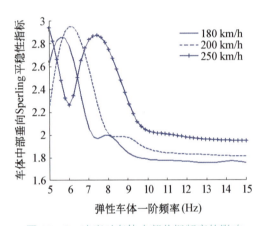
图10-8 速度对车体中部共振频率的影响

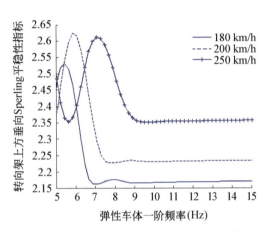
图10-9 速度对转向架上方共振频率的影响

在提高车体弯曲振动频率比较困难时,就要寻找其他途径来设法降低车体弹性振动的影响.采用主动控制技术来控制车体的结构振动是可选方案之一,但是技术复杂程度大大增加.如果能有效控制构架的浮沉振动、减小车体的振动输入,也能降低车体的弹性振动.图10-10和图10-11是运行速度为200 km/h时,变化一系垂向阻尼系数c_p对车体振动的影响.可以看到,提高一系阻尼,的确可以降低车体弹性共振对平稳性的影响,但是,提高一系阻尼会导致更多的轮轨冲击传递至构架,会使构架的工作环境恶化.

本节将车体视为支持在二系悬挂上的弹性均质欧拉梁、建立刚柔耦合的铁道车辆垂向振动模型,模型中考虑了车体弹性振动的阻尼和轮对间不平顺输入的时延.运用该模型研究车体弹性对平稳性的影响,本节的方法可以获得车辆在各种运行工况下对车辆垂向一阶弯曲频率的要求.在本节的算例中,当车体的垂向弹性一阶弯曲频率大于10 Hz后,车体的弹性对平稳性的影响不大,运行速度越快,该频率值就越高,表明车辆的运行速度越快,要求车体的刚性越大.研究还表明,当车体弹性较低时,提高车体结构阻尼和一系垂向阻尼系数,在一定程度上也可以抑制车体的弹性振动.

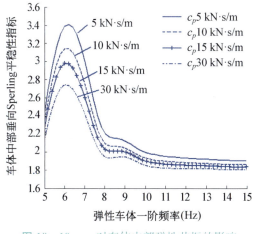
图 10-10 c_p 对车体中部弹性共振的影响

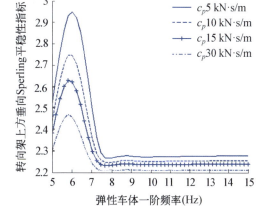
图 10-11 c_p 对转向架上方弹性共振的影响

§10.2 铁道车辆几何滤波现象及弹性车体共振频率分析

轨道车辆在多轮输入和悬挂系统的共同作用下,会产生车体或者车体的某阶振型对轨道某些不平顺波长没有响应的现象,由于该现象由轮对几何间距造成,因此被称为**几何滤波**(Geometric filtering)**现象**[17,1,18]. 本节将介绍几何滤波解析分析过程,并介绍它与弹性车体共振频率的关系. 几何滤波与弹性车体振动的关系在文献[19-20]中也有叙述,本节将给出它的详细推导过程及解释.

10.2.1 几何滤波分析

为了分析几何滤波现象,采用简化的车辆动力学模型,如图 10-12 所示. 该简化模型忽略垂向一系悬挂,假设车轮与构架在垂向刚性连接,该模型包含 6 个自由度,即车体和两个构架的浮沉、点头自由度. 坐标定义与动力学分析所需的几何参数如图 10-12[15]所示.

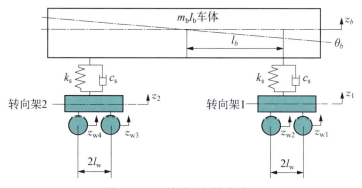

图 10-12 铁道车辆简化模型

假设轨道不平顺为简谐激励,由于轴距及定距的存在,使得各轮对的输入存在相位差,设第 1 轮对的不平顺输入为 $z_{w1}=a\sin\omega t$,其后各轮对的输入为[21,22]

$$z_{w2}=a\sin(\omega t-\beta_1),\ z_{w3}=a\sin(\omega t-\beta_2),\ z_{w4}=a\sin(\omega t-\beta_3) \tag{10-17}$$

其中,$\omega=\dfrac{2\pi V}{L_r}$,$L_r$ 和 V 分别为简谐激励的波长和车辆运行速度. 其他轮对与第 1 轮对的相位差为

$$\beta_1=\frac{4\pi l_w}{L_r},\ \beta_2=\frac{4\pi l_b}{L_r},\ \beta_3=\frac{2\pi(2l_w+2l_b)}{L_r} \tag{10-18}$$

在上式中,l_w 和 l_b 分别为车辆的轴距和定距之半,如图 10-12 所示. 前后构架中点的垂向位移为

$$z_1=\frac{1}{2}(z_{w1}+z_{w2})=a\sin\left(\omega t-\frac{\beta_1}{2}\right)\cos\frac{\beta_1}{2} \tag{10-19}$$

$$z_2=\frac{1}{2}(z_{w3}+z_{w4})=a\sin\left(\omega t-\beta_2-\frac{\beta_1}{2}\right)\cos\frac{\beta_1}{2} \tag{10-20}$$

据此,图 10-12 所示的车辆动力学模型振动方程为

$$m_b\ddot{z}_b+2c_s\dot{z}_b+2k_sz_b=k_s(z_1+z_2)+c_s(\dot{z}_1+\dot{z}_2) \tag{10-21}$$

$$m_b\ddot{z}_b+2c_s\dot{z}_b+2k_sz_b=-k_s(z_1+z_2)-c_s(\dot{z}_1+\dot{z}_2)$$

$$I_b\ddot{\theta}_b+2c_sl_b^2\dot{\theta}_b+2k_sl_b\theta_b=k_sl_w(z_2-z_1)+c_sl_w(\dot{z}_2-\dot{z}_1) \tag{10-22}$$

$$I_b\ddot{\theta}_b+2c_sl_b^2\dot{\theta}_b+2k_sl_b\theta_b=-k_sl_w(z_2-z_1)-c_sl_w(\dot{z}_2-\dot{z}_1)$$

观察(10-21)式、(10-22)式可知,对应图 10-12 所示的车体系统,车体的振动方程可以解耦成两个单自由系统的振动,即车体的浮沉和点头振动. 它们各自的输入分别为

$$z_1+z_2=2a\cos\frac{\beta_1}{2}\cos\frac{\beta_2}{2}\sin\left(\omega t-\frac{\beta_3}{2}\right) \tag{10-23}$$

$$z_2-z_1=-2a\cos\frac{\beta_1}{2}\sin\frac{\beta_2}{2}\cos\left(\omega t-\frac{\beta_3}{2}\right) \tag{10-24}$$

据此可知,当轨道不平顺输入波长为

$$L_r=\frac{4l_w}{2n+1},\ n=0,1,\cdots \tag{10-25}$$

时,轨道不平顺对车辆的点头和浮沉的输入皆为 0. 换句话说,在频率 $f_r=\dfrac{V(2n+1)}{4l_w}$ 处,将没有车体的点头和浮沉响应,由于该现象是由转向架的轴距造成的,因此被称为**轴距滤波**现象.

当

$$L_r=\frac{4l_b}{2n+1},\ n=0,1,\cdots \tag{10-26}$$

时,轨道对车体浮沉模态振动输入为 0,即:当 $f_r=\dfrac{V(2n+1)}{4l_b}$ 时,车辆的浮沉响应为 0.

同理,当

$$L_r = \frac{2l_b}{n}, \ n = 1, 2, \cdots \quad (10-27)$$

时,轨道对车辆的点头振动输入为 0,即:当 $f_r = \frac{nV}{2l_b}$ 时,车辆的点头振型的响应为 0.在一定波长下,车体的浮沉或者点头振型的响应为 0,这两种情况是由车辆的定距引起的,因此被称为**定距滤波**.这里将轴距滤波和定距滤波统称为车辆的几何滤波现象.分析(10-25)式、(10-26)式可知,几何滤波现象仅与车辆的轴距和定距相关,因此,该结论对其他对称 4 轴车辆模型同样适用.

10.2.2　相关频响函数矩阵及功率谱分析

车辆的线性或者线性化后的动力学方程除了用(2-9)式和(3-20)式表达外,还可以将轨道不平顺速度激励单独作为一项,用矩阵方式表达如下:

$$[M]\{\ddot{y}\} + [C]\{\dot{y}\} + [K]\{y\} = [D_w]\{z_w\} + [D_{dw}]\{\dot{z}_w\} \quad (10-28)$$

其中,$[D_{dw}]$ 为轨道不平顺的位移和速度输入矩阵.与 §10.1 相同,$\{z_w\}$ 和 $\{y\}$ 分别为轨道不平顺的输入矢量 $z_{w1}, z_{w2}, z_{w3}, z_{w4}$ 和系统响应矢量.

依据(10-28)式,车辆位移和加速度的频响函数矩阵 $H(\omega)$ 和 $H_a(\omega)$ 分别为

$$H(\omega) = [-\omega^2 M + j\omega C + K]^{-1}[D_w + j\omega D_{dw}] \quad (10-29)$$

$$H_a(\omega) = -\omega^2 H(\omega) \quad (10-30)$$

其中,矩阵(10-29)和(10-30)为多输入多输出的位移和加速度频响函数(FRF)矩阵,各元素为单个轮对垂向输入至车辆响应的单输入单输出(SISO)频响函数,没有包含轮对间时延的作用.

与图 10-12 所示的车辆动力学模型相对应,定义

$$H_c(\omega) = H(\omega)\begin{Bmatrix} 1 \\ e^{-j\omega\tau_2} \\ e^{-j\omega\tau_3} \\ e^{-j\omega\tau_4} \end{Bmatrix}, \ H_{ac}(\omega) = H_a(\omega)\begin{Bmatrix} 1 \\ e^{-j\omega\tau_2} \\ e^{-j\omega\tau_3} \\ e^{-j\omega\tau_4} \end{Bmatrix} \quad (10-31)$$

上式中,$\tau_2 = 2l_w/V$,$\tau_3 = 2l_b/V$,$\tau_4 = (2l_w + 2l_b)/V$ 分别为第 2,3,4 轮对相对于第 1 轮对的时延.经以上变换后,$H_c(\omega)$ 和 $H_{ac}(\omega)$ 成为轨道单输入至车辆系统位移和加速度响应的 FRF 矩阵,由于该矩阵包含轮对间时延的效果,这使得各轮对的输入是全相关的,因此也被称为**相关频响函数矩阵**(Correlated FRF matrix)[23].运用相关频响函数,可以方便地求得系统的频率响应以及轨道至车体响应的位移和加速度传递率,还可用于线路与车辆模态的共振频率分析.

如果轨道的不平顺输入的时域功率谱为 $S_\omega(\omega, V)$,那么,车辆系统位移及加速度响应的功率谱分别为

$$S_{yy}(\omega, V) = H_c^*(\omega) S_\omega(\omega, V) H_c^T(\omega) \quad (10-32)$$

$$S_{\ddot{y}\ddot{y}}(\omega,V) = \boldsymbol{H}_{ac}^{*}(\omega)S_{\omega}(\omega,V)\boldsymbol{H}_{ac}^{T}(\omega) \qquad (10-33)$$

其中，$\boldsymbol{H}_c^{*}(\omega)$ 和 $\boldsymbol{H}_c^{T}(\omega)$ 分别为相关频响函数 $\boldsymbol{H}_c(\omega)$ 的共轭和简直转置矩阵. $S_{yy}(\omega,V)$ 和 $S_{\ddot{y}\ddot{y}}(\omega,V)$ 为车辆速度为 V 时，在时间频率 ω 处的位移和加速度的响应功率谱矩阵. 对于(10-32)式和(10-33)式，运用虚拟激励分析方法，也可以得到同样的结论[24].

10.2.3 几何滤波对弹性车体共振频率的影响

1. 几何滤波对频响函数和功率谱响应的影响

采用附录 B 典型高速客车参数作为原始计算参数，刚柔耦合模型中仅考虑车体前 2 阶弹性振动模态，当车辆运行速度为 200 km/h 时，轨道不平顺输入至刚性车体中部浮沉振动加速度响应的相关频响函数传递率如图 10-13、图 10-14 所示. 从图 10-13 可以看到，由于轴距滤波现象，在一些频率点处轨道不平顺对车体的点头和浮沉的传递率均为 0，即：此时这些频率的输入将不会产生车辆的振动响应. 由于定距滤波现象，"空"点头响应频率点和"空"浮沉响应频率点交替出现. 从(10-25)式至(10-27)式的分析可知，这些"空"响应频率数值将依据车辆的定距和轴距的不同而变化，同时，也随着车辆的运行速度而改变. 图 10-14 为在对数坐标下，相关频响函数的车体浮沉加速度传递率随车辆运行速度变化的情况，可以看到，随着运行速度的提高，空响应频率的数值随之提高. 当车辆运行速度为 200 km/h 时，采用附录 B 中的车辆参数，依据(10-25)式至(10-27)式"空"响应频率点的数值见表 10-2.

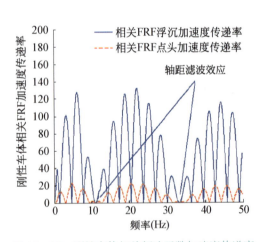

图 10-13 刚性车体相关频响函数加速度传递率

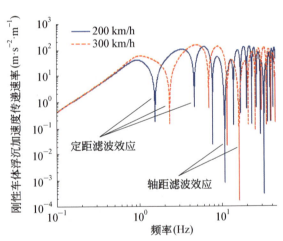

图 10-14 速度对加速度传递率的影响

表 10-2 运行速度 200 km/h 时"空"响应频率点

	$n=0$	$n=1$	$n=2$	$n=3$	$n=4$	$n=5$	$n=6$
无浮沉响应(Hz)	1.58	4.76	11.11	14.29	17.46	20.63	23.81
无点头响应(Hz)	—	3.17	6.35	9.52	12.70	15.87	19.05
无浮沉和点头响应(Hz)	11.11	33.33	55.56	77.78	100.00	122.22	144.44

分析图 10-13 还可以看到，在"空"点头响应频率点 $f_r = nV/(2l_b)$ 附近，车体浮沉振型的

加速度传递率达到最大值,即:当轨道不平顺激励频率接近 $f_r = nV/(2l_b)$ 时,轨道不平顺对车体浮沉振动的传递率达到最大.由于轴距滤波效应等因素,轨道不平顺加速度传递率的最大值不是准确地发生在 $f_r = nV/(2l_b)$,其数值可以通过数值解法获得.图 10-15 是"空"点头响应频率点 f_r 和最大浮沉加速度传递率的频率值对比,可以看到,对应某一速度会有多个共振频率,表明当 $n = 2$ 时加速度共振频率与"空"点头响应的频率偏差最小,当运行速度为 300 km/h 时,其偏差值最大(为 0.36 Hz),误差约为 4%.由于误差不是很大,而且解析式使用起来相当方便,因此,可以近似认为 $f_r = nV/(2l_b)$ 即为车体的共振频率.

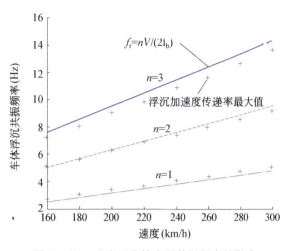

图 10-15　速度对车体中部共振频率的影响

图 10-16、图 10-17 为弹性车体的加速度传递率和车体的响应功率谱.从图 10-16 可以看到,当车体的弹性一阶弯曲频率为 6.2 Hz,与刚性车辆浮沉加速度传递率的最大值相吻合时,弹性车体中部加速度的传递率急剧上升,此时车体产生强烈的弹性共振现象,导致平稳性急剧恶化.当车体的弹性频率为 12.3 Hz 时,虽然表 10-2 中的 12.7 Hz 数值较为接近,但是,由于此频率处的加速度传递率数值要大大小于 6.2 Hz 处的数值(图 10-13),因此,其加速度传递率相对 6.2 Hz 处而言要小了许多.当采用高速高干扰轨道谱输入、车体的垂向一阶弯曲频率为 12.3 Hz 时,弹性车体中部和转向架上方的加速度响应功率谱如图 10-17 所示.分析图 10-17 可知,与刚性车体相同的是,由于轴距滤波效应,在某些频率处,车体的弹性和刚性振动响应均为 0.从轨道不平顺的功率谱可知,轨道不平顺的输入能量随频率的增加而迅速衰减,因此,最重要的是避免车体在低频处产生共振.

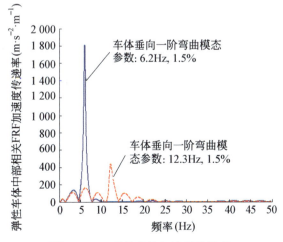

图 10-16　弹性车体加速度传递率

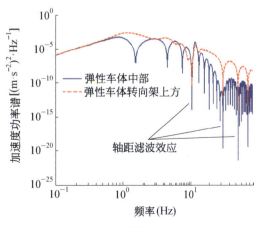

图 10-17　弹性车体的响应功率谱

2. 几何滤波对弹性车体共振频率的影响

图 10-18 和图 10-19 是采用原始计算参数,并采用第 5 章所介绍的协方差法计算车辆的运行平稳性,在变化车辆运行速度时,车体弹性与车体中部、车体端部运行平稳性的关系. 分析图 10-18、图 10-19 和图 10-15 计算结果可知,对于高速车而言,当 $n \geqslant 3$ 时,即使车体的垂向一阶弯曲频率与线路浮沉激励频率吻合,由于该共振频率处轨道谱的线路不平顺激励能量相对较低,因此,振动很容易由结构阻尼衰减,不会导致车体剧烈的弹性振动. 当 $n = 1$ 时,当车体弯曲频率与浮沉加速度传递率的峰值频率相吻合时(图 10-13),的确会导致车体剧烈弹性振动,但是,事实上车体在整备状态下的频率往往都会大于 $n = 1$ 的工况(图 10-15),因此,特别需要关注的是,当车辆运行速度为 $V = f_c l_b$ 时车辆的振动情况,其中 f_c 为车体的垂向一阶弯曲频率. 分析图 10-17、图 10-18 可以看到,当车体频率大于 12.0 Hz 后,车体中部及转向架上方的平稳性数值趋于稳定,因此,可以认为当运行速度低于 300 km/h 及车体弹性大于该数值时能够忽略车体的弹性. 分析图 10-18、图 10-19 可以看到,车体中部的共振频率与图 10-15 的分析结果一致,而车体端部平稳性指标峰值处的频率在各速度级下都要比车体中部的共振频率值略小,这是由于转向架上方包含车体的点头振动,这导致峰值频率的偏移.

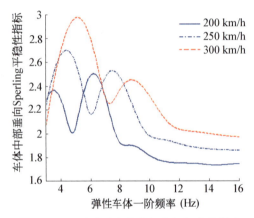

图 10-18 速度对车体中部共振频率的影响

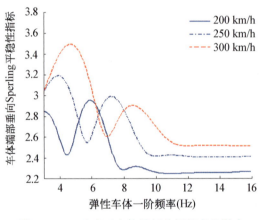

图 10-19 速度对车体端部共振频率的影响

本节介绍了几何滤波现象,给出了几何滤波现象的解析解. 分析表明,几何滤波分为轴距滤波和定距滤波[1]. **轴距滤波**是指在某些特定波长下车体的点头和浮沉响应均为 0,即此时车体的响应为 0;**定距滤波**是指在某些波长下车体的浮沉或者点头响应为 0. 在车体"空"点头响应频率附近,轨道对车体浮沉振动的加速度传递率达到局部最大,当车体的垂向一阶弯曲频率与这些峰值频率吻合时,将产生剧烈的弹性振动,从而影响承载舒适性和车体结构的疲劳寿命. 分析还表明,较高频率处的车体弹性共振由于轨道不平顺输入较小,而被车体结构阻尼迅速衰减,不会对运行平稳性构成影响. 在本节的算例中,当车体的垂向弹性一阶弯曲频率大于 12 Hz 后,线路导致的整个车体弹性共振对平稳性的影响不大.

§10.3 铁道车辆弹性车体动力吸振器减振分析

为了抑制车体弹性振动,进一步提高车辆运营品质,各国学者都不断努力,提出各种解决措施.文献[6,25]运用主动动力吸振器,研究了弹性车体动力学模型的车辆运行平稳性及其控制方法.文献[26]研究了被动吸振器对刚性车体车辆系统的减振性能.被动动力吸振器结构简单,易于设计和实现,在工程实践中获得广泛应用.本节将运用铁道车辆垂向刚柔耦合动力学模型,分析带动力减振设备——动力吸振器(简称 DVA)对车体弹性振动的抑制作用[27].

10.3.1 包含 DVA 的铁道客车刚柔耦合动力学模型

包含 DVA 的垂向动力学模型如图 10-20 所示.模型中包含车体、构架和轮对,每个构架有浮沉和点头 2 个自由度,车体的刚体自由度与构架相同,也为浮沉和点头,并假设轮对紧贴钢轨.DVA 安装位置距车体端部的距离为 l_3,整个模型的坐标方向定义如图 10-20 所示.图 10-20 中其他符号的意义和初始参数与§10.1 相同.

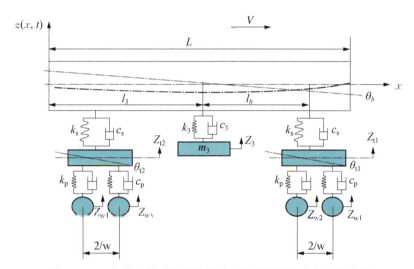

图 10-20 加装车体减振器的铁道客车刚柔耦合垂向力学模型

运用拉格朗日方程推导梁的垂向振动方程,并考虑振型函数的正交性,取前 n 阶表示车体的振动,并结合(10-1)式至(10-5)式,有[28]

$$m_b \ddot{z}_b(t) = P_1 + P_2 + P_3 \tag{10-34}$$

$$I_b \ddot{\theta}_b(t) = P_1 \left(\frac{L}{2} - l_1\right) + P_2 \left(\frac{L}{2} - l_2\right) + P_3 \left(\frac{L}{2} - l_3\right) \tag{10-35}$$

$$\ddot{q}_i(t) + 2\xi_i \omega_i \dot{q}_i(t) + \omega_i^2 q_i(t) = \frac{Y_i(l_1)}{m_b} P_1 + \frac{Y_i(l_2)}{m_b} P_2 + \frac{Y_i(l_3)}{m_b} P_3, \quad i = 3, 4, \cdots, n \tag{10-36}$$

上式中,ξ_i 和 ω_i 分别为第 i 阶车体弹性振型的阻尼比和自振频率;P_1 和 P_2 分别为第 1 台转向架(右手边)和第 2 台转向架(左手边)二系悬挂作用在弹性车体的力;P_3 为动力吸振器悬挂系统作用在车体的力;l_1 和 l_2 分别为第 1 台转向架和第 2 台转向架的二系悬挂支持点距离车体端部的距离.

$$\begin{cases} P_1 = -k_s(z(l_1,t) - z_{t1}) - c_s(\dot{z}(l_1,t) - \dot{z}_{t1}) \\ P_2 = -k_s(z(l_2,t) - z_{t2}) - c_s(\dot{z}(l_2,t) - \dot{z}_{t2}) \end{cases} \quad (10-37)$$

$$P_3 = -k_3 \left[z_b(t) + \left(\frac{L}{2} - l_3\right)\theta(t) + \sum_{i=3}^{n} Y_i(l_3)q_i(t) - z_3(t) \right] \\ - c_s \left[\dot{z}_b(t) + \left(\frac{L}{2} - l_3\right)\dot{\theta}(t) + \sum_{i=3}^{n} Y_i(l_3)\dot{q}_i(t) - \dot{z}_3(t) \right] \quad (10-38)$$

则动力吸振器的振动方程为

$$m_3 \ddot{z}_3 = -k_3[z_3(t) - z(l_3,t)] - c_3[\dot{z}_3(t) - \dot{z}(l_3,t)] \quad (10-39)$$

在车辆系统中,构架的振动方程可以参考(10-13)式至(10-16)式获得.

10.3.2　动力吸振器参数优化设计

为了优化设计 DVA 的参数,对以下参数进行定义:

$$\omega_d = \sqrt{k_3/m_3}, \ \mu = m_3/m_b, \ \gamma = \omega_d/\omega_a, \ \zeta = c_3/2\sqrt{m_3 k_3} \quad (10-40)$$

依据文献[29]可得 DVA 频率比 γ 和阻尼比 ζ 的优化值为

$$\gamma_{opt} = \frac{1}{1+\mu}, \ \zeta_{opt} = \sqrt{\frac{3\mu}{8(1+\mu)}} \quad (10-41)$$

由于铁道车辆车体结构的阻尼较小,可以直接利用(10-41)式来优化设计 DVA 参数. 对于结构阻尼较大的系统,可以运用系统优化方法[29]对 DVA 进行参数优化.

ω_a 可选择为车体垂向一阶弯曲频率或者道路不平顺浮沉输入频率. 如果选择车体的垂向一阶弯曲频率为 ω_a,就要测定整备或者期望在减振的工作状态下车体弹性一阶弯曲频率 ω_3. 如果不想测定车体弹性振动频率,却又发现在某速度级下车体弹性振动剧烈、需要采取措施控制时,可以将 ω_a 设为道路不平顺浮沉输入频率.

ω_a 取为车体垂向一阶弯曲频率时,依据(10-40)式和(10-41)式,在图 10-21 中,DVA 的优化刚度 k_3' 及阻尼参数 c_3' 分别为

$$k_3' = m_3(\gamma_{opt}\omega_3)^2, \ c_3' = 2\zeta_{opt}\sqrt{m_3 k_3'} \quad (10-42)$$

当 ω_a 为道路不平顺浮沉输入频率时,有

$$k_3' = m_3\left(\gamma_{opt} n \frac{\pi v}{l_b}\right)^2, \ c_3' = 2\zeta_{opt}\sqrt{m_3 k_3'} \quad (10-43)$$

上式中,n 为正整数. 对于铁道客车而言,在整备状态下,车体垂向一阶弯曲频率一般为 7~13 Hz,而且往往在车辆高速运行时,车体弹性振动才会较为剧烈,因此,(10-43)式中 n 的取值为 2 或 3 即可. 当然,由于(10-43)式中 n 的存在,使得依据浮沉激励频率设计时有一定的"试凑"性.

10.3.3　动力吸振器对车体弹性振动的抑制作用

以附录 B 及表 10-3 的典型高速客车参数作为原始计算参数,将高速高干扰轨道谱作为

轨道不平顺输入谱,同时考虑车体前2阶弹性振动模态,分析动力吸振器对车体弹性振动的抑制作用. 当车辆运行速度为 200 km/h、优化设计的 DVA 安装在车体中部、吸振器质量 m_3 为 1 000 kg 时,分析 DVA 对车辆运行平稳性的影响. 图 10 - 21 和图 10 - 22 为无 DVA、依据车体垂向一阶弯曲频率和线路浮沉激扰输入频率设计的 DVA 对车体弹性振动的抑制效果. 依据线路浮沉频率设计 DVA 参数时,(10 - 43)式中的 n 值取 2. 可见如果不采用 DVA,当车体垂向一阶弯曲频率低至 7.5 Hz 以下时,车体弹性振动迅速加剧,平稳性开始剧烈恶化,尤其是车体中部振动更加剧烈,加装 DVA 后车体弹性振动能够得到有效控制. 从图 10 - 21 和图 10 - 22 可知:2 种 DVA 的设计方案在该工况下均取得良好的减振效果;依据线路浮沉激励频率设计的 DVA,当车体弹性一阶频率为 7～9 Hz 时,对车体中部的减振性能甚至优于依据车体垂向一阶弹性频率而设计的 DVA;在本书的算例中,当车体垂向一阶弹性频率大于 10 Hz 以后,由于车体弹性对运行平稳性影响不大,安装 DVA 没有产生任何作用.

表 10 - 3 DVA 参数含义及数值

参数意义	参数符号	数值	单位
DVA 至车体端部距离	l_3	L/2	m
DVA 质量	m_3	/	kg
DVA 阻尼系数	c_3	/	kN·s/m
DVA 刚度	k_3	/	kN/m

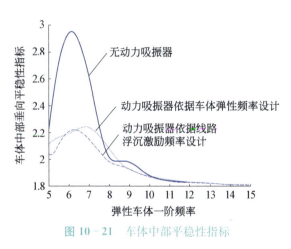

图 10 - 21 车体中部平稳性指标

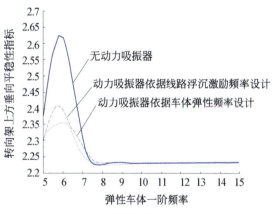

图 10 - 22 车体转向架上方平稳性指标

由于车辆一旦完成制造,其垂向一阶弹性弯曲频率就固定下来,通过工况模态测试技术可以方便地获得整备状态下车体垂向一阶的弯曲振动频率[30],据此设计的 DVA 参数更为直观. 图 10 - 23 反映依据车体弯曲频率设计 DVA 参数时,DVA 的质量对车体中部减振性能的影响,可见 DVA 的质量越大,减振性能越好. DVA 的质量对车体端部弹性振动的减振性能的影响与车体中部类似. 假设车体整备状态下垂向一阶弯曲频率为 6.5 Hz、DVA 的质量为 1 000 kg,使用垂向弯曲频率设计 DVA 后,车体中部运行平稳性随速度变化的情况如图 10 - 24 所示. 可见加装 DVA 后使车体弹性振动大幅减少,在车体垂向一阶弯曲频率低至 6.5 Hz、车

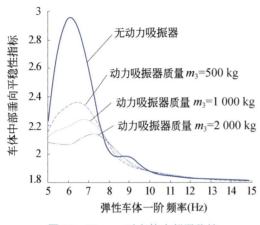

图 10-23 m_3 对车体中部平稳性

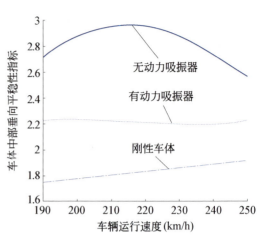

图 10-24 速度对车体中部平稳性的影响

辆运行速度达 250 km/h 时,仍然能实现良好的运行平稳性,但是,与刚性车体相比尚有一定差距.

以上分析表明,利用车体下吊挂的设备作为动力吸振器质量,运用(10-42)式和(10-43)式优化设计图 10-20 中 DVA 的悬挂参数 k_3 和 c_3,可获得良好的减振效果. 由于 DVA 是被动的窄带吸振设备,因此,在加入 DVA 后,虽然对车体弹性振动具有良好的抑制作用,但是仍无法达到刚性车体的运行平稳性能. 当车体弹性值高至一定数值时,可以认为车体弹性对运行平稳性影响不大,此时加入抑制车体弹性振动的 DVA 对平稳性的改进不大.

本节在车体底架下安装了动力吸振器,建立了刚柔耦合铁道车辆垂向振动模型,并运用该模型分析了动力吸振器对车体弹性振动的抑制作用.

优化设计的动力吸振器可以有效抑制车体的弹性振动. 当车体垂向一阶弯曲频率低至 6.5 Hz、动力吸振器的质量为 1 000 kg,采用优化设计的动力吸振器后,车辆运行速度达 250 km/h 时运行平稳性仍然可以达到优级品质.

采用动力吸振器后,可以大大降低对车体垂向一阶弯曲频率的要求.

§10.4 铁道车辆弹性车体被动减振分析

为了控制弹性车体的振动,本节提出在车体底架下方纵向安装液压减振器,采用被动方式来抑制车体的弹性振动. 由于该液压减振器安装在车体底架下,且用于抑制车体弹性振动,故称为**车体减振器**[31].

10.4.1 加装液压减振器的铁道客车刚柔耦合动力学模型

包含车体液压减振的垂向动力学模型如图 10-25 所示. 模型中包含车体、构架和轮对,每个构架有 2 个自由度(为浮沉和点头),车体的刚体自由度与构架相同(为浮沉和点头),假设轮对紧贴钢轨. 车体减振器与车体端部的距离为 l_{c2},与车体弯曲中心层的距离为 l_h,其长度为 l_{dc}. 整个模型的坐标方向定义如图 10-25 所示.

运用拉格朗日方程推导梁的垂向振动方程,并考虑振型函数的正交性,取前 n 阶表示车体的振动,并结合(10-1)式至(10-5)式,有

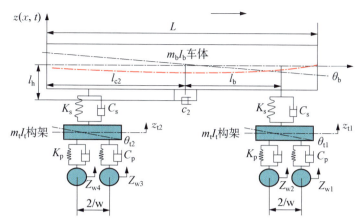

图 10-25 加装车体减振器的铁道客车刚柔耦合垂向力学模型

$$m_b\ddot{z}_b(t) = P_1 + P_2 \tag{10-44}$$

$$I_b\ddot{\theta}_b(t) = P_1\left(\frac{L}{2} - l_1\right) + P_2\left(\frac{L}{2} - l_2\right) \tag{10-45}$$

$$\ddot{q}_i(t) + 2\xi_i\omega_i\dot{q}_i(t) + \omega_i^2 q_i(t) = \frac{Y_i(l_1)}{m_b}P_1 + \frac{Y_i(l_2)}{m_b}P_2$$
$$+ \frac{M_{c21}}{m_b}Y_i'(l_{c2} - l_{dc}/2) + \frac{M_{c22}}{m_b}Y_i'(l_{c2} + l_{dc}/2),$$
$$i = 3, 4, \cdots, n \tag{10-46}$$

上式中, ξ_i 和 ω_i 为第 i 阶车体弹性振型的阻尼比和自振频率. P_1 为第 1 个转向架(右手边)二系悬挂作用在弹性车体上的力, P_2 第 2 个转向架(左手边)二系悬挂作用在弹性车体上的力. l_1 和 l_2 为第 1 转向架和第 2 转向架的二系悬挂支持点距离车体端部的距离.

$$\begin{cases} P_1 = -k_s(z(l_1, t) - z_{t1}) - c_s(\dot{z}(l_1, t) - \dot{z}_{t1}) \\ P_2 = -k_s(z(l_2, t) - z_{t2}) - c_s(\dot{z}(l_2, t) - \dot{z}_{t2}) \end{cases} \tag{10-47}$$

将(10-3)式代入(10-47)式,可以得到

$$P_1 = -k_s\left[z_b(t) + \left(\frac{L}{2} - l_1\right)\theta(t) + \sum_{i=3}^n Y_i(l_1)q_i(t) - z_{t1}\right]$$
$$- c_s\left[\dot{z}_b(t) + \left(\frac{L}{2} - l_1\right)\dot{\theta}(t) + \sum_{i=3}^n Y_i(l_1)\dot{q}_i(t) - \dot{z}_{t1}\right] \tag{10-48}$$

$$P_2 = -k_s\left[z_b(t) + \left(\frac{L}{2} - l_2\right)\theta(t) + \sum_{i=3}^n Y_i(l_1)q_i(t) - z_{t2}\right]$$
$$- c_s\left[\dot{z}_b(t) + \left(\frac{L}{2} - l_2\right)\dot{\theta}(t) + \sum_{i=3}^n Y_i(l_2)\dot{q}_i(t) - \dot{z}_{t2}\right] \tag{10-49}$$

在(10-46)式中, $Y_i'(l_{c2} - l_{dc}/2)$ 和 $Y_i'(l_{c2} + l_{dc}/2)$ 分别表示振型函数的导数在 $l_{c2} - l_{dc}/2$ 和 $l_{c2} + l_{dc}/2$ 处的数值. M_{c21} 和 M_{c22} 分别为安装在车体减振器 c_2 左侧和右侧安装座处对车体作用的力矩,其数值为

$$M_{c_{21}} = -l_h \cdot c_2 \cdot \left[\frac{\partial^2 z(x,t)}{\partial x \partial t}\bigg|_{x=l_{c_2}-\frac{l_{dc}}{2}} - \frac{\partial^2 z(x,t)}{\partial x \partial t}\bigg|_{x=l_{c_2}+\frac{l_{dc}}{2}}\right]$$

$$= -l_h \cdot c_2 \cdot \left[\sum_{i=1}^{n} Y'_i(l_{c_2}-l_{dc}/2)\dot{q}_i(t) - \sum_{i=1}^{n} Y'_i(l_{c_2}+l_{dc}/2)\dot{q}_i(t)\right] \quad (10-50)$$

$$= -l_h \cdot c_2 \cdot \left[\sum_{i=3}^{n} Y'_i(l_{c_2}-l_{dc}/2)\dot{q}_i(t) - \sum_{i=3}^{n} Y'_i(l_{c_2}+l_{dc}/2)\dot{q}_i(t)\right]$$

$$M_{c21} = -M_{c22} \quad (10-51)$$

在车辆系统中,构架的振动方程为

$$m_t\ddot{z}_{t1} = -k_s[z_{t1}-z(l_1,t))] - c_s[\dot{z}_{t1}-\dot{z}(l_1,t)] \\ -k_p(z_{t1}-l_w\theta_{t1}-z_{w1}) + \cdots - c_p(\dot{z}_{t1}-l_w\dot{\theta}_{t1}-\dot{z}_{w1}) \\ -k_p(z_{t1}+l_w\theta_{t1}-z_{w2}) - c_p(\dot{z}_{t1}+l_w\dot{\theta}_{t1}-\dot{z}_{w2}) \quad (10-52)$$

$$I_t\ddot{\theta}_{t1} = l_wk_p(z_{t1}-l_w\theta_{t1}-z_{w1}) + l_wc_p(\dot{z}_{t1}-l_w\dot{\theta}_{t1}-\dot{z}_{w1}) \\ -l_wk_p(z_{t1}+l_w\theta_{t1}-z_{w2}) + \cdots - l_wc_p(\dot{z}_{t1}+l_w\dot{\theta}_{t1}-\dot{z}_{w2}) \quad (10-53)$$

$$m_t\ddot{z}_{t2} = -k_s[z_{t2}-z(l_2,t))] - c_s[\dot{z}_{t2}-\dot{z}(l_2,t)] \\ -k_p(z_{t2}-l_w\theta_{t2}-z_{w3}) + \cdots - c_p(\dot{z}_{t2}-l_w\dot{\theta}_{t2}-\dot{z}_{w3}) \\ -k_p(z_{t1}+l_w\theta_{t1}-z_{w4}) - c_p(\dot{z}_{t1}+l_w\dot{\theta}_{t1}-\dot{z}_{w4}) \quad (10-54)$$

$$I_t\ddot{\theta}_{t2} = l_wk_p(z_{t2}-l_w\theta_{t2}-z_{w3}) + l_wc_p(\dot{z}_{t2}-l_w\dot{\theta}_{t2}-\dot{z}_{w3}) \\ -l_wk_p(z_{t2}+l_w\theta_{t2}-z_{w4}) + \cdots - l_wc_p(\dot{z}_{t2}+l_w\dot{\theta}_{t2}-\dot{z}_{w4}) \quad (10-55)$$

其中,z_{w1},z_{w2},z_{w3},z_{w4} 为4个轮对的垂向不平顺输入.

10.4.2 车体减振器对车体弹性振动的抑制作用

采用附表B及表10-4的典型高速客车参数作为原始计算参数,以高速高干扰轨道谱为轨道不平顺输入,刚柔耦合模型仅考虑车体前2阶弹性振动模态,当车辆运行速度为200 km/h时,车体中部与转向架上方车体的加速度响应功率谱如图10-26和图10-27所示.从功率谱的分析可以看到,一阶垂向弯曲的弹性频率在车体的振动中占有相当高的能量成分,当结构阻尼比增加到15%时,弹性振动得到有效的抑制.

表10-4 车体减振器参数含义及其原始数值

参数	单位	数值 AW0	含 义
l_{c2}	m	L/2	车体减振器至车体端部距离
l_h	m	0.2	车体减振器至车体中性层垂直距离
c_2	Ns/m	5.0×10^9	车体减振器阻尼系数
l_{dc}	m	0.3	车体减振器长度

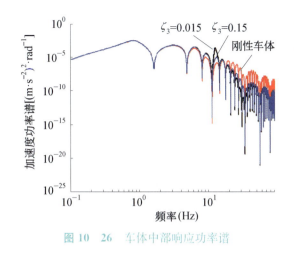
图 10－26　车体中部响应功率谱

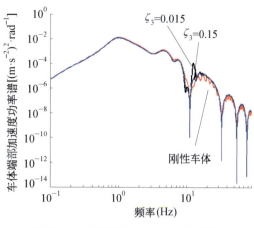
图 10－27　车体转向架上方响应功率谱

如图 10-25 所示,要增加结构阻尼,一个相对简便的方法是加装车体减振器.车体减振器阻尼系数的设置与运行平稳性的关系,是本书的研究重点.

图 10-26 和图 10-27 是当车辆采用表 10-1、表 10-6 的参数,变化车体垂向一阶弯曲频率和车体减振器阻尼系数时的计算结果.从分析结果可以看到,车体液压减振器的阻尼系数要达到 10^9 级别时,才能有效控制车体的弹性振动.观察图 10-26 和图 10-27 可知,要抑制车体的弹性振动,可以采取两种途径:一种是提高车体垂向一阶弯曲频率,另外一种就是采用车体减振器,提高车体结构振动的阻尼比,以此来控制车体的弹性振动.从分析结果可知,当运行速度为 200 km/h、车体垂向一阶弯曲频率 8.0 Hz 以上时,可以认为车体弹性对平稳性基本没有影响,此时可以不加装车体减振器.当车体垂向一阶弯曲频率低于 7.5 Hz 以下时,车体端部的平稳性已经超标,车体中部的平稳性数值也接近 2.5,此时就要考虑采用车体液压减振器或者其他方法来控制弹性车体的振动.当采用车体液压减振器时,在本书的算例中,阻尼系数要大于 5.0×10^9 N·s/m,才能有效控制车体振动.

分析还表明,当采用车体减振器后,对车体的刚性要求可以降低,观察图 10-28 和图 10-29 可知,当车体减振器阻尼系数为 5.0×10^9 N·s/m 时,车体垂向一阶频率为 6.5 Hz 以上即可满足平稳性要求;不采用车体减振器时,在 200 km/h 运行速度下,车体垂向一阶弯曲要达到 8 Hz 以上才可满足要求.如果单纯依靠改变车体结构来提高整备状态下的垂向一阶频率,就有可能要增加较多车体结构重量.

图 10-30 和图 10-31 是当车体运行速度变化时,车体平稳性与弹性车体垂向一阶弯曲频率的关系,此时车体减振器的阻尼系数为 5.0×10^9 N·s/m.可以看到,运行速度越高,平稳性越差,随着车体垂向一阶弹性频率的增加(也就是车体刚性的增加),弹性车体的平稳性逐步趋近于刚性车体.分析图 10-31 可知,运行速度越高,对车体的刚性要求越高,当运行速度为 180 km/h 时,车体垂向一阶弯曲频率为 7 Hz,其平稳性指标与刚性车体基本一致;当运行速度为 200 km/h 时,这一数值为 8 Hz.

图 10-32 和图 10-33 是液压减振器安装位置分析.从(10-50)式可知,振型函数的二阶导数可以表明车体减振器安装位置对车体弹性振动的作用效果.图 10-32 为振型函数的二阶导数,可以看到,如果要抑制车体一阶弯曲振动,液压减振器的安装位置越靠近车体的中部越

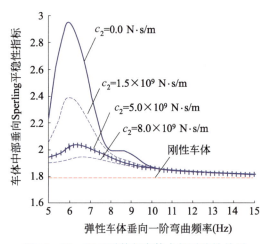

图 10-28　阻尼系数与车体中部平稳性关系

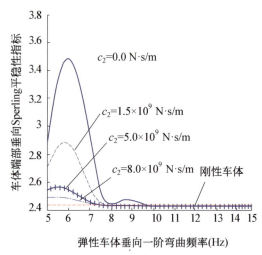

图 10-29　阻尼系数与车体端部平稳性关系

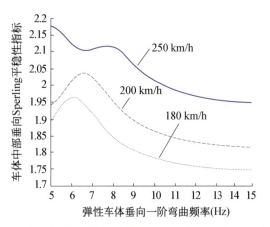

图 10-30　速度对车体中部平稳性的影响

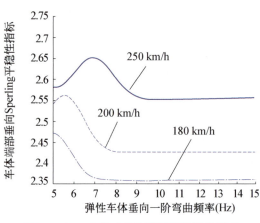

图 10-31　速度对车体端部平稳性的影响

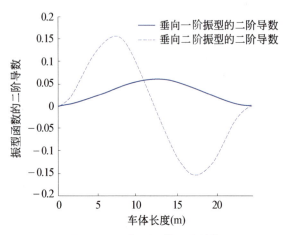

图 10-32　振型函数二阶导数

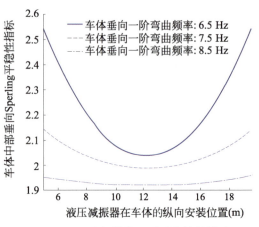

图 10-33　减振器位置对平稳性的影响

好;如果要抑制车体的二阶弯曲振动,液压减振器就要在离车体端部 7.1 m 和 17.5 m 附近效果最好. 由于一阶振型对车体的平稳性影响最大,因此,车体减振器的安装位置要越靠近车体中部越好. 图 10-33 的计算结果直接论证了减振器安装位置对运行平稳性的影响,安装在车体端部时,车体液压减振器基本没有作用,这与直觉认识是一致的.

可见当车体垂向一阶弯曲频率较低时,要有效抑制车体弹性振动,加装车体减振器是可行方案之一. 在本节的算例中,整备状态下车体减振器的阻尼要达到 10^9 级别,才可以有效控制车体弹性振动,如此高的阻尼系数,可能会给减振器的生产带来一定难度. 分析(10-26)式可知,增加车体减振器安装座的高度,可以降低对车体减振器阻尼系数的要求. 对于高速车,一般下吊设备较多,而且为了保持良好的空气动力学,高速车都有裙板,因此,增加安装座的高度会受到一定限制,此时可以在车体中部底架边梁处多安装几个车体液压减振器,以提高减振性能.

本节在车体底架下纵向安装了车体液压减振器,建立了包含车体液压减振器的刚柔耦合铁道车辆垂向振动模型,并运用该模型分析了车体液压减振器对弹性车体振动的影响. 在本书的算例中,当车体减振器阻尼系数为 5.0×10^9 N·s/m 时,车体垂向一阶频率在 6.5 Hz 以上即可满足速度为 200 km/h 的平稳性要求. 车体减振器阻尼系数越高,对车体刚性的要求就越低. 液压减振器的安装位置分析表明,车体液压减振器越靠近车体中部,其减振性能越好.

§10.5 铁道车辆弹性车体最优控制[32]

在第 7 章中介绍了基于轨道不平顺谱的最优控制及包括轮轴间时延的预瞄控制算法,并分析了控制算法对铁道客车刚性振动的影响,本节将基于这两种控制算法,设计整车的主动悬挂控制规律,并分析其对铁道客车车体弹性振动的抑制情况.

10.5.1 采用最优控制的铁道客车刚柔耦合动力学模型

采用的动力学模型如图 10-34 所示. 模型中包含车体、构架和轮对,每个构架有浮沉和点头 2 个自由度,车体的刚体自由度与构架相同(也为浮沉和点头),并假设轮对紧贴钢轨. 在车辆前、后转向架的一系悬挂处,分别加装作动器(每个转向架 4 个). 其中,u_{jf} 为转向架前轮对作动器输出力合力,u_{jr} 为转向架后轮对作动器输出力合力,$j=1,2$).

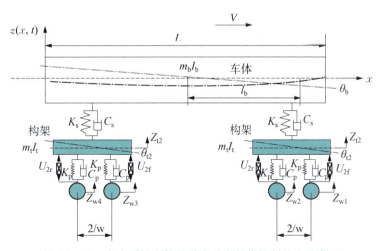

图 10-34 考虑弹性车体的单车垂向最优控制的力学模型

运用拉格朗日方程推导梁的垂向振动方程,并考虑振型函数的正交性,取前 n 阶表示车体的振动,并结合(10-1)式至(10-5)式,有

$$m_b \ddot{z}_b(t) = P_1 + P_2 \tag{10-56}$$

$$I_b \ddot{\theta}_b(t) = P_1\left(\frac{L}{2} - l_1\right) + P_2\left(\frac{L}{2} - l_2\right) \tag{10-57}$$

$$\ddot{q}_i(t) + 2\xi_i\omega_i\dot{q}_i(t) + \omega_i^2 q_i(t) = \frac{Y_i(l_1)}{m_b}P_1 + \frac{Y_i(l_2)}{m_b}P_2, \quad i=3,4,\cdots,n \tag{10-58}$$

$$m_t \ddot{z}_{tj}(t) + c_p[2\dot{z}_{tj}(t) - \dot{z}_{w(2j-1)}(t) - \dot{z}_{w(2j)}(t)] + k_p[2z_{tj}(t) \\ - z_{w(2j-1)}(t) - z_{w(2j)}(t)] = -P_j - u_{fj} - u_{rj} \tag{10-59}$$

$$I_t \ddot{\theta}_{tj}(t) + 2l_w^2 c_p \dot{\theta}_{tj}(t) + 2l_w^2 k_p \theta_{tj}(t) + l_w c_p[\dot{z}_{w(2j-1)}(t) - \dot{z}_{w(2j)}(t)] \\ + l_w k_p[z_{w(2j-1)}(t) - z_{w(2j)}(t)] = u_{fj}l_w - u_{rj}l_w, \quad j=1,2 \tag{10-60}$$

其中,ξ_i 和 ω_i 为第 i 阶车体弹性振型的阻尼比和自振频率. P_1 为第 1 个转向架(右手边)二系悬挂作用在弹性车体上的力,P_2 第 2 个转向架(左手边)二系悬挂作用在弹性车体上的力. l_1 和 l_2 为第 1 转向架和第 2 转向架的二系悬挂支持点距离车体端部的距离.

$$\begin{cases} P_1 = -k_s[z(l_1, t) - z_{t1}] - c_s[\dot{z}(l_1, t) - \dot{z}_{t1}] \\ P_2 = -k_s[z(l_2, t) - z_{t2}] - c_s[\dot{z}(l_2, t) - \dot{z}_{t2}] \end{cases} \tag{10-61}$$

将整个车辆系统列为状态方程,如

$$\dot{\boldsymbol{X}} = \boldsymbol{A}\boldsymbol{X} + \boldsymbol{B}\boldsymbol{U} + \boldsymbol{B}_2\boldsymbol{Z}_w \tag{10-62}$$

$$\boldsymbol{Y} = \boldsymbol{C}\boldsymbol{X} + \boldsymbol{D}\boldsymbol{U} \tag{10-63}$$

其中,$\boldsymbol{X}$ 为状态向量,$\boldsymbol{U}$ 为控制向量,$\boldsymbol{Z}_w$ 为轨道不平顺激扰向量;$\boldsymbol{A}$,$\boldsymbol{B}$,$\boldsymbol{B}_2$ 矩阵分别为它们的系数矩阵;$\boldsymbol{Y}$ 为输出向量;$\boldsymbol{C}$ 为输出观测矩阵;$\boldsymbol{D}$ 为直接转移矩阵.所有的矩阵均为常数阵,并具有相应的维数.

那么,最优控制问题即为寻找控制向量 $\boldsymbol{U}$,使评价指标表达式(10-64)式达到最小,

$$J = \lim_{T\to\infty} \frac{1}{T} \mathrm{E}\left[\int_0^\infty (\boldsymbol{Y}^\mathrm{T}\boldsymbol{Q}\boldsymbol{Y} + \boldsymbol{U}^\mathrm{T}\boldsymbol{R}\boldsymbol{U})\right]\mathrm{d}t \tag{10-64}$$

其中,$\boldsymbol{Q}$ 与 $\boldsymbol{R}$ 分别为状态变量及控制输入变量的权矩阵.且 $\boldsymbol{Q}$ 为非负定矩阵,$\boldsymbol{R}$ 为正定矩阵.

控制规律为

$$\boldsymbol{U} = -\boldsymbol{K}\boldsymbol{X} \tag{10-65}$$

其中,增益矩阵 $\boldsymbol{K}$ 为常量,可由下式获得:

$$\boldsymbol{K} = \boldsymbol{R}_1^{-1}(\boldsymbol{N}^\mathrm{T} + \boldsymbol{B}^\mathrm{T}\boldsymbol{P}) \tag{10-66}$$

$\boldsymbol{P}$ 可以通过求解下面的 RICCATI 方程获得,

$$-\boldsymbol{P}(\boldsymbol{A} - \boldsymbol{B}\boldsymbol{R}_1^{-1}\boldsymbol{N}^\mathrm{T}) - (\boldsymbol{A} - \boldsymbol{B}\boldsymbol{R}_1^{-1}\boldsymbol{N}^\mathrm{T})^\mathrm{T}\boldsymbol{P} + \boldsymbol{P}\boldsymbol{B}\boldsymbol{R}_1^{-1}\boldsymbol{B}^\mathrm{T}\boldsymbol{P} - (\boldsymbol{Q}_1 - \boldsymbol{N}\boldsymbol{R}_1^{-1}\boldsymbol{N}^\mathrm{T}) = 0$$

其中,

$$Q_1 = C^T Q C, \quad R_1 = D^T Q D + R, \quad N = C^T Q D \quad (10-67)$$

10.5.2 最优控制对车体弹性振动的抑制作用

1. 一系悬挂最优控制对车体弹性振动的抑制作用

采用如表 10-5 所示的典型高速客车参数作为原始计算参数,轨道不平顺采用高速高激励谱,刚柔耦合模型采用如图 10-34 所示的模型,仅考虑车体前 2 阶弹性振动模态,运用第 7 章中基于轨道谱的最优控制算法(Optimal control based on track spectrum, OCTS 控制算法)及轴间预瞄最优控制算法(Preview optimal control, OCPV 控制算法),对所建立的刚柔耦合模型进行仿真分析,分析结果如图 10-35 和图 10-37 所示.

表 10-5 铁道客车刚柔耦合模型参数含义及其原始数值

参数	单位	数值	含 义
m_b	t	36	车体质量
I_b	t·m²	2 300	车体点头转动惯量
m_t	t	2.1	构架质量
I_t	t·m²	2.1	构架点头转动惯量
k_s	kN/m	520	二系垂向刚度(每转向架一侧)
c_s	kNs/m	20	二系垂向阻尼系数(每转向架一侧)
k_p	kN/m	1 200	一系垂向定位刚度(每轴箱)
c_p	kN·s/m	15	一系垂向阻尼系数(每轴箱)
l_b	m	9	转向架定距之半
l_w	m	1.25	轴距之半
L	m	24.5	车体总长
ω_3	Rad	$8.5 \times 2\pi$	第 1 阶车体弹性频率
ξ_3		1.5%	第 1 阶车体弹性振型阻尼比
ω_4	Rad	$15.0 \times 2\pi$	第 2 阶车体弹性频率
ξ_4		1.5%	第 2 阶车体弹性振型阻尼比

图 10-35 是在两种控制规律下,车辆构架及车体垂向振动加速度均方根值结果. 从图 10-35(a)可以看到,一系悬挂最优控制明显抑制了构架的垂向振动,也正是由于最优控制降低了车体垂向振动主要振源构架的垂向振动,车体的振动也显著减弱,如图 10-35(b)所示. 与 OCTS 控制算法相比,OCPV 控制算法的控制效果要更好. 图 10-36 是两种控制规律控制力输出结果的比较,当车速低于 350 km/h 时,两种控制规律力输出均小于 3 kN,且 OCPV 控制算法的控制力输出更小. 图 10-37 是 OCPV 控制算法对 OCTS 控制算法的收益百分比,可以看到,尽管 OCPV 控制算法在控制效果与控制力输出方面均优于 OCTS 控制算

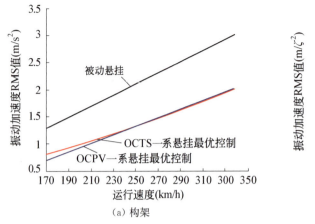
(a) 构架

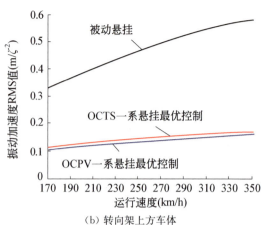
(b) 转向架上方车体

图 10-35 车辆振动加速度 RMS 值

图 10-36 作动器控制力输出

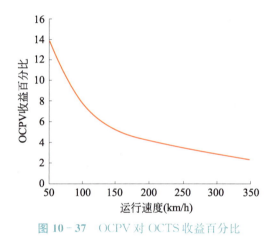
图 10-37 OCPV 对 OCTS 收益百分比

法,但是,随着速度的不断提高,OCPV 对比 OCTS 控制算法的优势逐步下降.

2. 一系悬挂与二系悬挂最优控制比较分析

通过上述分析可知,OCPV 对 OCTS 控制算法的优势会随着速度的不断提高而逐渐降低,由于 OCPV 控制算法相对而言更为复杂,因此,以下对于所研究的高速车辆仅采用 OCTS 控制算法. 为了研究作动器不同安装位置对控制效果的影响,在每转向架二系悬挂处安装 2 个作动器,其动力学模型如图 10-38 所示.

图 10-39 与图 10-40 分别是在一系悬挂最优控制与二系悬挂最优控制下,轨道至车体中部加速度传递率与车体中部加速度功率谱密度仿真结果. 结果显示,一系悬挂最优控制对车体在 4~13 Hz 范围的振动抑制作用明显,这包含了人体对垂向振动敏感的频域范围 4~8 Hz,尤其大大降低了车体垂向一阶弯曲频率 8.5 Hz 处的振动,但是,对于车体 1~2 Hz 范围的刚性振动几乎无控制效果. 与此相比,二系悬挂最优控制的作用频域主要是在 4 Hz 以下的刚性振动及 8.5 Hz 附近的弹性振动. 值得注意的是,两种控制策略对车体 15 Hz 以上的高频振动基本无抑制作用.

为了进一步对控制策略做出评价,图 10-41 给出一系悬挂与二系悬挂最优控制时,车体

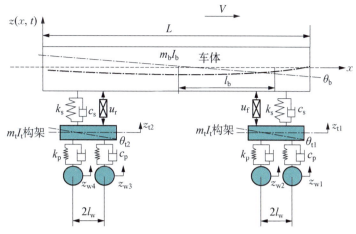

图 10-38 铁道客车二系悬挂最优控制动力学模型

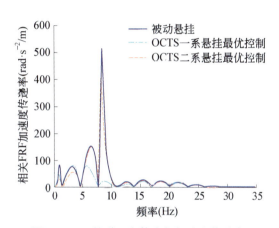

图 10-39 轨道至车体中部加速度传递率

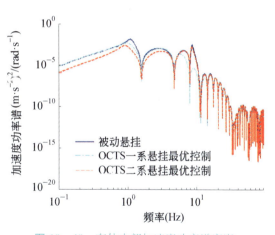

图 10-40 车体中部加速度功率谱密度

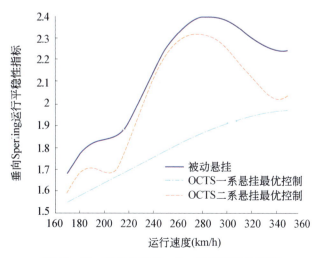

图 10-41 车体中部 Sperling 运行平稳性指标

中部 Sperling 运行平稳性指标的计算结果. 结果显示,对比二系悬挂最优控制,一系悬挂最优控制可以获得更好的运行平稳性.

本节建立了包含最优控制的刚柔耦合铁道车辆垂向振动模型,采用基于轨道谱的最优控制算法及轴间预瞄控制算法,对铁道客车刚柔耦合模型进行仿真分析. 分析结果表明,两种控制算法均可以有效抑制车体的振动;从控制力输出及抑制车体的振动效果来看,基于轨道谱的预瞄控制算法要略优于单纯基于轨道不平顺谱的最优控制算法,但是,随着速度的提高,前者较后者的收益降低;一系悬挂与二系悬挂最优控制在控制效果上存在差异,一系悬挂最优控制的有效控制频域更宽,其对车体弹性振动特别是车体垂向一阶弯曲振动抑制显著,改善车辆运行平稳性效果更佳.

§10.6 基于格林函数法的刚柔耦合车辆垂向动力学模型求解[33]

10.6.1 格林函数法

格林函数既可以用来求解振动、波等动力学问题,也可以用来求解许多线性的边界值问题[34]. 用格林函数可以把微分方程的解用积分来表示,因此,格林函数法也称积分法,从物理含义和数学形式上说,格林函数是一种普遍的概念,格林函数法也是一种具有普遍意义的方法. 由于积分与坐标系无关,人们可以采用不同坐标系,应用多种数理方法建立格林函数,因此,格林函数的计算获得广泛应用[35,36].

格林函数法在物理,尤其是岩土工程、电磁场及机械振动中有着广泛的应用. Nicholson 和 Bergman[37,38] 运用格林函数法,分析附加弹簧连接的离散质量块的无阻尼梁自由振动. 他们运用分离变量法,将梁的偏微分方程分解为一个以时间为变量的二阶常微分方程和一个以位移为变量的四阶常微分方程,并获得系统特征频率的表达式及精确解. Bergman 与 McFarland[39] 运用格林函数法,研究齐次边界条件下的欧拉-伯努利梁的自由振动. Kukla[40] 运用格林函数法,研究欧拉-伯努利梁的横向振动,其中梁上附加了多个弹性质量. 同时,他还用相同的方法研究附加了多个弹性质量的板的横向振动[41],获得了板的振动模态频率. Mazilu[42] 应用格林函数法,分析在垂向不平顺作用下的轮轨动态响应. 王光远[43] 用格林函数法和谐波平衡法,求解采用具有三次非线性刚度的金属橡胶减振器连接的两个梁的横向振动,并与试验进行对比,结果对应良好. 本节将首先介绍基于格林函数法的铁道车辆弹性车体动力学模型的求解方法.

10.6.2 基于格林函数法的刚柔耦合车辆垂向动力学模型求解

依据(10-1)式,在车体简化为欧拉梁时,考虑车体内滞阻尼,车体垂向振动方程可以写成复指数形式如下:

$$z(x, t) = Re[w(x, t)] \quad (10-68)$$

$$z_{ti} = Re[w_{ti}(t)], \ i = 1, 2 \quad (10-69)$$

$$z_{wj} = Re[w_{wj}(t)], \ j = 1, 2, 3, 4 \quad (10-70)$$

令

$$w(x,t) = \overline{W}(x)e^{i\omega t} \tag{10-71}$$

$$w_{ti}(t) = \overline{W}_{ti}e^{i\omega t}, \quad i = 1, 2 \tag{10-72}$$

$$w_{wj}(t) = \overline{W}_{wj}e^{i\omega t}, \quad j = 1, 2, 3, 4 \tag{10-73}$$

其中,$\overline{W}(x)$,$\overline{W}_{ti}$,$\overline{W}_{wj}$ 为复数,$i = \sqrt{-1}$ 是复数单位,ω 是外界激励频率. 将(10-71)式至(10-73)式代入(10-1)式、(10-13)式及(10-15)式,可得

$$(EI + i\omega\mu I)\frac{\partial^4 \overline{W}(x)}{\partial x^4} - \omega^2 \rho \overline{W}(x) = \sum_{i=1}^{2}\{(k_s + i\omega c_s)[\overline{W}_{ti} - \overline{W}(l_i)]\}\delta(x - l_i) \tag{10-74}$$

$$-\omega^2 m_t \overline{W}_{t1} = -(k_s + i\omega c_s)[\overline{W}_{t1} - \overline{W}(l_1)] - (k_p + i\omega c_p)(2\overline{W}_{t1} - \overline{W}_{w1} - \overline{W}_{w2}) \tag{10-75}$$

$$-\omega^2 m_t \overline{W}_{t2} = -(k_s + i\omega c_s)[\overline{W}_{t2} - \overline{W}(l_2)] - (k_p + i\omega c_p)(2\overline{W}_{t2} - \overline{W}_{w3} - \overline{W}_{w4}) \tag{10-76}$$

令

$$\frac{k_s + i\omega c_s}{\omega^2 m_t} = k_s^*, \quad \frac{k_p + i\omega c_p}{\omega^2 m_t} = k_p^* \tag{10-77}$$

那么,(10-75)式可化为

$$\overline{W}_{t1} = k_s^*[\overline{W}_{t1} - \overline{W}(l_1)] + k_p^*(2\overline{W}_{t1} - \overline{W}_{w1} - \overline{W}_{w2}) \tag{10-78}$$

即

$$\overline{W}_{t1} = \frac{k_s^* \overline{W}(l_1) + k_p^* \overline{W}_{w1} + k_p^* \overline{W}_{w2}}{2k_p^* + k_s^* - 1} \tag{10-79}$$

同理,可得

$$\overline{W}_{t2} = \frac{k_s^* \overline{W}(l_2) + k_p^* \overline{W}_{w3} + k_p^* \overline{W}_{w4}}{2k_p^* + k_s^* - 1} \tag{10-80}$$

令

$$\frac{k_s^*}{(k_s^* + 2k_p^* - 1)} = K_s', \quad \frac{k_p^*}{(k_s^* + 2k_p^* - 1)} = K_p' \tag{10-81}$$

那么,(10-79)式与(10-80)式可化为

$$\overline{W}_{t1} = K_s' \overline{W}(l_1) + K_p'(\overline{W}_{w1} + \overline{W}_{w2}) \tag{10-82}$$

$$\overline{W}_{t2} = K_s' \overline{W}(l_2) + K_p'(\overline{W}_{w3} + \overline{W}_{w4}) \tag{10-83}$$

令

$$\kappa^4 = \frac{\omega^2 \rho}{EI + \mathrm{i}\omega\mu I} \tag{10-84}$$

则(10-74)式可化为

$$\frac{\partial^4 \overline{W}(x)}{\partial x^4} - \kappa^4 \overline{W}(x) = \sum_{i=1}^{2} \frac{(k_s + \mathrm{i}\omega c_s)[\overline{W}_{ti} - \overline{W}(l_i)]}{EI + \mathrm{i}\omega\mu I} \delta(x - l_i) \tag{10-85}$$

设格林函数 $G(x, \xi)$ 是下式的解,

$$\frac{\mathrm{d}^4 G(x, \xi)}{\mathrm{d}x^4} - \kappa^4 G(x, \xi) = \frac{\delta(x - \xi)}{EI + \mathrm{i}\omega\mu I} \tag{10-86}$$

其中,格林函数 $G(x, \xi)$ 的含义为单位集中力作用于车体 ξ 位置,在 x 位置处所得到的响应[34],$\delta(\cdot)$ 为狄拉克函数. 由叠加原理可得(10-85)式的解为

$$\overline{W}(x) = \int_0^L f(\xi) G(x, \xi) \mathrm{d}\xi \tag{10-87}$$

即

$$\overline{W}(x) = \int_0^L \sum_{i=1}^{2} (k_s + \mathrm{i}\omega c_s)[\overline{W}_{ti} - \overline{W}(l_i)] \delta(x - l_i) G(x, \xi) \mathrm{d}\xi \tag{10-88}$$

令

$$\Lambda_s = k_s + \mathrm{i}\omega c_s \tag{10-89}$$

则由狄拉克函数性质,(10-88)式可以写为

$$\overline{W}(x) = \Lambda_s [\overline{W}_{t1} - \overline{W}(l_1)] G(x, l_1) + \Lambda_s [\overline{W}_{t2} - \overline{W}(l_2)] G(x, l_2) \tag{10-90}$$

那么,当 $x = l_1$ 时,有

$$\overline{W}(l_1) = \Lambda_s [\overline{W}_{t1} - \overline{W}(l_1)] G(l_1, l_1) + \Lambda_s [\overline{W}_{t2} - \overline{W}(l_2)] G(l_1, l_2) \tag{10-91}$$

当 $x = l_2$ 时,有

$$\overline{W}(l_2) = \Lambda_s [\overline{W}_{t1} - \overline{W}(l_1)] G(l_2, l_1) + \Lambda_s [\overline{W}_{t2} - \overline{W}(l_2)] G(l_2, l_2) \tag{10-92}$$

将(10-82)式和(10-83)式分别代入(10-91)式和(10-92)式中,得

$$\begin{aligned}\overline{W}(l_1) = &\Lambda_s [(K_s' - 1)\overline{W}(l_1) + K_p'(\overline{W}_{w1} + \overline{W}_{w2})] G(l_1, l_1) + \cdots \\ &+ \Lambda_s [(K_s' - 1)\overline{W}(l_2) + K_p'(\overline{W}_{w3} + \overline{W}_{w4})] G(l_1, l_2)\end{aligned} \tag{10-93}$$

$$\begin{aligned}\overline{W}(l_2) = &\Lambda_s [(K_s' - 1)\overline{W}(l_1) + K_p'(\overline{W}_{w1} + \overline{W}_{w2})] G(l_2, l_1) + \cdots \\ &+ \Lambda_s [(K_s' - 1)\overline{W}(l_2) + K_p'(\overline{W}_{w3} + \overline{W}_{w4})] G(l_2, l_2)\end{aligned} \tag{10-94}$$

通过联立(10-93)式和(10-94)式,可以获得 $\overline{W}(l_1)$ 与 $\overline{W}(l_2)$ 的表达式,并结合(10-82)式和(10-83)式可以获得 $\overline{W}_{t1}$ 与 $\overline{W}_{t2}$ 的表达式

$$\overline{W}_{t1} = K'_s \Big\{ \frac{[\Lambda_s(K'_s-1)G(l_1,l_2)] \cdot [\Lambda_s K'_p G(l_2,l_1)(\overline{W}_{w1}+\overline{W}_{w2}) + \Lambda_s K'_p G(l_2,l_2)(\overline{W}_{w3}+\overline{W}_{w4})]}{[1-\Lambda_s(K'_s-1)G(l_1,l_1)] \cdot [1-\Lambda_s G(l_2,l_2)(K'_s-1)] - \Lambda_s^2(K'_s-1)^2 G(l_1,l_2)G(l_2,l_1)}$$
$$+ \cdots + \frac{[1-\Lambda_s G(l_2,l_2)(K'_s-1)] \cdot [\Lambda_s K'_p G(l_1,l_2)(\overline{W}_{w3}+\overline{W}_{w4}) + \Lambda_s K'_p G(l_1,l_1)(\overline{W}_{w1}+\overline{W}_{w2})]}{[1-\Lambda_s(K'_s-1)G(l_1,l_1)][1-\Lambda_s G(l_2,l_2)(K'_s-1)] - \Lambda_s^2(K'_s-1)^2 G(l_1,l_2)G(l_2,l_1)} \Big\}$$
$$+ \cdots + K'_p(\overline{W}_{w1}+\overline{W}_{w2})$$

(10-95)

$$\overline{W}_{t2} = K'_s \Big\{ \frac{\Lambda_s G(l_2,l_1)(K'_s-1) \cdot [\Lambda_s K'_p G(l_1,l_2)(\overline{W}_{w3}+\overline{W}_{w4}) + \Lambda_s K'_p G(l_1,l_1)(\overline{W}_{w1}+\overline{W}_{w2})]}{[1-\Lambda_s(K'_s-1)G(l_2,l_2)][1-\Lambda_s(K'_s-1)G(l_1,l_1)] - \Lambda_s^2(K'_s-1)^2 G(l_2,l_1)G(l_1,l_2)}$$
$$+ \cdots + \frac{[1-\Lambda_s(K'_s-1)G(l_1,l_1)] \cdot [\Lambda_s K'_p(\overline{W}_{w3}+\overline{W}_{w4})G(l_2,l_2) + \Lambda_s K'_p(\overline{W}_{w1}+\overline{W}_{w2})G(l_2,l_1)]}{[1-\Lambda_s(K'_s-1)G(l_2,l_2)][1+\Lambda_s G(l_1,l_1) - \Lambda_s G(l_1,l_1)K'_s] - \Lambda_s^2(K'_s-1)^2 G(l_2,l_1)G(l_1,l_2)} \Big\}$$
$$+ \cdots + K'_p(\overline{W}_{w3}+\overline{W}_{w4})$$

(10-96)

将(10-95)式、(10-96)式代入(10-90)式中,可以得到 $\overline{W}(x)$ 的解,即

$$\overline{W}(x) = \Lambda_s G(x,l_1)\{(K'_s-1) \cdot$$
$$\Big\{ \frac{[\Lambda_s(K'_s-1)G(l_1,l_2)] \cdot [\Lambda_s K'_p G(l_2,l_1)(\overline{W}_{w1}+\overline{W}_{w2}) + \Lambda_s K'_p G(l_2,l_2)(\overline{W}_{w3}+\overline{W}_{w4})]}{[1-\Lambda_s(K'_s-1)G(l_1,l_1)] \cdot [1-\Lambda_s G(l_2,l_2)(K'_s-1)] - \Lambda_s^2(K'_s-1)^2 G(l_1,l_2)G(l_2,l_1)} + \cdots$$
$$+ \frac{[1-\Lambda_s G(l_2,l_2)(K'_s-1)] \cdot [\Lambda_s K'_p G(l_1,l_2)(\overline{W}_{w3}+\overline{W}_{w4}) + \Lambda_s K'_p G(l_1,l_1)(\overline{W}_{w1}+\overline{W}_{w2})]}{[1-\Lambda_s(K'_s-1)G(l_1,l_1)][1-\Lambda_s G(l_2,l_2)(K'_s-1)] - \Lambda_s^2(K'_s-1)^2 G(l_1,l_2)G(l_2,l_1)} \Big\}$$
$$+ K'_p(\overline{W}_{w1}+\overline{W}_{w2})\} + \cdots + \Lambda_s G(x,l_2)\{(K'_s-1) \cdot$$
$$\Big\{ \frac{\Lambda_s G(l_2,l_1)(K'_s-1) \cdot [\Lambda_s K'_p G(l_1,l_2)(\overline{W}_{w3}+\overline{W}_{w4}) + \Lambda_s K'_p G(l_1,l_1)(\overline{W}_{w1}+\overline{W}_{w2})]}{[1-\Lambda_s(K'_s-1)G(l_2,l_2)][1-\Lambda_s(K'_s-1)G(l_1,l_1)] - \Lambda_s^2(K'_s-1)^2 G(l_2,l_1)G(l_1,l_2)} + \cdots$$
$$+ \frac{[1-\Lambda_s(K'_s-1)G(l_1,l_1)] \cdot [\Lambda_s K'_p(\overline{W}_{w3}+\overline{W}_{w4})G(l_2,l_2) + \Lambda_s K'_p(\overline{W}_{w1}+\overline{W}_{w2})G(l_2,l_1)]}{[1-\Lambda_s(K'_s-1)G(l_2,l_2)][1+\Lambda_s G(l_1,l_1) - \Lambda_s G(l_1,l_1)K'_s] - \Lambda_s^2(K'_s-1)^2 G(l_2,l_1)G(l_1,l_2)} \Big\}$$
$$+ K'_p(\overline{W}_{w3}+\overline{W}_{w4})\}$$

(10-97)

采用拉普拉斯变换求解(10-86)式,以 x 为变量,则[44]

$$\hat{G}(s) = \frac{1}{s^4-\kappa^4}\Big[\frac{\mathrm{e}^{-s\xi}}{EI+\mathrm{i}\omega\mu I} + s^3 G(0) + s^2 G'(0) + s G''(0) + G'''(0)\Big] \quad (10-98)$$

(10-98)式的逆变换为

$$G(x,\xi) = \frac{\phi_4(x-\xi)u(x-\xi)}{\kappa^3(EI+\mathrm{i}\mu I\omega)} + G(0)\phi_1(x) + \cdots \\ + \frac{G'(0)}{\kappa}\phi_2(x) + \frac{G''(0)}{\kappa^2}\phi_3(x) + \frac{G'''(0)}{\kappa^3}\phi_4(x) \quad (10-99)$$

其中,$u(\cdot)$ 是阶跃函数,

$$\phi_1(x) = \frac{1}{2}(\cosh\kappa x + \cos\kappa x), \quad \phi_2(x) = \frac{1}{2}(\sinh\kappa x + \sin\kappa x)$$

$$\phi_3(x)=\frac{1}{2}(\cosh\kappa x-\cos\kappa x),\ \phi_4(x)=\frac{1}{2}(\sinh\kappa x-\sin\kappa x) \tag{10-100}$$

(10-99)式即为所要求的格林函数.

当 $x\geqslant\xi$ 时,有

$$G'(x,\xi)=\frac{\phi_3(x-\xi)}{\kappa^2(EI+\mathrm{i}\mu I\omega)}+\kappa G(0)\phi_4(x)+\cdots \\ +G'(0)\phi_1(x)+\frac{G''(0)}{\kappa}\phi_2(x)+\frac{G'''(0)}{\kappa^2}\phi_3(x) \tag{10-101}$$

$$G''(x,\xi)=\frac{\phi_2(x-\xi)}{\kappa(EI+\mathrm{i}\mu I\omega)}+\kappa^2 G(0)\phi_3(x)+\cdots \\ +\kappa G'(0)\phi_4(x)+G''(0)\phi_1(x)+\frac{G'''(0)}{\kappa}\phi_2(x) \tag{10-102}$$

$$G'''(x,\xi)=\frac{\phi_1(x-\xi)}{EI+\mathrm{i}\mu I\omega}+\kappa^3 G(0)\phi_2(x)+\cdots \\ +\kappa^2 G'(0)\phi_3(x)+\kappa G''(0)\phi_4(x)+G'''(0)\phi_1(x) \tag{10-103}$$

当 $x=L$ 时,将(10-99)式与(10-101)式至(10-103)式写成下列形式:

$$\begin{bmatrix}\phi_1(L) & \dfrac{\phi_2(L)}{\kappa} & \dfrac{\phi_3(L)}{\kappa^2} & \dfrac{\phi_4(L)}{\kappa^3} \\ \kappa\phi_4(L) & \phi_1(L) & \dfrac{\phi_2(L)}{\kappa} & \dfrac{\phi_3(L)}{\kappa^2} \\ \kappa^2\phi_3(L) & \kappa\phi_4(L) & \phi_1(L) & \dfrac{\phi_2(L)}{\kappa} \\ \kappa^3\phi_2(L) & \kappa^2\phi_3(L) & \kappa\phi_4(L) & \phi_1(L)\end{bmatrix}\begin{bmatrix}G(0)\\G'(0)\\G''(0)\\G'''(0)\end{bmatrix}=\begin{bmatrix}G(L)-f_1(\xi)\\G'(L)-f_2(\xi)\\G''(L)-f_3(\xi)\\G'''(L)-f_4(\xi)\end{bmatrix} \tag{10-104}$$

其中,

$$f_1(\xi)=\frac{\phi_4(x-\xi)}{\kappa^3(EI+\mathrm{i}\mu I\omega)},\ f_2(\xi)=\frac{\phi_3(x-\xi)}{\kappa^2(EI+\mathrm{i}\mu I\omega)} \tag{10-105}$$

$$f_3(\xi)=\frac{\phi_2(x-\xi)}{\kappa(EI+\mathrm{i}\mu I\omega)},\ f_4(\xi)=\frac{\phi_1(x-\xi)}{EI+\mathrm{i}\mu I\omega}$$

根据假设,车体具有自由边界条件,则

$$\left.\begin{aligned}EI\frac{\mathrm{d}^2 G}{\mathrm{d}x^2}=0\\ EI\frac{\mathrm{d}^3 G}{\mathrm{d}x^3}=0\end{aligned}\right\} x=0\ \text{或者}\ x=L \tag{10-106}$$

亦即 $G''(0)=G''(L)=0$,$G'''(0)=G'''(L)=0$. 那么,(10-104)式中第3、第4列可以去掉,又由于 $G(L)$ 与 $G'(L)$ 为不确定量,因此,第1、第2行可以忽略,即可得到如下方程式:

$$\begin{bmatrix} \kappa^2\phi_3(L) & \kappa\varphi_4(L) \\ \kappa^3\phi_2(L) & \kappa^2\phi_3(L) \end{bmatrix} \begin{bmatrix} G(0) \\ G'(0) \end{bmatrix} = \begin{bmatrix} -f_3(\xi) \\ -f_4(\xi) \end{bmatrix} \quad (10-107)$$

通过求解(10-107)式,获得未知边界 $G(0)$ 与 $G'(0)$ 分别为

$$G(0) = \frac{1}{\kappa^3(EI + i\mu I\omega)} \frac{\phi_4(L)\phi_1(L-\xi) - \phi_2(L-\xi)\phi_3(L)}{\phi_3^2(L) - \phi_4(L)\phi_2(L)} \quad (10-108)$$

$$G'(0) = \frac{1}{\kappa^2(EI + i\mu I\omega)} \frac{\phi_2(L)\phi_2(L-\xi) - \phi_3(L)\phi_1(L-\xi)}{\phi_3^2(L) - \phi_4(L)\phi_2(L)} \quad (10-109)$$

将(10-108)式和(10-109)式代入(10-99)式,即可得到具有自由边界的车体格林函数表达式,即

$$\begin{aligned} G(x,\xi) = &\frac{1}{\kappa^3(EI + i\mu I\omega)} \Big[\phi_4(x-\xi)u(x-\xi) + \cdots \\ &+ \phi_1(x) \frac{\phi_4(L)\phi_1(L-\xi) - \phi_2(L-\xi)\phi_3(L)}{\phi_3^2(L) - \phi_4(L)\phi_2(L)} \\ &+ \phi_2(x) \frac{\phi_2(L)\phi_2(L-\xi) - \phi_3(L)\phi_1(L-\xi)}{\phi_3^2(L) - \phi_4(L)\phi_2(L)} \Big] \end{aligned} \quad (10-110)$$

将(10-110)式代入(10-97)式,可以得到 $\overline{W}(x)$ 的完整表达式,结合(10-71)式与(10-68)式,即可得到采用格林函数法获得的包含车体弹性的铁道车辆振动响应方程.

10.6.3 基于格林函数法的车辆系统频响函数求解

实际上铁道车辆后方轮对的垂向轨道不平顺输入均为第1位轮对轨道不平顺输入的简单时延,即

$$z_{w1}(t) = \mathrm{Re}[\overline{W}_w e^{i\omega t}], \quad z_{w2}(t) = \mathrm{Re}[\overline{W}_w e^{i\omega(t-\tau_2)}] \quad (10-111)$$

$$z_{w3}(t) = \mathrm{Re}[\overline{W}_w e^{i\omega(t-\tau_3)}], \quad z_{w4}(t) = \mathrm{Re}[\overline{W}_w e^{i\omega(t-\tau_4)}]$$

其中, $\tau_i (i=2,3,4)$ 分别为第2、第3、第4轮对相对于第1轮对的时延,具体为

$$\tau_2 = 2l_w/V, \quad \tau_3 = 2l_b/V, \quad \tau_4 = 2(l_w + l_b)/V \quad (10-112)$$

其中,V 为车辆运行速度.

根据车体的位移频响函数定义

$$H_z(\omega) = \frac{\text{输出位移}}{\text{输入位移}} \quad (10-113)$$

将(10-111)式代入(10-97)式,并结合(10-113)式,可以得到车体的位移频响函数为

$$H_z(\omega) = \Lambda_s G(x, l_1)\{(K'_s-1) \cdot$$

$$\left\{ \frac{[\Lambda_s(K'_s-1)G(l_1, l_2)] \cdot [\Lambda_s K'_p G(l_2, l_1)(1+e^{-i\omega\tau_2}) + \Lambda_s K'_p G(l_2, l_2)(e^{-i\omega\tau_3}+e^{-i\omega\tau_4})]}{[1-\Lambda_s(K'_s-1)G(l_1, l_1)] \cdot [1-\Lambda_s G(l_2, l_2)(K'_s-1)] - \Lambda_s^2(K'_s-1)^2 G(l_1, l_2)G(l_2, l_1)} + \cdots \right.$$

$$\left. + \frac{[1-\Lambda_s G(l_2, l_2)(K'_s-1)] \cdot [\Lambda_s K'_p G(l_1, l_2)(e^{-i\omega\tau_3}+e^{-i\omega\tau_4}) + \Lambda_s K'_p G(l_1, l_1)(1+e^{-i\omega\tau_2})]}{[1-\Lambda_s(K'_s-1)G(l_1, l_1)][1-\Lambda_s G(l_2, l_2)(K'_s-1)] - \Lambda_s^2(K'_s-1)^2 G(l_1, l_2)G(l_2, l_1)} \right\}$$

$$+ K'_p(1+e^{-i\omega\tau_2})\} + \cdots + \Lambda_s G(x, l_2)\{(K'_s-1) \cdot$$

$$\left\{ \frac{\Lambda_s G(l_2, l_1)(K'_s-1) \cdot [\Lambda_s K'_p G(l_1, l_2)(e^{-i\omega\tau_3}+e^{-i\omega\tau_4}) + \Lambda_s K'_p G(l_1, l_1)(1+e^{-i\omega\tau_2})]}{[1-\Lambda_s(K'_s-1)G(l_2, l_2)][1-\Lambda_s(K'_s-1)G(l_1, l_1)] - \Lambda_s^2(K'_s-1)^2 G(l_2, l_1)G(l_1, l_2)} + \cdots \right.$$

$$\left. + \frac{[1-\Lambda_s(K'_s-1)G(l_1, l_1)] \cdot [\Lambda_s K'_p(e^{-i\omega\tau_3}+e^{-i\omega\tau_4})G(l_2, l_2) + \Lambda_s K'_p(1+e^{-i\omega\tau_2})G(l_2, l_1)]}{[1-\Lambda_s(K'_s-1)G(l_2, l_2)][1+\Lambda_s G(l_1, l_1) - \Lambda_s G(l_1, l_1)K'_s] - \Lambda_s^2(K'_s-1)^2 G(l_2, l_1)G(l_1, l_2)} \right\}$$

$$+ K'_p(e^{-i\omega\tau_3}+e^{-i\omega\tau_4})\}$$

(10-114)

则系统加速度的频率响应为

$$H_{za}(\omega) = -\omega^2 H_z(\omega) \tag{10-115}$$

因此,车体垂向位移响应功率谱密度 PSD 为

$$\boldsymbol{S}_z(\omega) = \boldsymbol{H}_z^*(\omega)\boldsymbol{S}_\omega(\omega, V)\boldsymbol{H}_z^T(\omega) \tag{10-116}$$

其中,$\boldsymbol{H}_z^*(\omega)$ 与 $\boldsymbol{H}_z^T(\omega)$ 分别是频响函数 $H_z(\omega)$ 的共轭和简直转置矩阵,$S_\omega(\omega, V)$ 是轨道不平顺输入的时域功率谱,可通过常见的轨道不平顺空间谱 $S_\Omega(\Omega)$ 转化得到,形式如下:

$$S_\omega(\omega, V) = \frac{S_\Omega(\Omega)}{V} = \frac{S_\Omega\left(\frac{\omega}{V}\right)}{V} \tag{10-117}$$

其中,Ω 为空间圆频率,单位为 rad/m.

车体垂向振动加速度响应谱密度为

$$S_{za}(\omega) = H_{za}^*(\omega)S_\omega(\omega, V)H_{za}^T(\omega) \tag{10-118}$$

车体垂向振动加速度响应均方根值 $\ddot{z}_{aRMS}$ 为

$$\ddot{z}_{aRMS} = \sqrt{\int_{\omega_{min}}^{\omega_{max}} S_{za}(\omega)d\omega} \tag{10-119}$$

其中,ω_{min} 和 ω_{max} 分别为轨道不平顺功率谱密度截断频率下限与上限.

10.6.4 格林函数法与模态叠加法对比分析

为了将格林函数法及模态叠加法的计算结果进行对比分析,这里仍采用附录 B 中的车辆动力学参数,轨道不平顺仍采用高速高激励轨道谱. 图 10-42 是车体中部及转向架上方垂向振动加速度功率谱密度的计算结果对比. 从图 10-42 可以看到,当频率低于 20 Hz 时,模态叠加法[45]与格林函数法所计算的车体中部及转向架上方 PSD 结果保持一致;然而,当频率高于 20 Hz 时,由于模态叠加法仅截取了车体前 2 阶的弹性模态,其求得的车体中部振动能量明显

低于格林函数法的结果,相比较而言,格林函数法避开了模态截断的限制,可以实现车体全模态的"一次运算",并反映出弹性车体全频带的振动情况,这对于研究车体高频振动特性具有重大意义. 同时值得指出的是,由于铁道车辆运行速度的不断提高,导致分析人员对诸如悬挂元件、结构部件、轮对、轨道及受电弓等的高频振动研究需求越来越迫切,而格林函数是个普遍概念,基于其在算法上的优势,如果可以将其广泛地运用到铁道车辆系统的科研领域则更具意义.

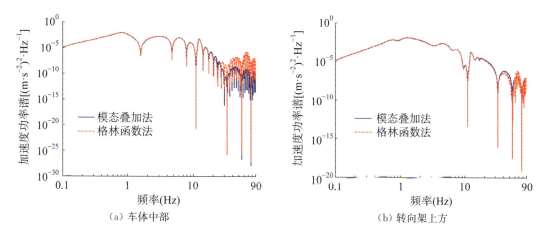

图 10-42　车体垂向振动加速度功率谱密度对比

图 10-42 是车体垂向振动加速度均方根值计算结果对比. 不难发现,二者车体中部计算结果较为接近,其中,模态叠加法的结果略低. 结合图 10-43 可知,两种算法在车体低频率处刚性振动与车体垂向一阶弯曲模态振动能量均一致,但由于模态叠加法无法体现车体的高频振动,故其计算得到的车体中部振动结果略低. 对于转向架上方而言,由于格林函数法可以反映车体全频率的模态,车体高阶弹性模态振型在转向架上方位置节点较多,因此,导致格林函数法的结果略低于模态叠加法.

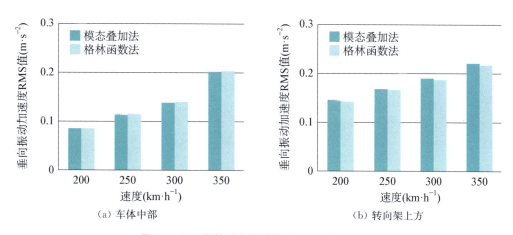

图 10-43　车体垂向振动加速度 RMS 值对比

图 10-44 为车体中部及转向架上方垂向运行平稳性对比. 结果表明,虽然格林函数法比模态叠加法在计算时考虑了更多的车体模态,但由于评价指标在高频处的权重较低,故两种算

法得到的平稳性指标值基本一致.因此,采用模态叠加法,仅截断车体前 2 阶弹性模态计算出的平稳性指标仍然具有相当高的精度.据此可知,采用模态叠加法建立的物理模型用于车辆的被动减振、振动控制算法研究也是合理的.

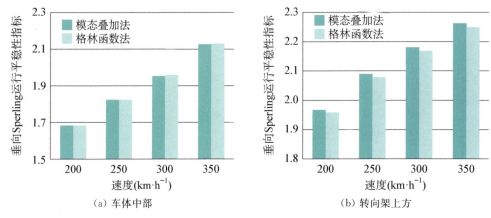

图 10-44　车体垂向运行平稳性指标对比

参 考 文 献

[1] Zhou J., Goodall R., Ren L., Zhang H.. Influences of car body vertical flexibility on ride quality of passenger railway vehicles [J]. *Journal of Rail and Rapid Transit*, Part F, 223(5): 461-471.

[2] 曾京,罗仁.考虑车体弹性效应的铁道客车系统振动分析[J].铁道学报,2007,29(6):19-25.

[3] 邬平波,薛世海,杨晨辉.基于弹性车体模型的高速客车动态响应[J].交通运输工程学报,2005,5(2):5-8.

[4] 李世亮,王卫东.考虑车体弹性的铰接式高速车辆模型及响应计算分析[J].中国铁道科学,1997,18(6):77-86.

[5] 周劲松,宫岛,孙文静等.铁道客车车体垂向弹性对运行平稳性的影响[J].铁道学报,2009,31(2):32-37.

[6] Foo E., Goodall R. M.. Active suspension control of flexible-bodied railway vehicle using electro-hydraulic and electromagnetic actuators [J]. *Control Engineering Practice*, 2000, 8: 507-518.

[7] Hac A.. Stochastic optimal control of vehicle with elastic body and active suspension [J]. *Journal of Dynamics systems, Measurement and Control*, 1986, 108: 106-110.

[8] 陆正刚,郭慧明.柔性车体振动和运行平稳性控制研究[J].中国机械工程,2006,17(10):1026-1031.

[9] Schandl G., Lungner P., Benatzky C., Kozek M., et al.. Comfort enhancement by an active vibration reduction system for a flexible railway car body [J]. *Vehicle System Dynamics*, 2007, 45(9): 835-847.

[10] Benaroya H.. *Mechanical Vibration Analysis, Uncertainites and Control* [M]. New York: Mercel Dekker Inc., 2004: 533-535.

[11] 宫岛,周劲松,孙文静等.铁道车辆弹性车体垂向运行平稳性最优控制[J].同济大学学报(自然科学版),2011,39(3):416-420.

[12] 宫岛,周劲松,孙文静等.高速列车弹性车体垂向振动控制[J].机械工程学报,2011,47(20):159-164.

[13] Takigami T., Tomioka T.. Investigation to suppress bending vibration of railway vehicle carbodies using piezoelectric elements [J]. *Quarterly Report of Rtri.*, 2005, 46(4): 225-230.

[14] 陆正刚,胡用生.基于磁流变阻尼器的铁道车辆结构振动半主动控制[J].机械工程学报,2006,42(8):

90.

[15] 周劲松,孙文静,宫岛.铁道车辆几何滤波现象及弹性车体共振分析[J].同济大学学报(自然科学版),2009,39(12):1653-1657.

[16] Jinsong Zhou, Hong Zhang, Lihui Ren, Gang Shen. *Study on Ride Quality of Passenger Vehicle Based on Operational Modal Parameter Identification Technique* [M]. Proceeding of International Symposium on Speed-up and Service Technology for Railway and Maglev Systems, STECH'06, Southwest Jiaotong University, Chengdu, Sichuan, P. R. China.

[17] Zhou J., Shen G., Zhang H., Ren L.. Application of modal parameters on ride quality improvement of railway vehicles [J]. *Vehicle System Dynamics*, 2008, Suppl, 46(1): 629-641.

[18] Pratt I.. Active Suspension Applied to Railway Trains [D]. Loughborough: Loughborough University, 1996.

[19] Diana G., Cheli F., Collina A., Corradi R., Melzi S.. The development of a numerical model for railway vehicles comfort assessment through comparison with experimental measurement [J]. *Vehicle System Dynamics*, 2002, 38(3): 165-183.

[20] Iwnicki, Simon. *Handbook of railway vehicle dynamics* [M]. Boca Raton: CRC Press, 2006.

[21] 王福天.车辆系统动力学[M].北京:中国铁道出版社,1994.

[22] 严隽耄.车辆工程[M].北京:中国铁道出版社,1999.

[23] Vittor Cossalter, Alberto Doria, Stefano Garbin, Roberto Lot. Frequency-domain for evaluating the ride comfort of a motorcycle [J]. *Vehicle System Dynamics*, 2006, 44(4): 339-355.

[24] 周劲松,李大光等.运用虚拟激励法分析磁浮车辆的运行平稳性[J].交通运输工程学报,2008,8(1):5-9.

[25] 陆正刚,郭慧明.柔性车体振动和运行平稳性控制研究[J].中国机械工程,2006,17(10):1026-1031.

[26] 曾京,邬平波,郝建华.铁道客车系统的垂向减振分析[J].中国铁道科学,2006,27(3):62-67.

[27] 周劲松,张伟,孙文静,任利惠.铁道车辆弹性车体动力吸振器减振分析[J].中国铁道科学,2009,30(3):86-89.

[28] Den Hartog J. P.. *Mechanical vibrations* [M]. New York: Dover Publications Inc., 1985: 145-160.

[29] Pennnestri, E.. An application of chebyshev's min-max criterion to the optimal design of a damped dynamic vibration absorber [J]. *Journal of Sound and Vibration*, 1998, 217(4): 757-765.

[30] Jinsong Zhou, Hong Zhang, Lihui Ren, Gang Shen. *Study on Ride Quality of Passenger Vehicle Based on Operational Modal Parameter Identification Technique* [M]. Proceeding of International Symposium on Speed-up and Service Technology for Railway and Maglev Systems, STECH'06, Southwest Jiaotong University, Chengdu, Sichuan, P. R. China

[31] 周劲松,宫岛,任利惠.铁道车辆弹性车体被动减振仿真分析[J].同济大学学报(自然科学版),2009,37(8):1086-1089.

[32] Gong D., Zhou J., Sun W., et al.. Effects of Active Primary Suspension on Vertical Ride Quality Control of Flexible Car Body and Its Comparison with those of Active Secondary Suspension [C]. Proceeding of the International Symposium on Dynamics of Vehicles on Roads and Tracks (IAVSD'11), Manchester, UK, August 2011.

[33] 宫岛,周劲松,孙文静,沈钢.基于格林函数法的铁道车辆弹性车体垂向振动分析[J].机械工程学报,2013,49(12):116-122.

[34] 钱伟长.格林函数和变分法在电磁场和电磁波计算中的应用.上海:上海科学技术出版社,1989.

[35] 张冬丽.基于数值格林函数方法的近场长周期强地震动模拟[D].中国地震局工程力学研究所,2005.

[36] 项彦勇,郭家奇.分布热源作用下裂隙岩体渗流—传热的拉氏变换—格林函数半解析计算方法[J].岩土力学,2011,32(2):333-340.

[37] Nicholson J. W., Bergman L. A.. Free vibration of combined dynamical systems [J]. *American Society of Civil Engineers Journal of Engineering Mechanics*, 1986, 112: 1-13.

[38] Bergman L. A., Nicholson J. W.. Forced vibration of a damped combined linear system: american society of mechanical engineears [J]. *Journal of Vibration, Acoustics, Stress and Reliability in Design*, 1985, 107: 275-281.

[39] Bergman L. A., McFarland D. M.. On the vibration of a point-supported linear distributed system [J]. *American Society of Mechanical Engineers Journal of Vibration, Acoustics, Stress, and Reliability in Design*, 1988, 110: 485-592.

[40] Kukla S.. Application of green functions in frequency analysis of Timoshenko beams with oscillatiors [J]. *Journal of Sound and Vibration*, 1997, 205(3): 355-363.

[41] Kukla S.. Frequency analysis of a rectangular plate with attached discrete systems [J]. *Journal of Sound and Vibration*, 2003, 264: 225-234.

[42] Mazilu T.. Green's functions for analysis of dynamic response of wheel/rail to vertical excitation [J]. *Journal of Sound and Vibration*, 2007, 306: 31-58.

[43] 王光远, 郑钢铁, 韩潮. 连接梁的非线性耦合振动分析与实验. 振动工程学报, 2009, 22(2): 41-47.

[44] Abu-Hilal M.. Forced vibration of Euler-Bernoulli beams by means of dynamic green functions [J]. *Journal of Sound and Vibration*, 2003, 267: 191-207.

[45] Gong D., Zhou J., Sun W.. Passive control of railway vehicle car body flexural vibration by means of underframe dampers [J]. *Journal of Mechanical Science and Technology*, 2017. 31(2): 555-564.

[46] 刘耀宗等. 被动式动力吸振技术研究进展. 机械工程学报, 2007, 3: 14-21.

[47] Rade D. A., Steffen V.. Optimisation of dynamic vibration absorbers over a frequency band [J]. *Mechanical Systems and Signal Processing*, 2000. 14(5): 679-690.

第 11 章
基于下吊设备的车体模态频率研究

高速列车整备车体是一个由车体承载结构、车辆内装、车下设备以及各连接件组成,其系统振动不仅包含车体结构的刚体和弹性振动,还包含设备的刚体和弹性振动,因此,它是一个刚柔耦合的系统,其各阶振动模态由车体结构的刚体振动、弹性振动以及设备的刚体振动和弹性振动叠加而成[1].

从第 10 章可知,车体模态频率对车辆系统的舒适性有重要影响. UIC566 规范《客车车体及其零部件的载荷》规定,要"识别、描述处于 5~40 Hz 范围的车体振动模态",并且"车体的自振频域应该有别于自转向架传递至车体的振动频率". EN12663《铁道车辆车体结构要求》规范在"振动模态"一节中规定,"在整备状态下,车体的自振模态应该与吊挂频率充分分离或者解耦",以避免发生共振响应现象. 此外,国外大多要求在整备状态下车辆的垂向弹性振动频率不低于规定值,并且与转向架振动频率有一定差值. 例如:①德国 ICE 车技术任务书中规定,中间车整备状态下车体的最低自振频率不允许低于 10 Hz,弯曲振动频率和转向架点头及浮沉振动的频率比值不得低于 1.4;②瑞典 X2000 型摆式列车要求,车辆系统各部位间的固有频率差在 3 Hz 以上;③法国国营铁路要求转向架的振动频率不与车体弯曲振动频率相耦合,分隔范围希望为 1.0~1.5 Hz. 可见,UIC566 及 EN12663 规范对于车体在整备状态下垂向弹性振动频率的要求是定性的,各国根据运营和车辆自身的情况,对车体弹性频率的要求进行了量化[1-3].

我国 TB/T1335-1996《铁道车辆强度设计及使用鉴定规范》4.1.2 中规定,"在各种载荷条件下,车体的自振频率不同于转向架的蛇行、点头等振动频率,从而在整个运用速度范围内避免共振现象"[4-6],随后该规范在 8.9 节"振动试验"中建议,测定车辆及其重要部件的 5~40 Hz 范围内的自振频率,并要求"车体自振频率应不同于转向架所传递给车体的振动频率",而且"符合 4.1.2 的要求". TB/T1335-1996 规范中关于车体动态特性的规定与 UIC566 规范基本一致. 随着我国铁路运营速度的迅速提高,铁道部于 2001 年印发了《200 km/h 及以上速度级铁道车辆强度设计及试验鉴定暂行规定》. 该规定的 6.4.1 节中规定,"整备状态车体弯曲自振频率与转向架点头和浮沉自振频率的比值大于等于 1.4",并且"整备状态车体最低弯曲频率不得低于 10 Hz"[7-9],这是我国对高速车体模态频率的明确成文规定.

由于车体频率仅仅依据结构优化来达到提升模态频率的设计目标,往往因为空间和重量的限制,困难重重,因此,本章根据机械振动基础理论与线性振动理论,首先建立两自由度系统模型与高速列车梁模型,研究车下吊挂刚度及设备质量对车体模态频率的影响,并通过车体梁模型进行验证,然后,采用有限元模型验证所提出基于下吊设备的车体频率,尤其是垂弯频率的影响因素和优化措施.

§11.1 两自由度刚体简化模型的车体、下吊设备耦合振动模态

11.1.1 两自由度振动模型建立

本节通过建立车体与设备两自由度模型,提出计算在整备状态下车体垂向一阶弯曲模态频率的解析方法。考虑弹性车体小位移形变,仅针对频率研究时,可将车体与吊挂设备等效为两自由度无阻尼垂向模型,如图 11-1 所示。其中,m_{eq} 为车下设备质量,k_{eq} 为车下设备吊挂刚度,m_c 为车体质量;k_c 为车体弯曲刚度,由于车体弯曲刚度主要由承载结构提供,其余附件对弯曲刚度影响较小,因而针对车体垂向一阶弯曲模态,k_c 可以表示为

$$k_c = m_s \omega_{s1}^2 \tag{11-1a}$$

上式中,m_s 为车体承载结构质量;ω_{s1} 为车体承载结构垂向一阶弯曲模态频率。

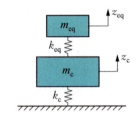

图 11-1 车体及车下设备两自由度模型

根据如图 11-1 所示的等效模型,可以得到耦合系统振动圆频率 ω 的解为

$$\begin{aligned}\omega_1 &= \sqrt{\frac{1}{2}\left[\frac{k_{eq}}{m_{eq}} + \frac{k_{eq}+k_c}{m_c} - \sqrt{\left(\frac{k_{eq}}{m_{eq}} + \frac{k_{eq}+k_c}{m_c}\right)^2 - 4\frac{k_{eq}k_c}{m_{eq}m_c}}\right]} \\ \omega_2 &= \sqrt{\frac{1}{2}\left[\frac{k_{eq}}{m_{eq}} + \frac{k_{eq}+k_c}{m_c} + \sqrt{\left(\frac{k_{eq}}{m_{eq}} + \frac{k_{eq}+k_c}{m_c}\right)^2 - 4\frac{k_{eq}k_c}{m_{eq}m_c}}\right]}\end{aligned} \tag{11-1b}$$

上式表明,当车下设备采用弹性吊挂时,设备与车体构成耦合系统。此时,车体与车下设备的振动分别由低频 ω_1 与高频 ω_2 两种频率振动波叠加而成,即

$$\begin{cases} z_c = A_1 e^{i\omega_1 t} + A_2 e^{i\omega_2 t} \\ z_{eq} = B_1 e^{i\omega_1 t} + B_2 e^{i\omega_2 t} \end{cases}$$

上式中,A_1 与 B_1 为车体和设备在低频时振动波的幅值;A_2 与 B_2 为车体和设备在高频时振动波的幅值。

运用二项式定理,可得低频及高频振动波幅值比分别为

$$\begin{cases} \dfrac{A_1}{B_1} \approx \dfrac{(1+\mu)\omega_{eq}^2}{(1+\mu)\omega_{eq}^2 + \omega_c^2} \\ \dfrac{A_2}{B_2} \approx 1 - \mu - \dfrac{\omega_c^2}{\omega_{eq}^2} \end{cases} \tag{11-2}$$

上式中,

$$\mu = \frac{m_{eq}}{m_c} = \frac{m_{eq}}{m_{tot} - m_{eq}};$$

$$\omega_c = \sqrt{\frac{k_c}{m_c}} = \sqrt{\frac{k_c}{m_{tot} - m_{eq}}};$$

$$\omega_{eq} = \sqrt{\frac{k_{eq}}{m_{eq}}} = 2\pi f_{eq};$$

f_{eq} 定义为**独立设备固有频率**.

11.1.2 两自由度模型耦合模态计算与结果分析

因实际设计中通常通过车下设备吊挂元件静挠度来描述吊挂元件,车下设备吊挂静挠度与吊挂刚度之间的关系可描述为

$$x = \frac{m_{eq} g}{k_{eq}} \tag{11-3}$$

本书将通过静挠度来描述车下设备吊挂刚度的变化.

根据(11-1)式和(11-3)式,将实际车体参数代入,得到低频与高频振动频率随静挠度变化,如图 11-2 所示. 图 11-2 中实线代表低频振动,虚线代表高频振动.

从图 11-2 可以看出,当静挠度为 0 mm 时,车体与设备为刚性连接,耦合系统表现为单自由度系统,振动频率为 16.28 Hz;当静挠度逐渐增大时,低频振动频率随静挠度增大而降低,高频振动频率从无限大急剧下降,车体与设备之间由刚性连接转向弹性连接,从单自由度系统向两自由度系统转变;随静挠度继续增大,车体与设备之间连接刚度逐渐降低,两自由度系统向只有车体的单自由度系统转变,低频振动频率向 0 Hz 趋近,高频振动频率趋近于车体自身模态频率(17.17 Hz).

为研究车体振动与车下设备振动之间的关系,这里计算设备独立振动频率随吊挂静挠度的变化. 这里所说的设备独立振动即将吊挂位置视为刚性约束,不考虑车体振动,只考虑车下设备自身振动. 通过计算可得到图 11-3.

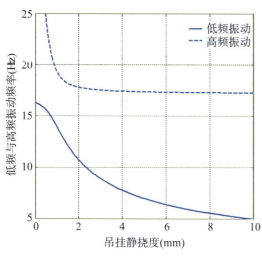

图 11-2 低频与高频振动频率随吊挂静挠度变化

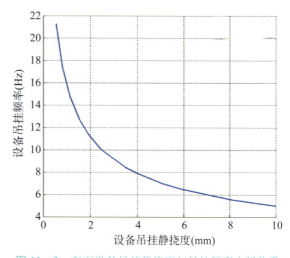

图 11-3 车下设备吊挂静挠度与吊挂频率之间关系

从图 11-3 可以看出,车下设备吊挂静挠度越大,吊挂频率越低;车下设备吊挂静挠度越小,吊挂频率越高,当车下设备吊挂静挠度极小时,车下设备趋近于刚性吊挂.这与单自由度系统自振频率随刚度降低而降低的规律是一致的.

将图 11-3 中曲线叠加到图 11-2 中,如图 11-4 所示.

从图 11-4 可以看出,当静挠度较低时,两自由度系统的高频振动频率更接近于车下设备独立振动频率;当静挠度较高时,两自由度系统的低频振动频率更接近于车下设备独立振动频率.

根据(11-2)式和(11-3)式,将实际车体参数代入,得到耦合系统低频振动车体与设备振动波幅值比随静挠度变化,如图 11-5 所示.

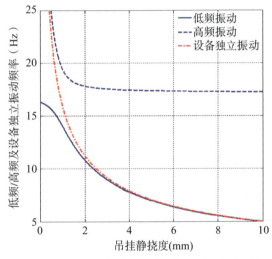

图 11-4 低频/高频振动及设备独立振动频率随吊挂静挠度变化

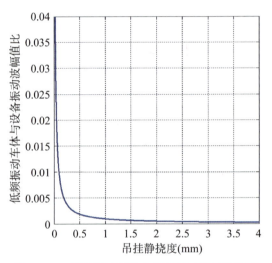

图 11-5 低频振动车体与设备振动波幅值比随吊挂静挠度变化

从图 11-5 可以看出,在低频振动中,车体与设备振动波幅值比大于 0,即在低频振动中,车体与设备振动为同向振动;当静挠度为 0 mm 时,波幅值比趋近于无限大,此时车体与设备可视为一个整体,耦合系统为单自由度系统;随着静挠度增大,车体与设备振动波幅值急剧减小,并远小于 1,即车体振幅小于设备振幅.因此,随静挠度增大,耦合系统低频主振型为设备振动,即 ω_1 为耦合系统下设备振动频率.

根据(11-2)式和(11-3)式,将实际车体参数代入,得到高频振动车体与设备振动波幅值比随静挠度变化,如图 11-6 所示.

从图 11-6 可以看出,在高频振动中,车体与设备振动波幅值比随吊挂静挠度增大呈线性下降.静挠度小于 0.8 mm 时,幅值比大于 0,即车体和设备振动同向;静挠度大于 0.8 mm 时,幅值比小于 0,即车体与设备振动反向.静挠度小于 1.6 mm 时,幅值比绝对值小于 1,即车体振幅小于设备振幅;静挠度大于 1.6 mm 时,幅值比绝对值大于 1,即车体振幅大于设备振幅.因此,随静挠度增大,耦合系统高频主振型为车体模态频率.

结合图 11-4、图 11-5 和图 11-6 可以得出,设备吊挂静挠度接近 0 mm 时,车体与设备接近刚性连接,近似于单自由度系统,其振动频率表现为耦合振动中的低频振动;静挠度大于

1.6 mm 时,车体模态频率发生跳变,车体振动波幅值开始大于设备振动波幅值,二者表现为反向振动.

计算低频、高频振动频率与设备独立频率的比值随静挠度变化,如图 11-7 所示.

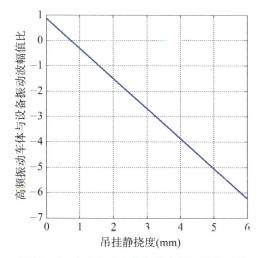

图 11-6　高频振动车体与设备振动波幅值比随吊挂静挠度变化

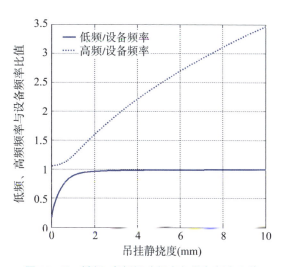

图 11-7　低频、高频振动频率与设备频率比值

在实际工程中,根据隔振设计基本原理,为避免车体与车下设备发生共振,通常要保证车体模态频率与车下设备吊挂频率比值在 1.4 以上,或者依据模态匹配设计准则进行频率模态匹配设计.从图 11-7 可以看出,低频振动频率与设备自振频率的比值始终小于 1,而高频振动与设备自振频率的比值在静挠度大于 1.6 mm 以后将大于 1.4.

结合以上计算结果,可以得出**车下设备吊挂静挠度的设计原则**:避免车体与设备之间刚性连接,而要适当增加静挠度大小,以使车体模态达到跳变后的频率,这样既可以增大车体模态频率,防止车体与转向架发生共振,又可以增大车体模态频率与车下设备自振频率的比值,防止车体与设备发生共振.

为研究车下设备质量对车体模态频率的影响,改变车下设备的质量,并代入(11-1)式和(11-3)式中,将计算得到的结果叠加到图 11-2 中,可以得到图 11-8.

从图 11-8 可以看出,车下设备质量越小,耦合系统低频/高频振动频率随静挠度变化曲线距离越近;车下设备质量越大,两条曲线距离越远.如果想通过改变车下设备静挠度来优化车体模态频率,对于不同质量的车下设备选取的静挠度变化量不同,图 11-8 具有实际参考价值.

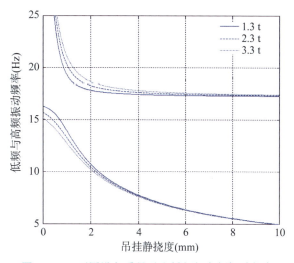

图 11-8　不同设备质量对应低频与高频振动频率随吊挂静挠度变化

§11.2 基于车体弹性梁模型的车体、下吊设备耦合振动模态

为验证两自由度系统计算结果,本节通过建立包含车下设备的车体梁模型振动微分方程,并对其进行求解.

11.2.1 车体弹性梁运动微分方程建立

由于高速车辆二系采用空气弹簧支承,刚度比较低,因而将车体简化为两端自由的均质等截面欧拉梁[10,11]. 在本研究中只考虑单一设备对车体模态的影响,且该设备吊挂与车体中部. 由于下吊设备的悬挂及车体结构阻尼对系统的特征频率影响较小,为了简化问题,本节模型不包含转向架系统及阻尼,这与§10.3节模型不同. 包含车下设备的车体结构的垂向变形如图11-9所示.

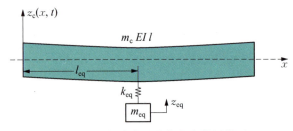

图11-9 包含车下设备的车体梁模型

在图11-9中,m_c 为车体质量,l 为车体长度. $z_c(x,t)$ 为梁的垂向位移,它是关于横截面位置 x 和 t 的二元函数. z_{eq} 是车下设备的垂向位移. 由于梁是等截面欧拉-伯努利梁,设梁的横截面对中心主轴的截面惯性矩为 I,材料的杨氏弹性模量为 E. 梁的单位截面质量为 ρ. 车下挂设备质量为 m_{eq},吊挂刚度为 k_{eq}. l_{eq} 为车下设备吊挂位置,这里 $l_{eq}=\dfrac{l}{2}$. 仅考虑梁振动方程及(10-1)式,有

$$EI\frac{\partial^4 y(x,t)}{\partial x^4}+\rho dx\frac{\partial^2 y(x,t)}{\partial t^2}=0 \tag{11-4}$$

对于微段在集中力作用点,可以略去微分量,得到集中力作用点处梁的剪切力为

$$Q_{\frac{l}{2}}=\frac{1}{2}F_{eq} \tag{11-5}$$

11.2.2 基于梁模型的耦合模态计算与结果分析

为分析包含下吊设备的梁模型模态频率参数,本节从梁振动方程为起点,进行详细推导. 用分离变量法,设

$$y_c(x,t)=Y_c(x)T(t) \tag{11-6}$$

代入(11-4)式,得到

$$EI\frac{\partial^4 Y_c(x)}{\partial x^4}T(t)+\rho dx\frac{\partial^2 T(t)}{\partial t^2}Y_c(x)=0 \qquad (11-7)$$

即

$$\frac{1}{Y_c(x)}\frac{EI}{\rho}\frac{d^4 Y_c(x)}{dx^4}=-\frac{1}{T(t)}\frac{d^2 T(t)}{dt^2}$$

设等式值为 ω^2,得到微分方程

$$EI\frac{d^4 Y_c(x)}{dx^4}-\rho\omega^2 Y_c(x)=0 \qquad (11-8a)$$

$$\frac{d^2 T(t)}{dt^2}+\omega^2 T(t)=0 \qquad (11-8b)$$

设

$$\kappa^4=\frac{\rho\omega^2}{EI}$$

则(11-8a)式可写为

$$\frac{d^4 Y_c(x)}{dx^4}-\kappa^4 Y_c(x)=0 \qquad (11-9)$$

为求解上式,设其基本解为 $Y(x)=e^{\lambda x}$,代入(11-9)式中,得到

$$\lambda^4-\kappa^4=0$$

求得此式的 4 个解为

$$\lambda_{1,2}=\pm\kappa,\ \lambda_{3,4}=\pm i\kappa$$

则(11-9)式的解为

$$Y_c(x)=C_1 e^{\kappa x}+C_2 e^{-\kappa x}+C_3 e^{i\kappa x}+C_4 e^{-i\kappa x}$$

根据

$$e^{\pm\kappa x}=\cosh(\kappa x)\pm\sinh(\kappa x)$$
$$e^{\pm i\kappa x}=\cos(\kappa x)\pm i\sin(\kappa x)$$

则上式可以整理为

$$Y_c(x)=A_1\sin(\kappa x)+A_2\cos(\kappa x)+A_3\sinh(\kappa x)+A_4\cosh(\kappa x) \qquad (11-10)$$

由(11-8b)式可以得到

$$T(t)=A\sin(\omega t+\varphi) \qquad (11-11)$$

将(11-10)式和(11-11)式代入(11-6)式,可以得到

$$y_c(x,t)=[A_1\sin(\kappa x)+A_2\cos(\kappa x)+A_3\sinh(\kappa x)+A_4\cosh(\kappa x)]A\sin(\omega t+\varphi)$$

根据梁的边界条件确定梁的固有频率及相应的主振型.

$$x=0, y_c''(0, t)=0, y_c'''(0, t)=0 \tag{11-12}$$

对于梁的中部，$x=\dfrac{l}{2}$，其转角为 0，剪切力由(11-7)式可知为 $\dfrac{1}{2}F_{eq}$，则有

$$x=\dfrac{l}{2}, y_c''\left(\dfrac{l}{2}, t\right)=0, y_c'''\left(\dfrac{l}{2}, t\right)=\dfrac{1}{2}F_{eq} \tag{11-13}$$

为求解 F_{eq}，对集中力作用点微段和车下设备进行受力分析．

对于微段，有

$$F_{eq}=k_{eq}\left[y_{eq}(t)-y_c\left(\dfrac{l}{2}, t\right)\right] \tag{11-14}$$

对于车下设备，有

$$k_{eq}\left[y_c\left(\dfrac{l}{2}, t\right)-y_{eq}(t)\right]=m_{eq}\dfrac{d^2 y_{eq}(t)}{dt^2} \tag{11-15}$$

设

$$y_{eq}(t)=A_{eq}\sin(\omega t+\varphi) \tag{11-16}$$

则有

$$\dfrac{d^2 y_{eq}(t)}{dt^2}=-\omega^2 y_{eq}(t) \tag{11-17}$$

代入(11-14)式和(11-15)式，可以得到

$$F_{eq}=\dfrac{k_{eq}m_{eq}\omega^2}{k_{eq}-m_{eq}\omega^2}y_c\left(\dfrac{l}{2}, t\right)$$

则边界条件(11-13)式中，$y_c'''\left(\dfrac{l}{2}, t\right)=\dfrac{1}{2}F_{eq}$ 可以表示为

$$y_c'''\left(\dfrac{l}{2}, t\right)=\dfrac{k_{eq}m_{eq}\omega^2}{2(k_{eq}-m_{eq}\omega^2)}y_c\left(\dfrac{l}{2}, t\right) \tag{11-18}$$

由梁的边界条件(11-12)式、(11-13)式、(2-20)式，可以得到矩阵方程

$$\begin{bmatrix} 0 & -1 & 0 & 1 \\ -1 & 0 & 1 & 0 \\ \kappa\cos\left(\dfrac{\kappa l}{2}\right) & -\kappa\sin\left(\dfrac{\kappa l}{2}\right) & \kappa\cosh\left(\dfrac{\kappa l}{2}\right) & \kappa\sinh\left(\dfrac{\kappa l}{2}\right) \\ -\kappa^3\cos\left(\dfrac{\kappa l}{2}\right)+\sigma\sin\left(\dfrac{\kappa l}{2}\right) & \kappa^3\sin\left(\dfrac{\kappa l}{2}\right)+\sigma\cos\left(\dfrac{\kappa l}{2}\right) & \kappa^3\cosh\left(\dfrac{\kappa l}{2}\right)+\sigma\sinh\left(\dfrac{\kappa l}{2}\right) & \kappa^3\sinh\left(\dfrac{\kappa l}{2}\right)+\sigma\cosh\left(\dfrac{\kappa l}{2}\right) \end{bmatrix}\begin{bmatrix} A_1 \\ A_2 \\ A_3 \\ A_4 \end{bmatrix}=0 \tag{11-19}$$

其中，

$$\sigma=\dfrac{k_{eq}m_{eq}\omega^2}{2EI(k_{eq}-m_{eq}\omega^2)}$$

则矩阵方程(11-19)的特征方程为

$$\kappa^3\left[\sin\left(\frac{\kappa l}{2}\right)\cos\left(\frac{\kappa l}{2}\right)+\cosh\left(\frac{\kappa l}{2}\right)\sin\left(\frac{\kappa l}{2}\right)\right]+\sigma\left[1+\cosh\left(\frac{\kappa l}{2}\right)\cos\left(\frac{\kappa l}{2}\right)\right]=0 \quad (11-20)$$

即车体模态频率的数值解.

通过求解(11-20)式,得到梁模型计算结果,将计算结果叠加到图11-2中,得到两自由度系统计算结果与梁模型计算结果对比,如图11-10所示.

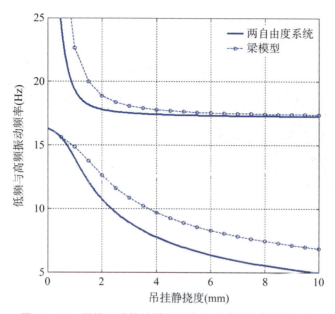

图11-10　梁模型计算结果与两自由度系统计算结果对比

从图11-10可以看出,梁模型计算结果与两自由度系统计算结果相符,§11.1节中的计算结论得到验证.两种计算方式之间有一定的差别,原因在于两自由度系统中将车体视为单自由度的刚体,直接将车体质量及通过公式计算出的刚度系数代入计算.通过进一步的研究,计算出车体的等效质量及等效刚度,再代入两自由度系统中,可以使两自由度系统的计算结果与梁模型计算结果更加接近.

§11.3　基于有限元的车体、下吊设备耦合振动模态

在前两节中,通过建立包含车下设备的高速列车车体梁模型与两自由度模型,得到车下设备质量及吊挂刚度对车体模态频率的影响规律.随车下设备吊挂静挠度增大,车体模态频率将发生跳变.为验证以上规律,需要进行有限元仿真分析与试验模态分析.本节以某型号高速车辆为设计对象,建立包含车下设备的高速列车承载结构车体有限元模型,并赋予材料属性及板材厚度.通过更改车下设备的各种参数,计算相应的车体模态频率变化.

11.3.1　包含下吊设备的车体有限元模型

本书选用高速车辆承载结构车体为对象,建立有限元模型.由于车体大部分为型材,厚度

尺寸相对长宽尺寸较小,考虑为薄板结构. 根据车体结构,建立车体有限元模型时,选择了面网格(shell 单元)来划分模型[12,13]. 四边形网格计算精度相对较高,因此,在离散过程中主要使用四边形面网格,在部分位置采用了三角形面网格和实体网格. 车体有限元模型材料属性为铝合金(材料密度为 2.7×10^3 kg/m^3),板材属性根据实际厚度设置[13].

车体有限元模型如图 11-11 所示. 模型长度为 24.2 m,质量为 11.9 t,材料弹性模量为 70 GPa,泊松比为 0.33,共有单元数 241 080、节点数 192 094.

图 11-11　高速列车承载结构车体有限元模型

为模拟车下设备,在车下建立车下设备模型. 因为本研究不考虑车下设备的弹性变形,故将车下设备视为刚体. 车下设备与车体之间通过 spring 弹簧单元连接[13],连接位置为车体承载结构的边梁处,与实际设备吊挂位置相同. 弹簧单元拥有三向刚度,因为阻尼对车体模态频率影响较小,故不考虑车下设备吊挂弹簧阻尼. 具体计算中车下设备吊挂刚度与质量的参数设置将在 11.3.2 中详细描述.

包含车下设备的承载结构车体有限元模型如图 11-12 所示.

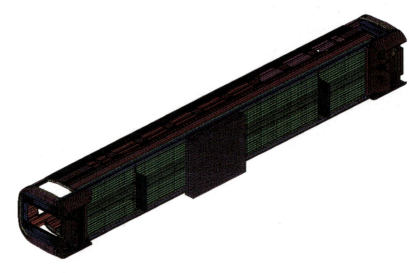

图 11-12　承载结构车体及车下设备有限元模型

11.3.2 计算工况设置

首先,进行**白车身模态计算**,即无车下设备单独车体的模态频率,对车体自身自振频率有所了解.

其次,通过改变车下设备的吊挂刚度和质量来研究两者对车体模态频率的影响.

对于车下设备吊挂刚度,为方便描述,对各种吊挂刚度对应工况进行编号,各工况车下设备的吊挂刚度组合如表 11-1 所示(车下设备吊挂点数为 6,故给出各吊点刚度组合.由于车下设备存在偏心,各吊点吊挂刚度不完全相同).

表 11-1 各工况设备吊挂刚度设置

工况编号	设备吊挂总刚度(N/mm)	吊点刚度组合(N/mm)
1	刚性连接	—
2	12 867	2 849×4+736×2
3	6 434	1 424×4+368×2
4	4 289	950×4+245×2
5	3 217	712×4+184×2
6	2 573	570×4+147×2

在表 11-1 中,工况 1 为刚性连接,指车体和设备有限元模型通过 rigid 刚性单元进行连接,用于模拟车体与车下设备固连的情况;工况 2 至工况 6 为弹性连接,车体和设备有限元模型通过 spring 弹簧单元进行连接,表 11-1 中列出的为弹簧垂向静刚度,纵向与横向静刚度对车体垂向模态影响不大,这里另两向刚度取值为垂向静刚度的一半.计算中采用弹簧动刚度进行计算,这里动静刚度比取值为 1.4[14].

对于车下设备质量,对车下设备进行增重,以研究车下设备质量变化对车体模态的影响.对于每种刚度工况,设置 3 种不同的设备质量,不同的质量对应不同的吊挂元件静挠度.如表 11-2 所示,静挠度的计算方法参见(11-5)式.

表 11-2 各工况不同质量对应吊挂元件静挠度

	车下设备质量(t)	吊挂元件静挠度(mm)
工况 2	1.3	1.0
设备吊挂总刚度	2.3	1.8
12 867 N/mm	3.3	2.5
工况 3	1.3	2.0
设备吊挂总刚度	2.3	3.5
6 434 N/mm	3.3	5.0
工况 4	1.3	3.0

续　表

	车下设备质量(t)	吊挂元件静挠度(mm)
设备吊挂总刚度	2.3	5.3
4 289 N/mm	3.3	7.5
工况 5	1.3	4.0
设备吊挂总刚度	2.3	7.0
3 217 N/mm	3.3	10.1
工况 6	1.3	5.0
设备吊挂总刚度	2.3	8.8
2 573 N/mm	3.3	12.6

为验证第 2 章理论计算的结论,有限元仿真分析将关注车体一阶垂向弯曲模态及与之对应的设备振动.

11.3.3　基于有限元的车体、下吊设备耦合模态计算结果

1. 白车身计算结果

通过计算得到承载结构车体一阶垂向弯曲频率为 17.17 Hz,其振型如图 11-13 所示.

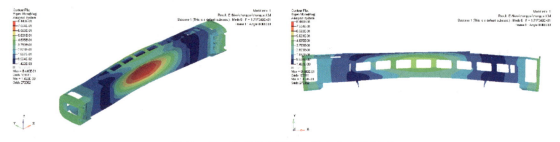

图 11-13　白车身有限元一阶垂向弯曲振型

2. 工况 1(刚性连接)计算结果

在工况 1 中,车下设备与车体之间为刚性连接.

计算得到在车下设备为 1.3 t 时,车体一阶垂向弯曲频率为 16.04 Hz,其振型如图 11-14 所示.

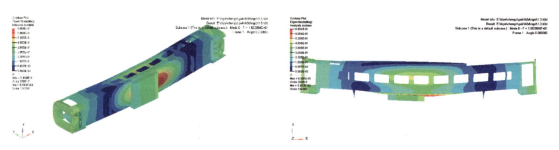

图 11-14　工况 1(刚性连接)设备质量为 1.3 t 时车体一阶垂向弯曲模态振型

计算得到在车下设备为 2.3 t 时,车体一阶垂向弯曲频率为 15.22 Hz,其振型如图 11-15 所示.

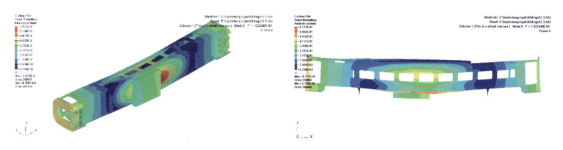

图 11-15　工况 1(刚性连接)设备质量为 2.3 t 时车体一阶垂向弯曲模态振型

计算得到在车下设备为 3.3 t 时,车体一阶垂向弯曲频率为 14.57 Hz,其振型如图 11-16 所示.

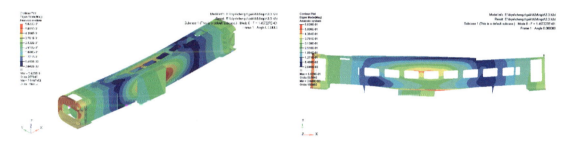

图 11-16　工况 1(刚性连接)设备质量为 3.3 t 时车体一阶垂向弯曲模态振型

对工况 1(刚性连接)计算结果汇总,如表 11-3 所示.

表 11-3　工况 1(刚性连接)设备质量不同对应车体一阶垂向弯曲频率

设备质量(t)	车体一阶垂向弯曲频率(Hz)
1.3	16.04
2.3	15.22
3.3	14.57

从表 11-3 可以看出,刚性连接时车体一阶垂向弯曲频率随车下设备质量增大而降低.
3. 工况 2 计算结果

在工况 2 中,车下设备与车体之间吊挂静刚度为 12 867 N/mm. 在车下设备为 1.3 t 时,计算得到车体与设备同向振动模态频率为 17.56 Hz,其振型如图 11-17 所示. 没有得到车体与设备反向振动模态.

在车下设备为 2.3 t 时,计算得到车体与设备同向振动模态频率为 15.67 Hz,其振型如图 11-18 所示. 得到车体与设备反向振动模态频率为 22.40 Hz,其振型如图 11-19 所示. 同向振动更接近一阶垂向弯曲.

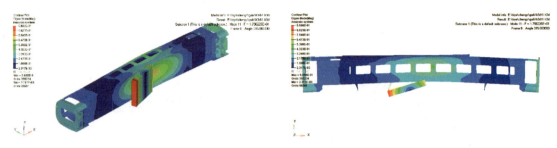

图 11-17　工况 2 设备质量为 1.3 t 时车体与设备同向振型

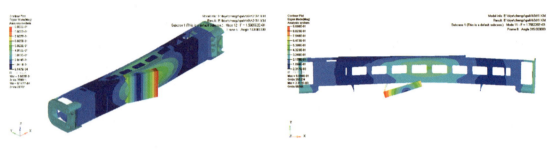

图 11-18　工况 2 设备质量为 2.3 t 时车体与设备同向振型

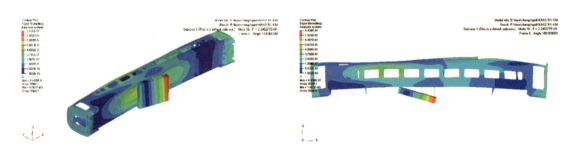

图 11-19　工况 2 设备质量为 2.3 t 时车体与设备反向振型

在车下设备为 3.3 t 时,计算得到车体与设备同向振动模态频率为 14.01 Hz,其振型如图 11-20 所示.得到车体与设备反向振动模态频率为 21.05 Hz,其振型如图 11-21 所示.反向振动更接近车体一阶垂向弯曲.

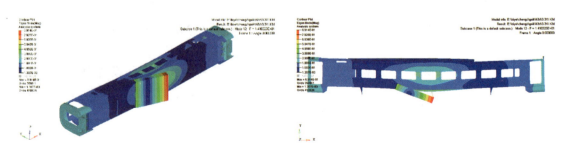

图 11-20　工况 2 设备质量为 3.3 t 时车体与设备同向振型

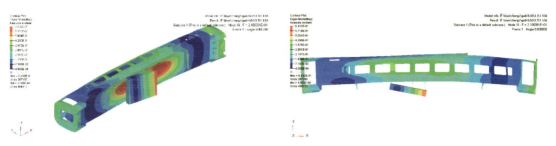

图 11-21　工况 2 设备质量为 3.3 t 时车体与设备反向振型

对工况 2 计算结果汇总,如表 11-4 所示.

表 11-4　工况 2 设备质量不同对应车体一阶垂向弯曲频率

设备质量(t)	同向频率(Hz)	反向频率(Hz)	一阶垂向弯曲频率(Hz)
1.3	17.56	—	17.56
2.3	15.67	22.40	15.67
3.3	14.01	21.05	21.05

可以看出,当车下设备质量较低时,车体与设备的同向振动更趋向于车体与设备共同振动,而车体与设备的反向振动更趋向于设备的振动;当车下设备质量较高时,车体与设备的同向振动更趋向于设备的振动,而车体与设备的反向振动更趋向于车体的振动.

在工况 2 中,在车下设备质量为 1.3 t、2.3 t 时,车体与设备同向振动更接近车体一阶垂向弯曲模态;在车下设备质量为 3.3 t 时,车体与设备的反向振动更接近车体一阶垂向弯曲模态.

4. 工况 3 计算结果

在工况 3 中,车下设备与车体之间吊挂静刚度为 6 434 N/mm.在车下设备为 1.3 t 时,计算得到车体与设备同向振动模态频率为 15.79 Hz,其振型如图 11-22 所示.得到车体与设备反向振动模态频率为 20.95 Hz,其振型如图 11-23 所示.同向振动更接近于一阶垂向弯曲.

在车下设备为 2.3 t 时,计算得到车体与设备同向振动模态频率为 13.12 Hz,其振型如图 11-24 所示.得到车体与设备反向振动模态频率为 19.10 Hz,其振型如图 11-25 所示.反向振动更接近一阶垂向弯曲.

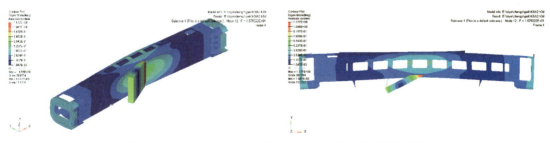

图 11-22　工况 3 设备质量为 1.3 t 时车体与设备同向振型

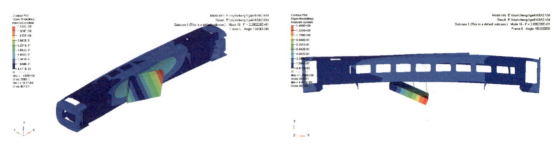

图 11-23　工况 3 设备质量为 1.3 t 时车体与设备反向振型

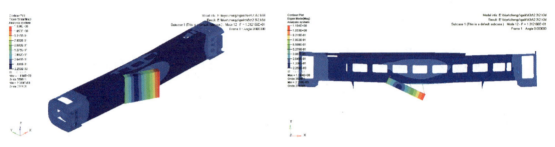

图 11-24　工况 3 设备质量为 2.3 t 时车体与设备同向振型

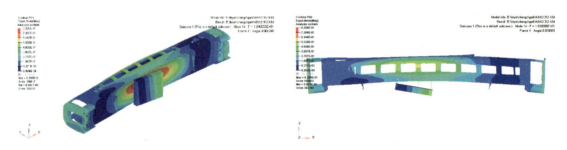

图 11-25　工况 3 设备质量为 2.3 t 时车体与设备反向振型

在车下设备为 3.3 t 时,计算得到车体与设备同向振动模态频率为 11.32 Hz,其振型如图 11-26 所示.得到车体与设备反向振动模态频率为 18.72 Hz,其振型如图 11-27 所示.反向振动更接近一阶垂向弯曲.

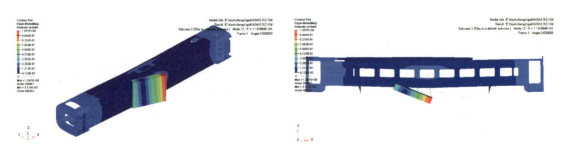

图 11-26　工况 3 设备质量为 3.3 t 时车体与设备同向振型

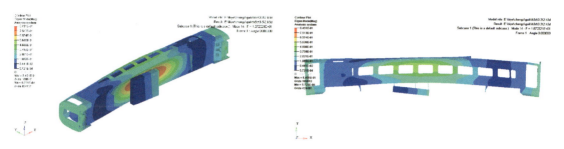

图 11-27　工况 3 设备质量为 2.3 t 时车体与设备反向振型

对工况 3 计算结果汇总，如表 11-5 所示.

表 11-5　工况 3 设备质量不同对应车体一阶垂向弯曲频率

设备质量(t)	同向频率(Hz)	反向频率(Hz)	一阶垂向弯曲频率(Hz)
1.3	15.79	20.95	15.79
2.3	13.12	19.10	19.10
3.3	11.32	18.72	18.72

与工况 2 中分析相同，可以看出工况 3 中，在车下设备质量为 1.3 t 时，车体与设备同向振动更接近车体一阶垂向弯曲模态，车体与设备反向振动更接近于设备振动模态；在车下设备质量为 2.3 t 和 3.3 t 时，车体与设备同向振动更接近于设备振动模态，车体与设备的反向振动更接近车体一阶垂向弯曲模态.

5. 工况 4 计算结果

在工况 4 中，车下设备与车体之间吊挂静刚度为 4 289 N/mm. 在车下设备为 1.3 t 时，计算得到车体与设备同向振动模态频率为 14.30 Hz，其振型如图 11-28 所示. 得到车体与设备反向振动模态频率为 18.88 Hz，其振型如图 11-29 所示. 反向振动更接近一阶垂向弯曲.

在车下设备为 2.3 t 时，计算得到车体与设备同向振动模态频率为 11.26 Hz，其振型如图 11-30 所示. 得到车体与设备反向振动模态频率为 18.23 Hz，其振型如图 11-31 所示. 反向振动更接近一阶垂向弯曲.

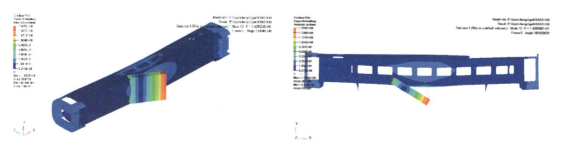

图 11-28　工况 4 设备质量为 1.3 t 时车体与设备同向振型

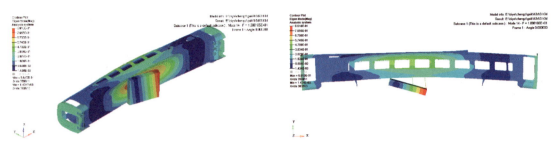

图 11-29 工况 4 设备质量为 1.3 t 时车体与设备反向振型

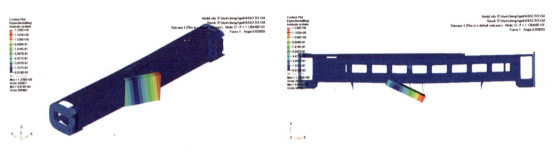

图 11-30 工况 4 设备质量为 2.3 t 时车体与设备同向振型

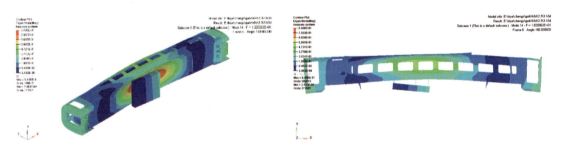

图 11-31 工况 4 设备质量为 2.3 t 时车体与设备反向振型

在车下设备为 3.3 t 时,计算得到车体与设备同向振动模态频率为 9.61 Hz,其振型如图 11-32 所示.得到车体与设备反向振动模态频率为 18.09 Hz,其振型如图 11-33 所示.反向振动更接近一阶垂向弯曲.

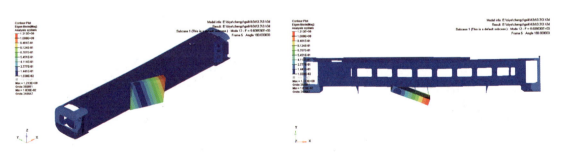

图 11-32 工况 4 设备质量为 3.3 t 时车体与设备同向振型

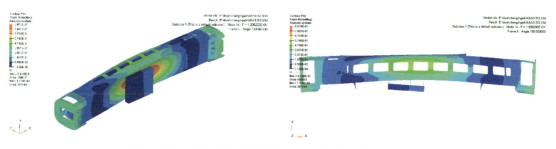

图 11-33　工况 4 设备质量为 3.3 t 时车体与设备反向振型

对工况 4 计算结果汇总,如表 11-6 所示.

表 11-6　工况 4 设备质量不同对应车体一阶垂向弯曲频率

设备质量(t)	同向频率(Hz)	反向频率(Hz)	一阶垂向弯曲频率(Hz)
1.3	14.30	18.88	18.88
2.3	11.26	18.23	18.23
3.3	9.61	18.09	18.09

与工况 2 中分析相同,可以看出工况 4 中,在车下设备质量为 1.3 t、2.3 t 和 3.3 t 时,车体与设备同向振动更接近于设备振动模态,而车体与设备的反向振动更接近车体一阶垂向弯曲模态.

6. 工况 5 计算结果

在工况 5 中,车下设备与车体之间吊挂静刚度为 3 217 N/mm. 在车下设备为 1.3 t 时,计算得到车体与设备同向振动模态频率为 12.88 Hz,其振型如图 11-34 所示. 得到车体与设备反向振动模态频率为 18.17 Hz,其振型如图 11-35 所示. 反向振动更接近一阶垂向弯曲.

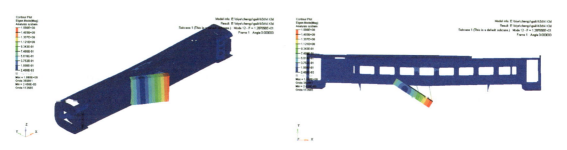

图 11-34　工况 5 设备质量为 1.3 t 时车体与设备同向振型

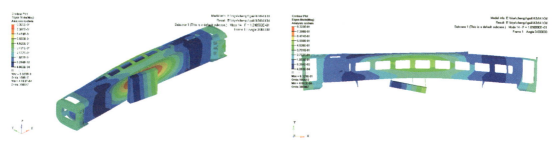

图 11-35　工况 5 设备质量为 1.3 t 时车体与设备反向振型

在车下设备为 2.3 t 时,计算得到车体与设备同向振动模态频率为 9.97 Hz,其振型如图 11-36 所示.得到车体与设备反向振动模态频率为 17.89 Hz,其振型如图 11-37 所示.反向振动更接近一阶垂向弯曲.

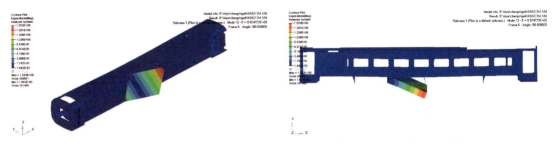

图 11-36　工况 5 设备质量为 2.3 t 时车体与设备同向振型

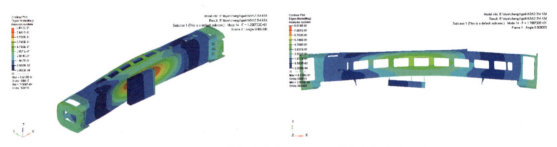

图 11-37　工况 5 设备质量为 2.3 t 时车体与设备反向振型

在车下设备为 3.3 t 时,计算得到车体与设备同向振动模态频率为 8.50 Hz,其振型如图 11-38 所示.得到车体与设备反向振动模态频率为 17.82 Hz,其振型如图 11-39 所示.反向振动更接近一阶垂向弯曲.

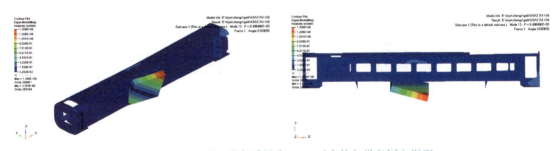

图 11-38　工况 5 设备质量为 3.3 t 时车体与设备同向振型

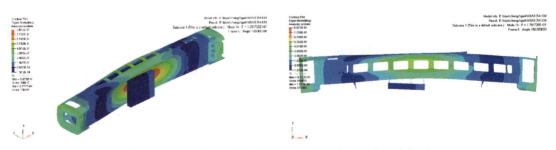

图 11-39　工况 5 设备质量为 3.3 t 时车体与设备反向振型

对工况5计算结果汇总,如表11-7所示.

表11-7 工况5设备质量不同对应车体一阶垂向弯曲频率

设备质量(t)	同向频率(Hz)	反向频率(Hz)	一阶垂向弯曲频率(Hz)
1.3	12.88	18.17	18.17
2.3	9.97	17.89	17.89
3.3	8.50	17.82	17.82

与工况2中分析相同,可以看出工况5中,在车下设备质量为1.3 t、2.3 t和3.3 t时,车体与设备同向振动更接近于设备振动模态,而车体与设备的反向振动更接近车体一阶垂向弯曲模态.

7. 工况6计算结果

在工况6中,车下设备与车体之间吊挂静刚度为2 573 N/mm.在车下设备为1.3 t时,计算得到车体与设备同向振动模态频率为11.73 Hz,其振型如图11-40所示.得到车体与设备反向振动模态频率为17.86 Hz,其振型如图11-41所示.反向振动更接近一阶垂向弯曲.反向振动更接近一阶垂向弯曲.

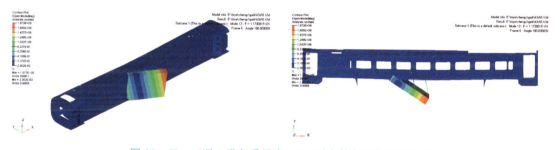

图11-40 工况6设备质量为1.3 t时车体与设备同向振型

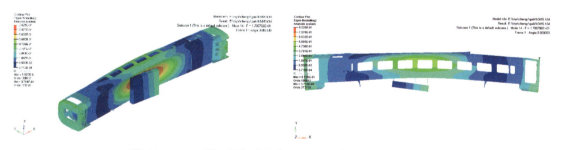

图11-41 工况6设备质量为1.3 t时车体与设备反向振型

在车下设备为2.3 t时,计算得到车体与设备同向振动模态频率为9.07 Hz,其振型如图11-42所示.得到车体与设备反向振动模态频率为17.71 Hz,其振型如图11-43所示.反向振动更接近一阶垂向弯曲.

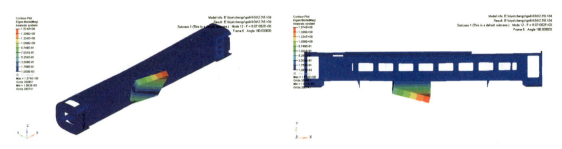

图 11-42　工况 6 设备质量为 2.3 t 时车体与设备同向振型

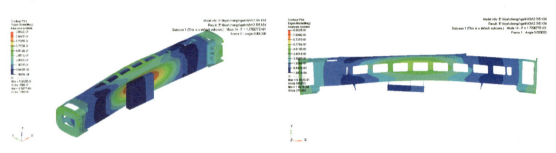

图 11-43　工况 6 设备质量为 2.3 t 时车体与设备反向振型

在车下设备为 3.3 t 时,计算得到车体与设备同向振动模态频率为 7.72 Hz,其振型如图 11-44 所示. 得到车体与设备反向振动模态频率为 17.67 Hz,其振型如图 11-45 所示. 反向振动更接近一阶垂向弯曲.

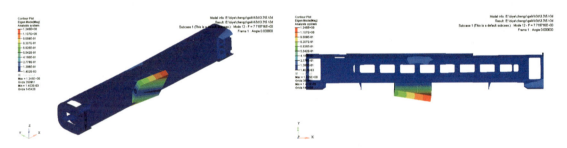

图 11-44　工况 6 设备质量为 3.3 t 时车体与设备同向振型

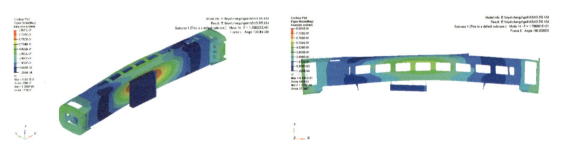

图 11-45　工况 6 设备质量为 3.3 t 时车体与设备反向振型

对工况 6 计算结果汇总,如表 11-8 所示.

表 11-8　工况 6 设备质量不同对应车体一阶垂向弯曲频率

设备质量(t)	同向频率(Hz)	反向频率(Hz)	一阶垂向弯曲频率(Hz)
1.3	11.73	17.86	17.86
2.3	9.07	17.71	17.71
3.3	7.72	17.67	17.67

与工况 2 中分析相同,可以看出工况 6 中,在车下设备质量为 1.3 t、2.3 t 和 3.3 t 时,车体与设备同向振动更接近于设备振动模态,而车体与设备的反向振动更接近车体一阶垂向弯曲模态.

11.3.4　基于有限元的车体、下吊设备耦合模态计算结果分析

将 11.3.3 中的有限元仿真计算结果进行汇总,得到车体与设备同向振动及反向振动模态频率,如表 11-9 和表 11-10(表中带下划线的数值表明该频率为车体的一阶垂向弯曲频率)所示.

表 11-9　各工况车体和设备同向振动模态频率计算结果

工况编号	设备质量 1.3 t	设备质量 2.3 t	设备质量 3.3 t
1	16.04	15.22	14.57
2	17.56	15.67	14.01
3	15.79	13.12	11.32
4	14.30	11.26	9.61
5	12.88	9.97	8.50
6	11.73	9.07	7.72

表 11-10　各工况车体和设备反向振动模态频率计算结果

工况编号	设备质量 1.3 t	设备质量 2.3 t	设备质量 3.3 t
2	—	22.40	21.05
3	20.95	19.10	18.72
4	18.88	18.23	18.09
5	18.17	17.89	17.82
6	17.86	17.71	17.67

从表 11-9 和表 11-10 可以看出,车下设备质量越大,在相同吊挂刚度下车体模态频率越低.

在车下设备为 1.3 t 时,吊挂静挠度与车体一阶垂向弯曲频率关系如图 11-46 所示.

图 11-46 中下方曲线为车体与设备同向振动,上方曲线为车体与设备反向振动;实线为车体一阶垂向弯曲频率,点划线为设备振动频率.

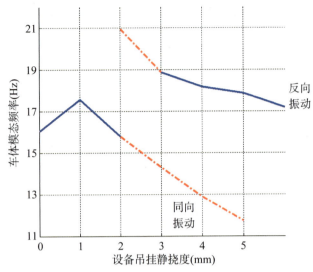

图 11-46　设备为 1.3 t 时车体模态频率随车下设备吊挂静挠度变化

从图 11-46 及以上各工况振型计算结果可以看出,当吊挂静挠度较低时,车体与车下设备之间趋近于刚性连接,车体与车下设备的同向振动为车体的一阶垂向弯曲振动模态;随着吊挂静挠度增大,车体与车下设备的同向振动逐渐转变成设备的单独振动模态(如图 11-46 中虚线所示),而车体与车下设备的反向振动逐渐转变成车体的一阶垂向弯曲模态;当吊挂静挠度较大时,车体与车下设备之间连接刚度较低,车体一阶垂向弯曲模态频率趋近于白车身一阶弯曲模态频率(17.17 Hz). 随设备吊挂静挠度增大,车体一阶垂向弯曲模态频率会发生跳变.

将图 11-46 中曲线叠加到图 11-6 的理论计算结果中,可以得到图 11-47.

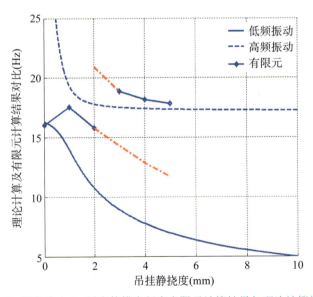

图 11-47　设备为 1.3 t 时车体模态频率有限元计算结果与理论计算结果对比

从图 11-48 可以看出,有限元计算中车体与设备的频率变化趋势与两自由度模型理论计算结果相同,且在有限元计算中也体现出明显的车体模态频率跳变的现象,即理论计算的结论得到验证.具体数值的差异与理论模型及有限元模型的精度有关.

图 11-47 中出现吊挂静挠度较低时低频振动频率比刚性连接时车体模态频率高的情况,这与第 2 章的计算结果有所出入,原因在于有限元模型中车下设备并非像第 2 章中假设的只有 1 个自由度,本章计算为体现明显规律也并没有列出所有的车下设备模态计算结果,只是列出了与车体耦合的模态频率.由于静挠度较低时,车体与设备之间连接刚度较高,车下设备与车体的耦合振型中设备的振型将随静挠度变化而变化,而非单一振型(如本章计算结果中的点头振型),涉及的计算量庞大且在实际应用中意义不大,故本章对于这一部分不再深入探讨.

将车下设备为 2.3 t、3.3 t 时的各工况计算结果加入图 11-46 中,可以得到图 11-48,图中标示了各曲线对应的车下设备质量.

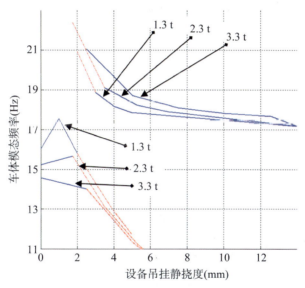

图 11-48　设备质量不同对应车体模态频率随设备吊挂静挠度变化

从图 11-48 可以看出,在车下设备吊挂静挠度为 3 mm 左右,车下设备为 1.3 t、2.3 t 和 3.3 t 时,对应车体一阶垂向弯曲模态均发生跳变.车下设备质量不同,对应的低频振动与高频振动曲线之间距离不同,对应的变化趋势与第 2 章的理论计算结果(图 11-8)相符.

11.3.5　有限元分析结果验证

根据§11.3.2 和§11.3.3 理论分析内容,车体模态频率随着车下设备的质量及吊挂静挠度的变化而变化,并且随车下设备吊挂静挠度增大,车体模态频率会发生跳变.适量增大车下设备吊挂静挠度,可以提高车体模态频率.通过在 11.3.4 中建立高速列车车体承载结构及车下设备的有限元模型,并通过改变车下设备的质量及吊挂元件静挠度,可以计算其对车体一阶垂向弯曲频率的影响.通过有限元仿真计算,可以验证 11.3.2 和 11.3.3 中提到的规律.为了验证以上内容得到的结果,本章对高速列车承载结构模型车进行模态测试.

1. 测试对象

测试对象为高速列车承载结构模型车铝合金车体,车体质量为 11.9 t,车体长度为 24.2 m. 车上没有安装任何内装及设备,车体的外部和内部分别如图 11-49(a)和(b)所示.

(a) 车外

(b) 车内

图 11-49 某型高速列车拖车承载结构车体

为模拟车下设备,在模型车对应变压器安装处的边梁处上打安装孔,以焊接的钢制框架结构模拟车下设备. 该框架结构质量为 1.3 t,如图 11-50 所示.

图 11-50 用于模拟车下设备的钢制框架

图 11-51 车下设备吊挂橡胶元件

车下设备与车体之间通过橡胶元件连接,采用不同刚度的橡胶元件来测量其对车体模态频率的影响. 橡胶元件为楔形橡胶件,如图 11-51 所示.

2. 模态测试结果分析

将各工况测试结果列表,如表 11-11 所示.

表 11-11 各工况车体一阶垂向弯曲模态频率测试结果

工况编号	设备吊挂刚度(N/mm)	设备吊挂静挠度(mm)	车体模态频率(Hz)	车体与设备振动方向
1	8 220	1.55	16.30	同向
2	6 584	1.94	15.39	同向

续 表

工况编号	设备吊挂刚度(N/mm)	设备吊挂静挠度(mm)	车体模态频率(Hz)	车体与设备振动方向
3	5 134	2.48	15.14	同向
4	3 655	3.49	17.72	反向
5	3 233	3.95	17.55	反向
6	2 499	5.10	17.40	反向
7	2 161	5.90	17.25	反向
8	1 572	8.11	17.29	反向

车体一阶垂向弯曲频率随设备吊挂静挠度变化如图 11-52 所示.

从表 11-11 和图 11-52 可以看出,车体模态频率在车下设备吊挂静挠度为 3 mm 左右时发生跳变(如图 11-52 中虚线所示).跳变前,随设备吊挂静挠度增大,设备吊挂刚度降低,车体一阶垂向弯曲频率随之降低,车体与设备振动方向相同,当静挠度较小时,车体与设备接近刚性连接;跳变后,车体模态频率变高,随设备吊挂静挠度增大,设备吊挂刚度降低,车体一阶垂向弯曲频率随之降低,车体与设备振动方向相反,当静挠度较大时,车体模态频率接近白车身模态频率.

将图 11-52 中的曲线叠加到图 11-2 的理论计算结果中,取频率范围 14~18 Hz,可以得到图 11-53.

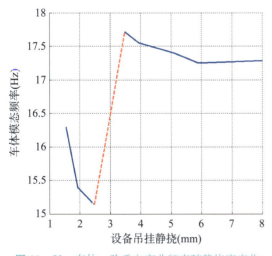

图 11-52 车体一阶垂向弯曲频率随静挠度变化

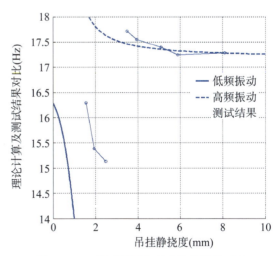

图 11-53 测试结果与理论计算结果对比

从图 11-53 可以看出,实车测试的结果与理论计算的结果相符.

参 考 文 献

[1] 周劲松.铁道车辆振动与控制[M].北京:中国铁道出版社,2012.
[2] 阎锋.国外轨道客车车体强度主要标准对比分析[J].国外铁道车辆,2010,1:1-10.

[3] 郝鲁波.客车模态计算与试验研究[D].大连:大连理工大学,2005.
[4] 田葆栓.国内外铁路货车车体强度设计与试验标准的分析与研讨(待续).铁道车辆,2009,5:26-30+49.
[5] 杨弘.25T型客车减振降噪的研究[D].大连:大连交通大学,2008.
[6] TB/T 1335-1996,铁道车辆强度设计及试验鉴定规范.
[7] 吴燕.客车车体的试验模态分析.铁道学报,1994,4:7-14.
[8] 芮斌,王惠玉,郑长国.关于机车车体和转向架模态分析的探讨[J].内燃机车,2012,12:25-28+1.
[9] 修瑞仙.高速列车车体结构振动疲劳研究[D].成都:西南交通大学,2013.
[10] Suzuki Y., Akutsu K.. Theoretical analysis of flexural vibration of car body [J]. *Quarterly Report of RTRI*, 1990,31(1):42-48.
[11] Zhou J., Goodall R., Ren L., Zhang H.. Influences of car body vertical flexibility on ride quality of passenger railway vehicles [J]. *Proc. IMechE, Part F: Journal of Rail and Rapid Transit*, 2009,223:461-471.
[12] 赵阳阳,刘士煜,张伟.车体下吊吊挂方式和弹性悬置质量对车体模态频率的影响[J].佳木斯大学学报(自然科学版),2012,3:326-329+333.
[13] 胡华宸.高速列车车下设备对车体模态影响研究[D].上海:同济大学,2015.
[14] 宫岛,周劲松,杜帅妹,孙文静,孙煜.高速动车组车下设备对车体振动传递与模态频率的影响机理研究[J].机械工程学报,2016,52(18):126-133.

第12章

基于刚柔耦合三维动力学模型的车辆振动与控制

由于三维设计、有限元分析计算及大截面型材广泛应用,铁道车辆车体轻量化设计的实现不再困难. 但是,在降低车体承载结构质量的同时,车体刚度大幅下降,这使得车体模态频率也随之下降,导致车辆系统耦合振动加剧、振动噪声问题随之凸显. 尤其是对于高速列车而言,当列车运行速度超过 200 km/h 以上时,动态环境急剧恶化,轮轨不平顺激励带宽及激励能量都相应提升,车体弹性降低,将导致车体的弹性振动加剧. 就目前的技术条件而言,模态频率的增加意味着车体质量会相应增加,导致车辆制造及运营成本随之增加,因此,有必要采用更为精细的刚柔耦合三维动力学模型,研究车体弹性对车辆系统动力学性能的影响以及采用控制算法,提高车辆运行平稳性的可行性.

§12.1 刚柔耦合车辆系统三维动力学模型

本章的车辆系统模型利用多体动力学软件 Simapck 与有限元分析软件 Ansys 联合完成. 首先,对上述两种软件作简要介绍.

12.1.1 Simapck 多体动力学软件简介

Simpack 软件是德国 Intec Gmbh 公司开发的针对机械/机电系统运动学/动力学仿真分析的著名多体动力学分析软件包. 它以多体系统计算动力学为基础,包含多个专业模块和专业领域的虚拟样机开发系统软件. 1985 年由德国航天局(DLR)开发的基于相对坐标系递归算法的 Simapck 软件问世. 而后由动力学专家 Alex Eichberger 博士领导成立了 Intec 公司,全面负责 Simpack 多体动力学软件的开发和市场运作[1,2].

在同类软件中 Simpack 有最快的解算速度,在保证极高的解算精度和稳定性的同时,又不失友好的操作特性,Simpack 软件和其他著名的 CAD 软件、FEA 软件以及 CAE 软件之间有良好的专用接口. 本模型需要 Simapck 前处理 FEMBS 接口,如图 12-1 所示. FEMBS 是 Simpack 和 Admas、Nastran、Abaqus、I-Deas 等有限元程序代码之间的接口程序,集成在 Simpack 的软件界面中,允许将有限元分析的物理模型数据转化为标准代码,即将有限元模型的弹性体特性输入运动方程,形成弹性体数据的标准输入数据文件(SID 文件). SID 文件可以通过接口程序 FEMBS 的 FEM 模块写入,同时将弹性数据整理成 Simpack 可读格式.

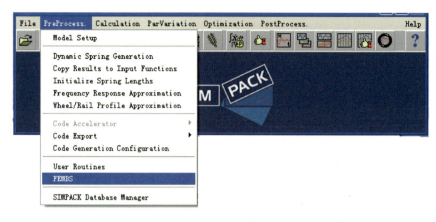

图 12-1　Simpack 前处理模块操作界面

12.1.2　Ansys 有限元软件简介

Ansys 公司是由美国著名力学专家、美国匹兹堡大学力学系教授 John Swanson 博士于 1970 年创建并发展起来的,总部设在美国宾夕法尼亚州的匹兹堡,是目前世界 CAE 行业中最大的公司. 在 30 多年的发展过程中,Ansys 软件不断改进提高,功能不断增强,目前已发展到 12.0 以上版本.

Ansys 软件是集结构、热、流体、电磁场、声场和耦合场分析于一体的大型通用有限元分析软件. Ansys 用户涵盖了机械、航空航天、能源、交通运输、土木建筑、水利、电子、生物、医学和教学科研等众多领域.

12.1.3　模型建立

为了获得包含弹性车体的系统刚柔耦合动力学模型,需建立完整的车体有限元模型,利用有限元软件,通过缩减计算,并生成包含车体结构以及模态信息的标准输出文件,将该文件通过 Simapck 前处理 FEMBS 模块接口,调入至 Simpack 动力学软件中,将所需的结构模态信息传输至 Simpack 模型中,生成 *.SID 文件,完成整车刚柔耦合动力学模型的建立. 建立车辆刚柔耦合模型流程图,如图 12-2 所示.

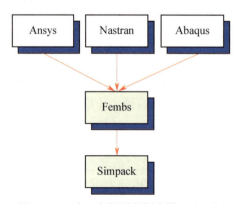

图 12-2　建立车辆刚柔耦合模型流程图

针对国内某高速列车动车,在有限元软件中,采用4节点板单元进行整车车体建模,并划分网格,如图12-3所示.选取适当节点的自由度作为主自由度,采用上述缩减方法,对车体有限元模型进行模态求解.表12-1给出车体前6阶弹性振动模态频率结果及振型.结果显示,采用缩减计算结果与有限元计算结果之间相差在1‰之内,属于可以接受的范围.

图12-3 弹性车体有限元模型

表12-1 车体前6阶弹性振动模态及振型

阶数	有限元计算结果(Hz)	Guyan缩减计算结果(Hz)	振型
1	10.876	10.932	菱形变形
2	13.106	13.436	垂向一阶弯曲
3	14.405	14.846	呼吸模态
4	14.890	15.013	一阶扭转
5	17.191	17.355	横向一阶弯曲
6	21.297	21.418	垂向二阶弯曲

在进行任何动力学建模之前,如何画系统拓扑图都是首先要考虑的重要问题.在一般情况下,转向架系统是重复出现的复杂系统,故将其设定为子结构来建模.整个系统拓扑图如图12-4所示,其中子结构接口部分处理为虚物体(Dummy).虚物体是指质量及转动惯量均为1×10^{-6}数量级的部件.此方法将拓扑接口标准化,整车建模时只需将不同的虚物体相连接即完成拓扑封装.这使得建模过程更为简单、可行,且出错率低.

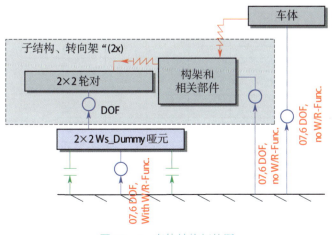

图12-4 车体结构拓扑图

建立的完整单车车辆系统刚柔耦合动力学模型如图 12-5 所示. 模型包括 1 个弹性车体、2 个转向架、8 个轴箱、4 个轮对. 与车体相比, 转向架、轴箱及轮对由于其弹性变形相对较小, 仍考虑为刚性. 根据车体弹性对振动能量的贡献[3], 仅考虑表 12-1 中所列弹性模态, 模型中刚体自由度数共计 50 个. 在模型中考虑以下非线性因素: 二系横向弹性止档的递增刚度特性(图 12-6)、轮轨接触非线性几何特性(图 12-7)、非线性蠕滑力和蠕滑力矩、液压减振器的非线性特性.

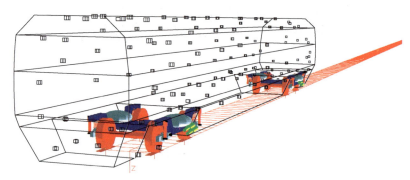

图 12-5 车辆系统刚柔耦合动力学模型

图 12-5 中的正方形小块为结构在有限元软件中选取作为计算的主自由度节点, 它们被传输至 Simapck 软件中, 以标志点(marker 点)的形式表达.

为了直观地进行比较分析, 建立了同参数下的多刚体动力学模型, 如图 12-8 所示. 模型中包括 1 个车体、2 个转向架、8 个轴箱、4 个轮对. 所有部件均为刚性. 模型中考虑的非线性因素与刚柔耦合模型中的非线性因素相同.

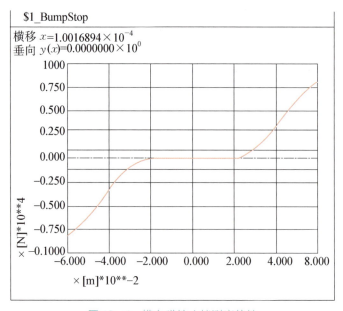

图 12-6 横向弹性止档刚度特性

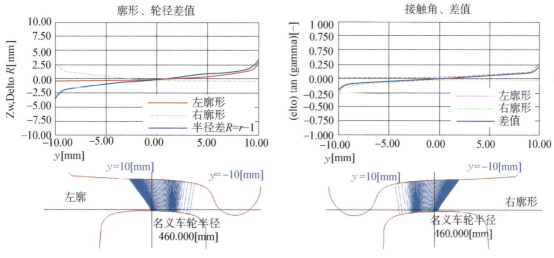

图 12-7 模型轮轨接触非线性几何特性

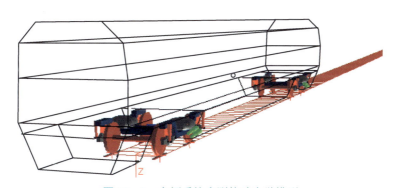

图 12-8 车辆系统多刚体动力学模型

Simpack 同样可以建立多车辆连挂模型,利用软件中的子结构模块,可以迅速而简捷地建立模型,如图 12-9 所示.具体建模过程略.

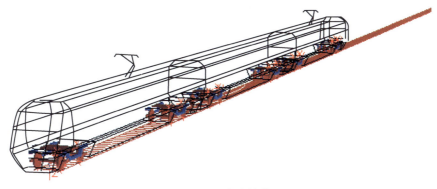

图 12-9 3 车连挂模型

§12.2 车体弹性对运行平稳性的影响分析

运用§12.1所建的刚柔耦合动力学模型,以高速低干扰谱[4]作为轨道不平顺输入,轨道具有4个方向的不平顺,使图12-5和图12-8中的单车模型分别在线路上运行足够长时间进行采样.采样结果如图12-10所示,Simpack动力学软件有强大的后处理模块,为研究人员提供多种滤波方法,研究人员可以根据需要自行设置.

当车辆运行速度为300 km/h时,车体中部垂向及横向加速度响应功率谱分别如图12-11和图12-12所示.从图12-11可以看到,车体中部的垂向振动能量大部分集中在10~15 Hz频率范围内.由表12-1可知,该频率范围主要包含车体的菱形变形、垂向一阶弯曲模态和呼吸模态,且结果表明垂向一阶弯曲模态所占能量最高.由图12-12可以看出,横向一阶弯曲模态对于车体的横向振动贡献最大,其次是菱形变形弹性模态.由于菱形变形弹性模态的特殊振动形式,其对于车辆的垂向及横向振动均有影响.

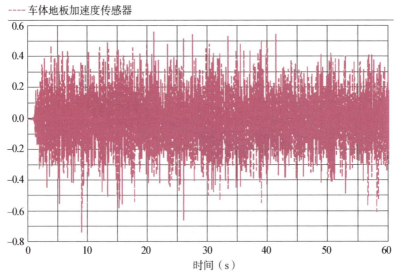

图12-10 采样图示

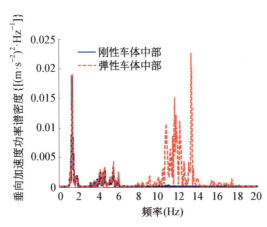

图12-11 车体中部垂向加速度功率谱密度

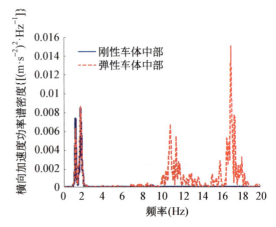

图12-12 车体中部横向加速度功率谱密度

根据第 5 章介绍的车辆运行平稳性协方差分析法,对加速度仿真结果进行处理,得到车辆运行平稳性指标. 图 12-13 和图 12-14 反映车辆运行速度对运行平稳性的影响. 从图 12-13 和图 12-14 可以看到,随着运行速度的提高,刚性车体垂向及横向平稳性指标呈线性递增趋势,而弹性车体垂向及横向平稳性指标会出现波动. 由 §7.2 中几何滤波现象的定距滤波效应可知,当车体垂向一阶弯曲频率约为 $f_3 = nV/(2l_b)$ 时,就会发生车体的弹性共振现象,其中,n 为正整数,V 为车辆运行速度,$2l_b$ 为车辆定距. 对于本车而言,当速度达到 240 km/h 和 340 km/h 时,轨道垂向激励频率与整数倍车体弹性频率吻合,引发车体的垂向弹性共振,使垂向平稳性指标达到峰值. 对于横向振动而言,则发生在速度为 250 km/h 与 310 km/h 时. 从图中还可以看到,弹性车体的平稳性要差于刚性车体的平稳性. 此外,弹性车体与刚性车体在车体中部的平稳性差值要远大于车体转向架上方处的,这是由于转向架处于车体一阶弹性振动的端点位置,故车体转向架上方处的弹性平稳性与刚性车体的数值很接近.

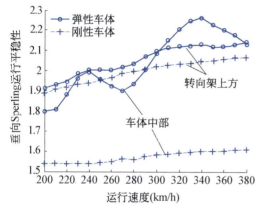

图 12-13 车体垂向运行平稳性与速度的关系

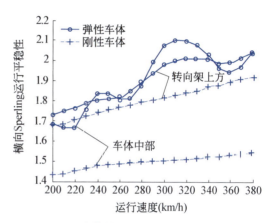

图 12-14 车体横向运行平稳性与速度的关系

为了深入分析车体弹性对车辆运行平稳性的影响,在图 12-13 和图 12-14 结果的基础上,又分别计算车体的垂向一阶弯曲模态频率对车辆垂向平稳性的影响、横向一阶弯曲模态频率对横向平稳性的影响,以及菱形变形模态频率对车辆垂向和横向平稳性的影响. 图 12-15 是垂向一阶弯曲频率在 6~14 Hz 范围内变化时对车辆垂向平稳性的影响. 可以看出,在垂向一阶弯曲频率低于 10 Hz 时,车体中部垂向振动相当剧烈. 车辆运行速度越高,平稳性指标峰值处的车体频率越大,这说明车辆运行速度越高,对车体刚性要求越高. 也就是说,车体刚度越大,车体弹性对车辆运行平稳性影响越小. 图 12-15 还表明共振峰不止一处,由定距滤波效应可知,共振峰频率的变化与速度相关.

图 12-16 是横向一阶弯曲频率在 8~17 Hz 范围内变化时对车辆横向平稳性的影响. 结果表明,横向振动与垂向振动具有相似的特性. 在横向一阶弯曲频率低于 15 Hz 时,车体中部横向振动加剧. 车体刚度越大,车体弹性对车辆运行平稳性影响越小.

图 12-17 是菱形变形模态频率在 5~11 Hz 范围内变化时对车辆运行平稳性的影响. 可以看出,车体的菱形变形模态对车体垂向及横向振动均有明显影响. 此外,菱形变形模态对车体中部及转向架上方振动影响接近一致,当菱形变形模态达到 10 Hz 以上时,其对运行平稳性影响减弱. 由于铁道车辆车体的菱形变形模态频率通常较低,因此,应该对其给予重视.

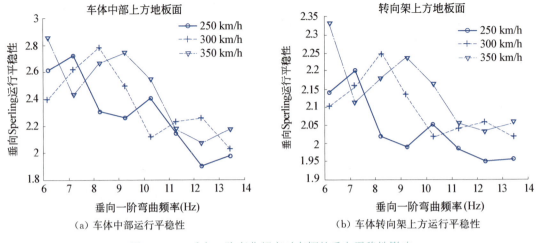

图 12-15 垂向一阶弯曲频率对车辆的垂向平稳性影响

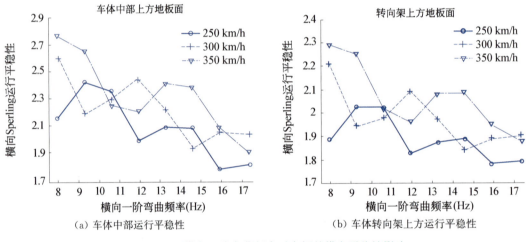

图 12-16 横向一阶弯曲频率对车辆的横向平稳性影响

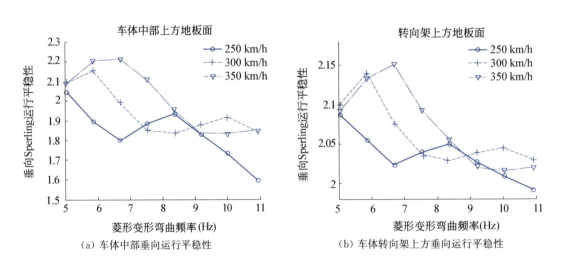

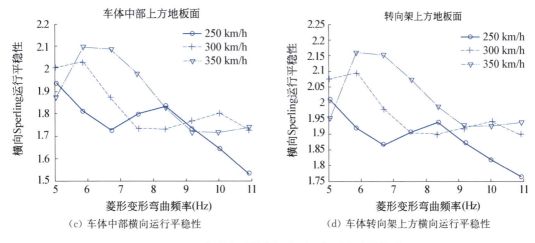

(c) 车体中部横向运行平稳性　　　　(d) 车体转向架上方横向运行平稳性

图 12-17　菱形变形模态频率对车辆平稳性的影响

§12.3　转向架与弹性车体垂向耦合振动分析

由于弹性振动主要由转向架振动经二系悬挂传递而产生,要确保车辆在高速运行时的动力学性能,就得考虑车体与转向架耦合振动对运行特性的影响,因此,需要分析转向架构架模态随悬挂参数变化的情况,并且研究弹性车体运行平稳性随构架垂向振动模态变化的情况.

本节依然采用§12.1 所建模型,对转向架与弹性车体的垂向耦合振动进行分析. 图 12-18 为每轴箱一系悬挂垂向阻尼系数不变时,一系悬挂垂向刚度与构架浮沉及点头模态参数的关系,刚度变化范围为 0.4~8.8 MN/m. 可以看出,构架浮沉及点头频率随一系悬挂垂向刚度的增加而增大,其浮沉及点头振型的阻尼比则呈下降趋势,当一系悬挂垂向刚度增至 5 MN/m 时,构架浮沉及点头振型的阻尼比则降至 20% 左右[5].

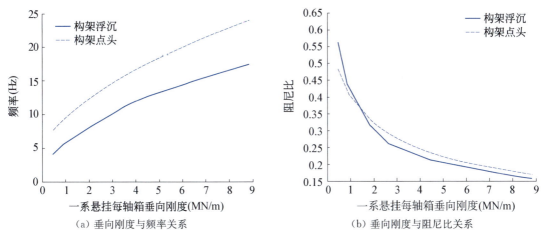

(a) 垂向刚度与频率关系　　　　(b) 垂向刚度与阻尼比关系

图 12-18　一系悬挂垂向刚度与构架浮沉及点头模态参数的关系

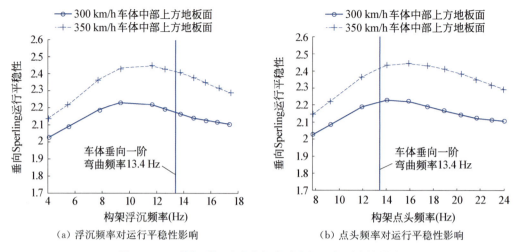

图 12-19 构架浮沉及点头频率对车辆运行平稳性影响

图 12-19(a)和(b)分别为构架浮沉及点头频率对车辆运行平稳性影响结果. 结果表明,当一系悬挂垂向刚度为 2.66 MN/m 时,构架浮沉及点头频率分别为 9.36 Hz、14.02 Hz,此时车辆垂向平稳性指标达到峰值,但平稳性指标仍低于 2.5,处于优级水平. 当构架浮沉及点头频率分别与车体垂向一阶弯曲频率趋于一致时,均未发生车体的弹性共振现象,这是由于悬挂系统参数的合理配置和阻尼力共同作用的结果. 计算结果表明,该车转向架构架与车体垂向一阶弯曲频率匹配合适,即使构架模态频率在一定范围内变化,也不会发生弹性车体与构架的共振现象,车体的弹性振动也不是很剧烈. 从以上分析可知,本章分析结果与车辆简化为欧拉梁的分析结论一致.

§12.4 车辆运行平稳性的半主动控制

虽然主动控制在控制策略及作动器响应速率等方面颇具优势,但是,由于主动控制需要较大控制能量以及成本较高的控制器和作动器,并且不宜维护,因而其在铁路行业并未被广泛运用. 如绪论所述,半主动悬挂可根据轨道车辆运行时的实时振动状态,对悬挂中的阻尼或刚度特性进行调节[6-13],用很少的能量消耗和传感器配置,可以实现对车体振动的控制. 本节将采用第 7 章的基于天棚阻尼半主动控制及阻尼连续可调型半主动控制策略,研究对弹性车体垂向振动的控制,实现对车辆运行平稳性的改善.

12.4.1 控制模型

采用§12.1 中刚柔耦合三维车辆动力学模型建立的流程,针对国内某高速列车动车,建立其刚柔耦合精细化模型. 本次分析所采用的车体有限元模型如图 12-20 所示. 表 12-1 给出车体部分弹性振动振型及模态频率结果. 结果显示,采用缩减计算结果与实测及有限元计算结果之间相差均在 1% 之内,属于可以接受的范围. 图 12-21 所示为建立的单车车辆系统刚柔耦合动力学模型. 与§12.1 相同,分析模型包括 1 个弹性车体、2 个转向架、8 个轴箱、4 个轮对. 与车体相比,转向架、轴箱及轮对由于其弹性变形相对较小,仍考虑为刚性.

图 12-20 高速列车动车有限元模型

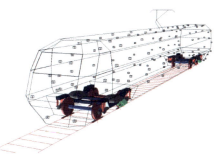
图 12-21 车辆系统刚柔耦合动力学模型

表 12-2 车体振型及模态

振 型	实测车体模态(Hz)	有限元计算模态(Hz)	缩减计算模态(Hz)
菱形变形	10.34	10.85	10.93
垂向一阶弯曲	13.07	13.55	13.89
一阶扭转	14.87	15.00	
横向一阶弯曲	—	16.21	16.53

当运行速度 330 km/h 时,车体中部垂向加速度均方根值实测结果和模型仿真结果分别为 0.278 m/s² 与 0.267 m/s²,其功率谱密度对比如图 12-22 所示.可以看到,两者加速度均方根值结果差别不大,车体垂向振动加速度实测结果主频为 1.11 Hz,仿真结果主频为 1.15 Hz,且振动能量分布接近,说明所建立的仿真模型是合理的.

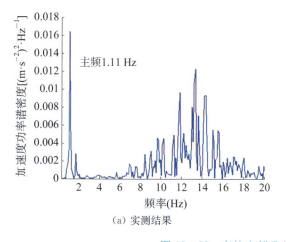
(a) 实测结果

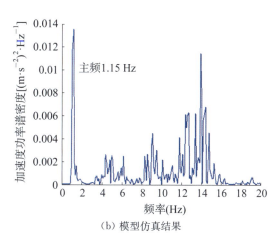
(b) 模型仿真结果

图 12-22 车体中部垂向加速度功率谱密度对比

利用 Simpack 软件中的 SIMAT 模块,将整车多体动力学模型以非线性被控对象的形式输出至 Matlab/Simulink 环境中,以 Simpack 联合仿真模块子系统来表示.图 12-23 为半主动控制系统流程.将车辆系统中原被动阻尼器替换为阻尼可调节的半主动减振器,控制信号取自相应转向架中心的垂向绝对速度,以及转向架上方车体悬挂位置的垂向绝对速度.半主动控制规律由程序中 S-Function 表达,通过控制算法获得减振器的阻尼力,并最终将阻尼力反馈至车辆系统.此外,在车体中部地板面布置传感器,以获取分析车体中部运行平稳性的加速度信息.由于阻尼器的响应速度在毫秒级,故仿真模型没有考虑阻尼器响应的滞后.

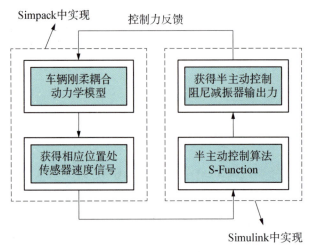

图 12-23　半主动控制流程

12.4.2　控制结果分析

由于半主动阻尼减振器可以替代液压减振器,在三维刚柔耦合动力学模型中易于设置,因此,本分析中一系悬挂和二系悬挂均采用最基本的天棚半主动控制阻尼,实现对车体进行减振的目的.其中,一系天棚阻尼半主动减振器为 8 个(每转向架 4 个),二系天棚阻尼半主动减振器为 4 个(每转向架 2 个).对于阻尼连续可调型半主动控制而言,需同时考虑簧上质量与簧下质量的速度,因此,一系均采用基本天棚阻尼半主动控制算法,二系则可采用阻尼连续可调型半主动控制算法.

通过系统的联合仿真,得到以下结果.图 12-24 与图 12-25 分别是运行速度为 300 km/h 和 350 km/h 时车体垂向加速度功率谱密度计算结果.可以看到,二系阻尼连续可调型半主动控制与二系天棚阻尼的半主动控制均可有效降低车体低频处的刚性振动.相比较而言,二系天棚阻尼半主动控制对于低频振动的抑制效果更佳,但对于车体中部 10 Hz 以上的弹性振动抑制作用不明显;一系天棚阻尼半主动控制的作用频带较宽,包括人体对垂向振动敏感的频域 4～8 Hz,且可有效降低车体 10～20 Hz 范围内的弹性振动.因此,可针对车辆振动主频所在范围,采取不同控制策略.

图 12-26 是车体中部垂向 Sperling 平稳性指标计算结果.可以看到,车体中部垂向平稳性改善效果最佳的是一系天棚阻尼半主动控制,被动悬挂时 Sperling 指标最多可降低 15% 左右,其次是二系天棚阻尼半主动控制.图 12-27 是构架垂向振动加速度均方根值结果.结果显示,两种二系半主动控制会略微增加构架的垂向振动,一系天棚阻尼半主动控制则大幅降低构架的振动.正是由于一系天棚阻尼半主动控制降低了转向架振动,削弱了车辆定距滤波现象,从而降低了车体的垂向弹性振动.

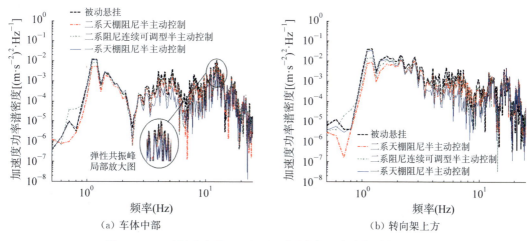

图 12-24　运行速度为 300 km/h 时垂向加速度功率谱密度比较

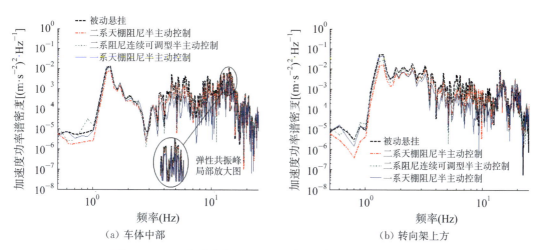

图 12-25　运行速度为 350 km/h 时垂向加速度功率谱密度比较

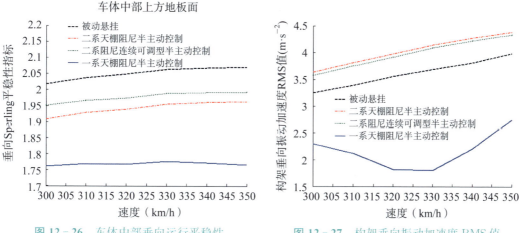

图 12-26　车体中部垂向运行平稳性　　图 12-27　构架垂向振动加速度 RMS 值

图 12-28 为各控制策略输出力大小比较. 结果表明, 二系半主动控制策略的输出力均小于 2 kN, 略低于被动状态时二系悬挂减振器的作用力, 且二系天棚阻尼半主动控制力最小; 一系天棚阻尼半主动控制输出力略高于被动状态时一系悬挂减振器作用力, 但最高不超过 8 kN. 可控阻尼减振器可以容易实现上述控制策略输出力.

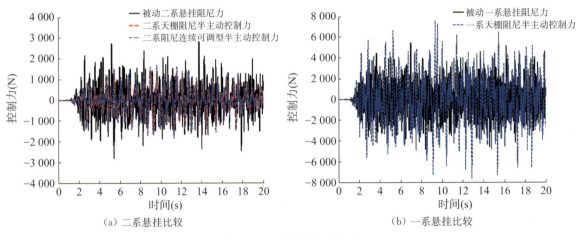

图 12-28 控制输出力比较

以上分析表明, 一系天棚阻尼半主动控制可以有效地降低车体的弹性振动, 使车辆获得更好的运行平稳性. 但是, 由于控制力施加于一系, 可能会对车辆轮轨关系产生影响. 这里以分析车辆曲线安全通过性能, 来研究一系天棚阻尼控制对车辆轮轨关系的作用. 本书所研究的车辆, 通常速度在 300 km/h 以上, 故设定半径为 7 000 m、缓和曲线长 600 m、外轨超高为 170 mm 的曲线, 通过速度在 300~350 km/h 之间设置 6 个等级, 以计算车辆一位轮对外轮脱轨系数、轮重减载率以及一位轮对轮轴横向力, 计算结果如图 12-29 所示. 分析表明, 加入一系天棚阻尼半主动控制后, 与被动悬挂时相比, 以上车辆曲线通过性能指标变化不大, 仍在安全范围内.

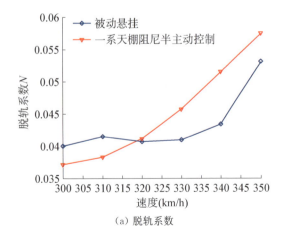
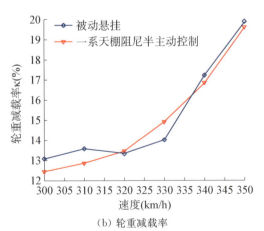

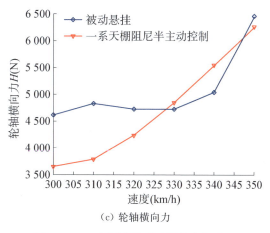

（c）轮轴横向力

图 12-29　车辆曲线通过性能指标对比

§12.5　车辆运行平稳性的被动减振分析

12.5.1　动力吸振器对铁道车辆弹性振动的抑制[14,15]

为验证§10.3简化模型分析结果,本节采用§12.4所建立的三维精细化刚柔耦合非线性车辆动力学模型,针对车体的垂向一阶弯曲振动,依据§10.3的分析,将DVA安装在车体中部下方,如图10-21所示.依据车体垂向一阶弹性弯曲频率,采用(10-42)式设计DVA参数.图12-30所示为三维精细化刚柔耦合动力学模型中车体中部垂向运行平稳性随DVA质量的变化情况,可以看出,DVA质量越大,对车体中部振动的抑制效果越佳.

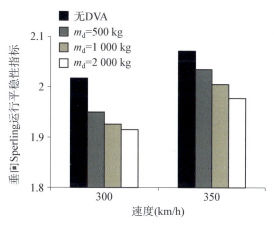

图 12-30　DVA质量对车体中部减振性能的影响

图12-31为DVA质量为2 000 kg、车辆运行速度为350 km/h时车体中部振动加速度功率谱密度计算结果,其中,依据线路浮沉激励频率设计DVA参数时的计算结果.可以看到,无论DVA参数是依据线路浮沉频率设计,或是依据车体垂向一阶弹性弯曲频率设计,均可以降低车体中部13 Hz附近的弹性振动.但是,对于车体其他频率的振动基本无抑制作用.

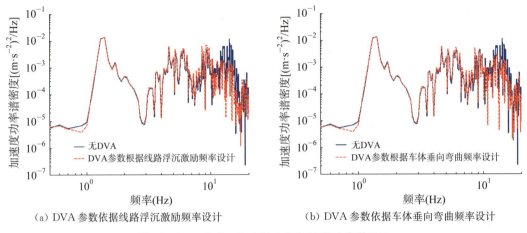

(a) DVA 参数依据线路浮沉激励频率设计　　(b) DVA 参数依据车体垂向弯曲频率设计

图 12-31　350 km/h 车体中部加速度功率谱对比

图 12-32 为 DVA 质量为 2 000 kg 时车辆运行平稳性计算结果. 从图 12-31(a)可以看出,两种优化设计的 DVA 均可以改善车体中部运行平稳性. 当 $v=300$ km/h 时,两种 DVA 改善车辆运行平稳性的效果相当,但是,随着速度的增加,依据线路浮沉激励频率设计的 DVA 改善车辆运行平稳性效果要略优于依据车体垂向一阶弹性弯曲频率设计的 DVA. 从图 12-31(b)可以看出,DVA 对于转向架上方车体的振动抑制作用较小,这是因为 DVA 主要针对一阶弯曲模态设计,而转向架上方约为车体一阶弯曲模态的节点.

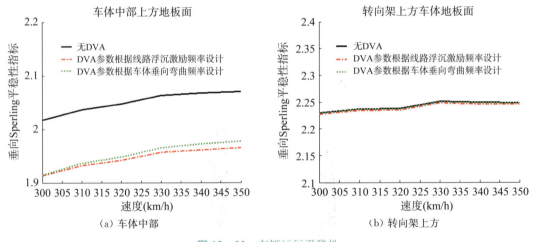

(a) 车体中部　　(b) 转向架上方

图 12-32　车辆运行平稳性

图 12-33 为 DVA 质量的振动加速度均方根值计算结果. 从图 12-33 可以看到,依据线路浮沉频率优化设计的 DVA 质量振动要略大于依据车体垂向一阶弹性弯曲频率设计的 DVA 振动,这表明前者吸收了更多的车体振动能量,与图 12-32 的计算结果相符. 除此之外,DVA 自身的振动并非特别剧烈. 当运行速度为 350 km/h 时,DVA 振动加速度均方根值最大不超过 0.31 m/s,这说明 DVA 参数设计是合理的. 值得注意的是,由于 DVA 属被动的窄带吸振设备,因此,采用 DVA 虽对车体弹性振动有良好的抑制作用,但是,仍无法达到刚性车体的运行平稳性能. 当车体弹性高于一定数值时,可以认为车体弹性对运行平稳性影响不大,此时

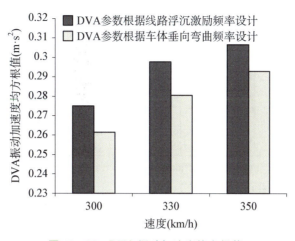

图 12-33　DVA 振动加速度均方根值

加入抑制车体弹性振动的 DVA 对平稳性的改进不大.

12.5.2　车体减振器对弹性车体振动控制分析

除上述采取主动控制、半主动控制及动力吸振器可以有效抑制车体的弹性振动外,通过 §10.2 的分析结果以及图 10-5 和图 10-6 可知,提高车体结构振动的阻尼比在一定程度也可以降低车体的弹性振动. 对于已经制造完毕的车辆而言,可以通过在车体底架下方纵向安装液压减振器的方法,实现车体结构振动阻尼比的提升. 由于该液压减振器安装在车体底架下,且用于抑制车体弹性振动,故称为**车体减振器**[16,17].

(10-50)式和(10-51)式表明,当车体发生弹性弯曲变形后,车体减振器将提供回复力矩,以抑制其弹性弯曲变形的产生. 在本节的研究中,采用三维精细化刚柔耦合非线性车辆动力学模型,车体减振器长度设定为 0.3 m,分别安装在车体底架两侧的边梁附近,每侧对应安装 3 个车体减振器,具体形式如图 12-34 所示.

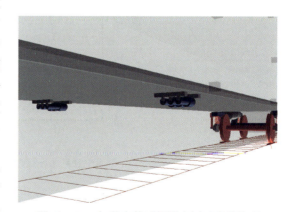

图 12-34　加装车体减振器车辆动力学模型

根据 §10.4 的分析,针对车体的垂向一阶弯曲振动,首先将减振器安装在车体中部下方. 图 12-35 是当车辆运行速度为 350 km/h 时不同的车体减振器阻尼系数对车体中部及转向架上方运行平稳性的影响. 可以看到,车体中部运行平稳性指标随着车体减振器阻尼的增加而降低,且当车体减振器等效阻尼系数达到 $2.5×10^9$ Ns/m 以上,即每个减振器阻尼系数达到 $4.2×10^8$ Ns/m 以上时,车辆中部运行平稳性才能够得到明显改善. 从图 12-35 还可以看到,安置于车体中部下方的车体减振器对转向架上方处车体运行平稳性改善作用较弱.

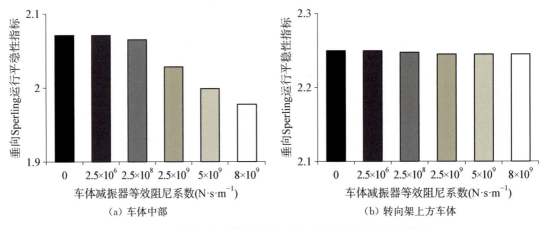

图 12-35　车体减振器等效阻尼系数对车辆运行平稳性的影响

图 12-36 为车辆运行速度为 350 km/h 时车体中部加速度功率谱密度计算结果. 可以看出,在 10~13 Hz 频率范围内的车体垂向振动均得到明显抑制,结合表 12-1 可知,在车体中部安装车体减振器,不但可以降低车体垂向一阶弯曲振动,同时对车体的菱形变形弯曲振动起到控制作用.

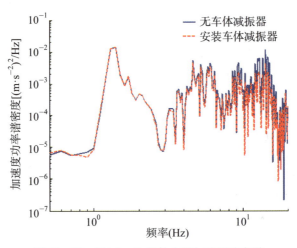

图 12-36　350 km/h 车体中部加速度功率谱

图 12-37 和图 12-38 为当车体垂向一阶弯曲频率为 7 Hz、运行速度分别为 300 km/h 和 350 km/h,车体减振器采用不同的阻尼系数时,对车辆的减振情况. 从图 12-37 和图 12-38 可以看出,当车体垂向一阶弯曲模态频率为 7 Hz 时,车体减振器等效阻尼系数达到 2.5×10^9 Ns/m 以上,可使车辆高速运行时满足对平稳性的要求. 若要求更优良的车辆运行平稳性,可将车体减振器等效阻尼增加至 5×10^9 Ns/m,即每个减振器阻尼系数均为 8.3×10^8 Ns/m,此时,单个减振器输出力的时间历程如图 12-39 所示. 可以看出,为了提供车体中部弹性弯曲振动的回复力,减振器需要较高的输出.

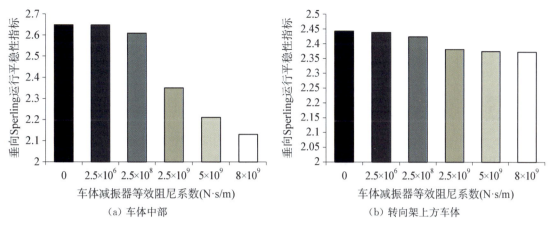

图 12-37　车体垂向一阶弯曲频率 7 Hz，运行速度为 300 km/h 时车辆运行平稳性

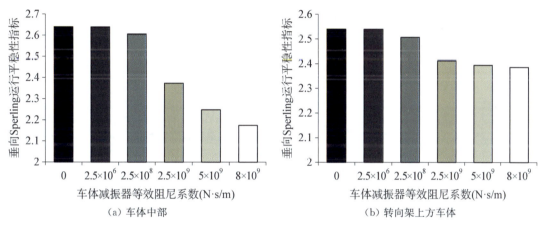

图 12-38　车体垂向一阶弯曲频率 7 Hz，运行速度为 350 km/h 时车辆运行平稳性

图 12-40 当等效阻尼系数为 5×10^9 Ns/m 时，车体减振器安装位置与车体中部运行平稳性的关系. 从图 12-40 可以看出，车体减振器安装位置距车体中部越远，车体中部运行平稳性越差. 由于车体减振器仅对车体的弹性弯曲振动有抑制效果，因此，为保证减振效果最佳，车

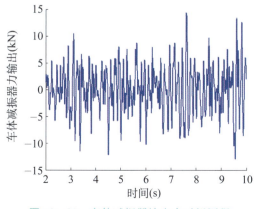

图 12-39　车体减振器输出力时间历程

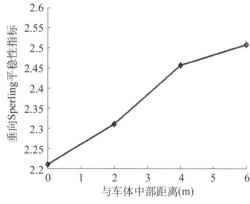

图 12-40　安装位置与车辆运行平稳性关系

体减振器应尽量布置在车体中部附近. 如果有必要对车体垂向二阶弯曲振动进行控制,那么,可以将车体减振器靠近车体端部安装. 从以上分析可知,本节采用刚柔耦合三维动力学模型的分析结果与§10.4的简化模型具有相同的趋势,分析结果比较吻合.

§12.6 半主动与被动控制比较

表 12-3 是对§9.4 中刚柔耦合三维非线性车辆动力学模型分别采用一系天棚阻尼半主动控制、DVA(质量为 2 000 kg,依据车体垂向一阶弯曲频率优化参数)及车体减振器(等效阻尼系数为 5×10^9 Ns/m)时,车辆垂向运行平稳性结果对比,表 12-4 是垂向振动加速度 RMS 值结果对比. 图 12-41 和 图 12-42 分别根据表 12-3 和表 12-4 绘制. 从图 12-41 和图 12-42 可以看到,综合考虑乘客振动敏感频域及振动强度因素,控制效果最佳的是一系天棚阻尼半主动控制,其车体中部平稳性指标及加速度均方根值最多可分别降低 14.5% 与 41.3%;减振效果最差的是采用 DVA 的被动控制策略,其车体中部平稳性指标及加速度均方根值最多可分别降低 3.0% 与 6.8%. 从结果还可以看到,采用车体减振器及 DVA 控制策略时,转向架上方车体的运行平稳性没有得到明显改善.

表 12-3 原始动力学参数车辆运行平稳性比较

控制策略	300 km/h		350 km/h	
	车体中部	转向架上方	车体中部	转向架上方
被动悬挂	2.02	2.23	2.07	2.25
半主动控制	1.76	2.06	1.77	2.04
DVA	1.96	2.23	2.01	2.25
车体减振器	1.95	2.23	2.00	2.20

表 12-4 原始动力学参数车辆振动加速度 RMS 值比较(单位: m/s)

控制策略	300 km/h		350 km/h	
	车体中部	转向架上方	车体中部	转向架上方
被动悬挂	0.256 4	0.335 1	0.264 1	0.338 0
半主动控制	0.154 2	0.261 7	0.155 4	0.255 6
DVA	0.238 9	0.334 9	0.252 3	0.332 5
车体减振器	0.236 0	0.335 5	0.244 7	0.328 7

表 12-5 是当车体垂向一阶弯曲频率为 7 Hz,同样采用上述 3 种控制策略时,车辆垂向运行平稳性结果对比,表 12-6 是垂向振动加速度 RMS 值结果对比. 图 12-43 和 图 12-44 分别是根据表 12-5 和表 12-6 绘制的. 表 12-7 是当车体垂向一阶弯曲频率为 9 Hz 时,车辆垂向运行平稳性结果对比,表 12-8 是垂向振动加速度 RMS 值结果对比. 图 12-45 和 图 12-46 分别是根据表 12-7 和表 12-8 绘制的. 从结果可以看到,即使车体垂向一阶弯曲频率低于 10 Hz 甚至仅有 7 Hz 时,采用上述 3 种控制策略后,车辆运行平稳性指标仍可以降低至 2.5

第 12 章 基于刚柔耦合三维动力学模型的车辆振动与控制

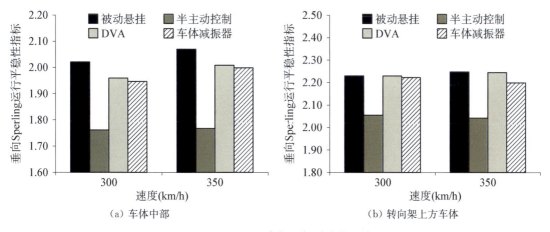

(a) 车体中部 (b) 转向架上方车体

图 12 - 41　车辆运行平稳性

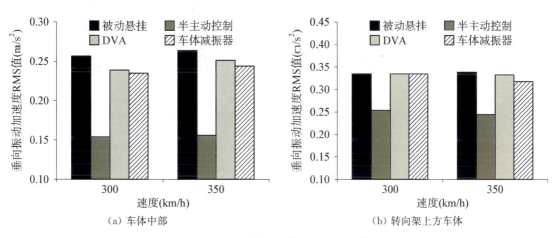

(a) 车体中部 (b) 转向架上方车体

图 12 - 42　车辆振动加速度 RMS 值

表 12 - 5　垂向一阶弯曲频率为 7 Hz 时车辆运行平稳性比较

控制策略	300 km/h		350 km/h	
	车体中部	转向架上方	车体中部	转向架上方
被动悬挂	2.65	2.44	2.64	2.54
半主动控制	2.18	2.25	2.16	2.31
DVA	2.36	2.40	2.37	2.45
车体减振器	2.21	2.37	2.25	2.39

表 12 - 6　垂向一阶弯曲频率 7 Hz 时车辆振动加速度 RMS 值比较(单位：m/s^2)

控制策略	300 km/h		350 km/h	
	车体中部	转向架上方	车体中部	转向架上方
被动悬挂	0.573 5	0.503 2	0.556 9	0.563 2

续 表

控制策略	300 km/h		350 km/h	
	车体中部	转向架上方	车体中部	转向架上方
半主动控制	0.281 0	0.361 8	0.267 0	0.398 5
DVA	0.419 0	0.479 0	0.448 3	0.532 4
车体减振器	0.330 8	0.439 5	0.347 3	0.438 1

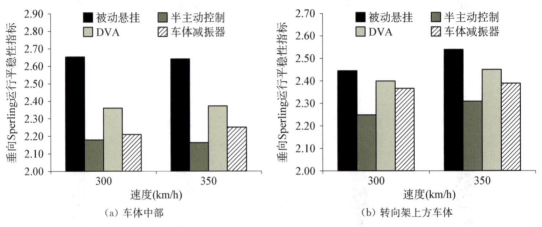

图 12-43 垂向一阶弯曲频率 7 Hz 时车辆运行平稳性

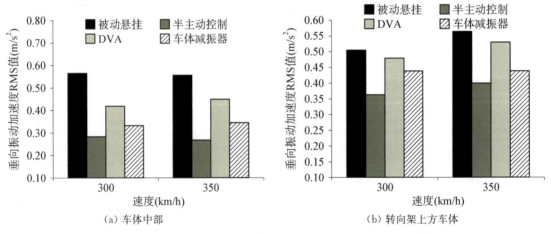

图 12-44 垂向一阶弯曲频率 7 Hz 时车辆振动加速度 RMS 值

以下,达到优秀水平.其中,控制效果最佳的依然是一系天棚阻尼半主动控制,它可以使 7 Hz 车体中部平稳性最多改善 18.2%,可以使 9 Hz 车体中部平稳性最多改善 19.3%,这说明一系天棚阻尼半主动控制具有良好的稳定性.除此之外,车体中部及转向架上方处的平稳性均能得到有效地改善.车体减振器控制策略可以使 7 Hz 车体中部平稳性最多改善 16.6%,可以使 9 Hz 车体中部平稳性最多改善 13.7%;DVA 控制策略要略微差于车体减振器,它可以使 7 Hz 车体中部平稳性最多改善 10.9%,可以使 9 Hz 车体中部平稳性最多改善 7.6%.但是,这两种控制策略对于车体转向架上方处的减振效果有限.

综上所述,一系天棚阻尼半主动控制可以获得更好的车辆运行平稳性,但是,需要额外布置传感器,成本较高.采用车体减振器也可以获得较好的运行平稳性,且其安装位置较为灵活,但是,减振器需要较高的阻尼系数,此时可通过安装多个减振器以达到降低阻尼的要求.DVA控制策略在效果上不如前述2种策略,同时需要足够的车下空间,由于高速列车车下遍布质量较大的吊挂设备,当车体的弹性振动较剧烈时,可以将车下吊挂设备充当DVA,采用本书所提出的方法,对车下吊挂设备的悬挂参数进行优化,以达到减振的目的.

表 12-7 垂向一阶弯曲频率 9 Hz 时车辆运行平稳性比较

控制策略	300 km/h		350 km/h	
	车体中部	转向架上方	车体中部	转向架上方
被动悬挂	2.49	2.43	2.63	2.44
半主动控制	2.01	2.25	2.16	2.22
DVA	2.32	2.42	2.43	2.43
车体减振器	2.15	2.35	2.24	2.38

表 12-8 垂向一阶弯曲频率 9 Hz 时车辆振动加速度 RMS 值比较(单位: $m \cdot s^{-2}$)

控制策略	300 km/h		350 km/h	
	车体中部	转向架上方	车体中部	转向架上方
被动悬挂	0.537 5	0.501 6	0.577 2	0.502 2
半主动控制	0.255 9	0.368 6	0.285 5	0.353 9
DVA	0.342 1	0.498 2	0.407 0	0.487 7
车体减振器	0.301 1	0.407 3	0.354 5	0.392 2

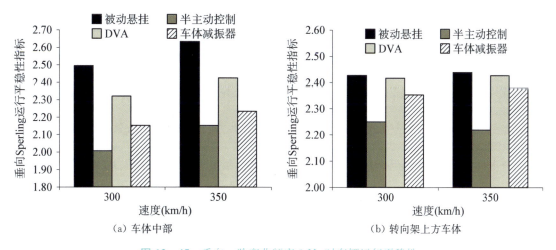

图 12-45 垂向一阶弯曲频率 9 Hz 时车辆运行平稳性

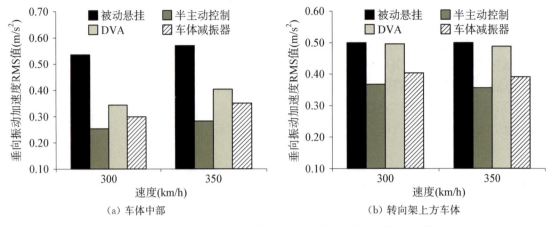

图 12-46 垂向一阶弯曲频率 9 Hz 时车辆振动加速度 RMS 值

参 考 文 献

[1] 缪炳荣,方向华,傅秀通. SIMPACK 动力学分析基础教程[M]. 成都:西南交通大学出版社,2008.
[2] 缪炳荣. SIMPACK 动力学分析高级教程[M]. 成都:西南交通大学出版社,2010.
[3] Carlbom P.. Combining MBS with FEM for rail vehicle dynamics analysis [J]. *Multibody System Dynamics*,2001,6:291-300.
[4] 王福天,周劲松,任利惠. 用于高速车辆动态仿真的轨道谱分析[J]. 铁道学报,2002,24(5):21-27.
[5] 宫岛,周劲松,孙文静等. 高速列车弹性车体与转向架耦合振动分析[J]. 交通运输工程学报,2011,11(4):41-47.
[6] Wang D. H., Liao W. H.. Semi-active suspension systems for railway vehicles using magneto-rheological dampers. Part I: system integration and modeling [J]. *Vehicle System Dynamics*,2009,47(11):1305-1325.
[7] Liao W. H., Wang D. H.. Semi-active vibration control of train suspension systems via magneto-rheological dampers [J]. *Journal of Intelligent Material Systems and Structures*,2003,14(3):161-172.
[8] Spencer Jr. B. F., Dyke S. J., Sain M. K., et al.. Phenomenological model of a magneto-rheological damper [J]. *ASCE Journal of Engineering Mechanics*,1997,123(3):230-238.
[9] 高国生,杨绍普,郭京波. 基于磁流变阻尼器的机车横向悬挂半主动控制研究[J]. 功能材料,2006,37(5):802-804.
[10] 丁问司,卜继玲,刘友梅. 我国高速列车横向半主动悬挂系统控制策略及控制方式[J]. 中国铁道科学,2002,23(4):1-7.
[11] 吴学杰,王月明,张立民等. 高速列车横向悬挂主动、半主动控制技术的研究[J]. 铁道学报,2006,28(1):50-54.
[12] 佐佐木君章. 改善高速列车的横向乘坐舒适度——半主动悬挂减振装置的应用[J]. 铁道学报,2004,26(1):105-115.
[13] 刘永强,杨绍普,廖英英等. 基于 MR 阻尼器的高速动车组悬挂系统半主动控制仿真. 振动与冲击,2010,29(12):97-101.
[14] 周劲松,张伟,孙文静等. 铁道车辆弹性车体动力吸振器减振分析[J]. 中国铁道科学,2009,30(3):86-90.
[15] Gong D., Zhou J. S., Sun W. J.. On the resonant vibration of a flexible railway car body and its

suppression with a dynamic vibration absorber [J]. *Journal of Vibration and Control*, 2013, 19(5): 649-657.

[16] 周劲松, 宫岛, 任利惠. 铁道车辆弹性车体被动减振仿真分析[J]. 同济大学学报(自然科学版), 2009, 37(8): 1085-1089.

[17] Gong D., Zhou J., Sun W.. Passive control of railway vehicle car body flexural vibration by means of underframe dampers [J]. *Journal of Mechanical Science and Technology*, 2017, 31(2): 555-564.

附　录

附录 A　符号说明

符号	意义	单位
a	接触椭圆长轴	m
A	状态方程状态矩阵	
b	接触椭圆短轴	m
B	状态方程输入矩阵	
B$_2$	轨道不平顺输入矩阵	
c_{bdr}	车体侧滚阻尼	N·s/m
c_{bgy}	构架摇头阻尼	N·s/m
c_{kx}	抗蛇行减振器阻尼	N·s/m
c_{px}	一系纵向阻尼	N·s/m
c_{pz}　c_p	一系垂向阻尼	N·s/m
c_{sz}	二系垂向阻尼	N·s/m
c_{sy}	二系横向阻尼	N·s/m
C	状态方程输出矩阵（在状态方程中）	
C	阻尼矩阵	
C_{11}	蠕滑系数	
C_{22}	蠕滑系数	
C_{23}	蠕滑系数	
f_{act}	助动器作用力	N
f_{11}	纵向 Kalker 系数	N
f_{22}	横向 Kalker 系数	N
f_{33}	回转 Kalker 系数	N

续 表

符号	意义	单位
$\boldsymbol{F}_{acty}$	横向助动力输入矩阵	
$\boldsymbol{F}_{actz}$	垂向助动力输入矩阵	
$\boldsymbol{F}_x$	Kalker 纵向线性蠕滑力	N
$\boldsymbol{F}_{sy}$	沈氏理论修正后的横向蠕滑力	N
J	最优控制的评价指标	
$i_{bp}\boldsymbol{J}_b$	车体点头惯量	kg·m²
i_{br}	车体侧滚惯量	kg·m²
i_{by}	车体摇头惯量	kg·m²
$i_{tp}\ \boldsymbol{J}_t$	构架点头惯量	kg·m²
i_{tr}	构架侧滚惯量	kg·m²
i_{ty}	构架摇头惯量	kg·m²
i_{wy}	轮对摇头惯量	kg·m²
k_{bdr}	抗侧滚刚度	N/rad
k_{bgy}	构架摇头刚度	N/rad
k_{gy}	重力刚度	N/m
$k_{g\psi}$	重力角刚度	N/rad
k_{py}	一系横向刚度	N/m
$k_{pz}\ k_z$	一系垂向刚度	N/m
k_{sy}	二系横向刚度	N/m
$\boldsymbol{K}$	刚度矩阵	
L	滤波器增益	
l_g	滚动圆间距之半	m
l_b	车辆定距	m
l_t	车辆定距之半	m
l_w	轴距	m
l_r	轴距之半	m
l_v	车辆车钩中心距	m
l_{hz}	车辆车钩中心距之半	m
l_{px}	一系弹簧与构架中心的纵向距离	m
l_{py}	一系弹簧有构架中心的横向距离	m
l_{asy}	二系空气弹簧的横向距离	m

续 表

符号	意义	单位
m_b	车体质量	kg
m_{mp}	空气弹簧内部质量	kg
m_t	构架质量	kg
m_w	轮对质量	kg
N	正压力	N
Q	加权矩阵	
R	控制信号加权矩阵	
T, t	时间	s
U	控制力向量	
U_{acty}	横向主动控制力向量	
V	车辆前进速度	m/s
X_L	横向动力学状态方程的状态变量	
X_V	垂向动力学状态方程的状态变量	
y_b	车体横向位移	m
y_{t1}	一位构架横向位移	m
y_{t2}	二位构架横向位移	m
y_{w11}	一位转向架一位轮对横向位移	m
y_{w12}	一位转向架二位轮对横向位移	m
y_{w21}	二位转向架一位轮对横向位移	m
y_{w22}	二位转向架二位轮对横向位移	m
y_{wt11}	一位转向架一位轮对轨道横向位移激扰	m
y_{wt12}	一位转向架二位轮对轨道横向位移激扰	m
y_{wt21}	二位转向架一位轮对轨道横向位移激扰	m
y_{wt22}	二位转向架二位轮对轨道横向位移激扰	m
Y_{track}	轨道横向不平顺激扰	m
Y_L	横向动力学状态方程的输出	
Y_V	垂向动力学状态方程的输出	
r_0	轮对名义滚动圆半径	m
z_{mp1}	垂向动力学模型中前转向架空气弹簧内部质量垂直位移	m
z_{mp2}	垂向动力学模型中后转向架空气弹簧内部质量垂直位移	m
Z_{track}	垂向轨道不平顺激扰向量	

续 表

符号	意义	单位
z_{w1}	一位转向架一位轮对垂向位移	m
z_{w2}	一位转向架二位轮对垂向位移	m
z_{w3}	二位转向架一位轮对垂向位移	m
z_{w4}	二位转向架二位轮对垂向位移	m
σ	侧滚系数	
Ψ_b	车体摇头角	rad
Ψ_{t1}	一位构架摇头角	rad
Ψ_{t2}	二位构架摇头角	rad
Ψ_{w11}	一位构架一位轮对摇头角	rad
Ψ_{w12}	一位构架二位轮对摇头角	rad
Ψ_{w21}	二位构架一位轮对摇头角	rad
Ψ_{w22}	二位构架二位轮对摇头角	rad
μ	摩擦系数	
ρ_b	车体侧滚角	rad
ρ_{t1}	一位构架侧滚角	rad
ρ_{t2}	二位构架侧滚角	rad
ρ_{w11}	一位构架一位轮对侧滚角	rad
ρ_{w12}	一位构架二位轮对侧滚角	rad
ρ_{w21}	二位构架一位轮对侧滚角	rad
ρ_{w22}	二位构架二位轮对侧滚角	rad
ξ_1	纵向蠕滑率	
ξ_2	横向蠕滑率	
ϕ_1	自旋蠕滑率	

注：其他符号在文中出现处说明.

附录 B 常见高速客车参数含义及其原始数值

参数	单位	数值 AW0	含义
m_b	t	26	车体质量
I_b	t·m^2	1 274	车体点头转动惯量
m_t	t	2.6	构架质量

续 表

参数	单位	数值 AW0	含 义
I_t	t·m²	1.423 8	构架点头转动惯量
k_s	kN/m	190	二系垂向刚度（每转向架一侧）
c_s	kNs/m	20	二系垂向阻尼系数（每转向架一侧）
k_p	kN/m	1 200	一系垂向定位刚度（每轴箱）
c_p	kNs/m	15	一系垂向阻尼系数（每轴箱）
l_b	m	8.75	转向架定距之半
l_w	m	1.25	轴距之半
L	m	24.5	车体总长
ω_3	Rad	12.3×2π	第1阶车体弹性频率
ξ_3		1.5%	第1阶车体弹性振型阻尼比
ω_4	Rad	17.0×2π	第2阶车体弹性频率
ξ_4		1.5%	第2阶车体弹性振型阻尼比

图书在版编目(CIP)数据

轨道车辆振动与控制/周劲松著. —上海:复旦大学出版社,2020.7
ISBN 978-7-309-14994-4

Ⅰ.①轨… Ⅱ.①周… Ⅲ.①轻轨车辆-车辆动力学-研究 Ⅳ.①U270.9

中国版本图书馆 CIP 数据核字(2020)第 065649 号

轨道车辆振动与控制
周劲松 著
责任编辑/梁 玲

复旦大学出版社有限公司出版发行
上海市国权路 579 号 邮编:200433
网址:fupnet@fudanpress.com http://www.fudanpress.com
门市零售:86-21-65102580 团体订购:86-21-65104505
外埠邮购:86-21-65642846 出版部电话:86-21-65642845
上海丽佳制版印刷有限公司

开本 787×1092 1/16 印张 16.75 字数 429 千
2020 年 7 月第 1 版第 1 次印刷

ISBN 978-7-309-14994-4/U·25
定价:85.00 元

如有印装质量问题,请向复旦大学出版社有限公司出版部调换。
版权所有 侵权必究